6 급 배정 한자

어문회

ㄱ							
歌 노래 가	家 집 가	各 각각 각	角 뿔 각	間 사이 간	感 느낄 감	江 강 강	強 강할 강
開 열 개	車 수레 거/차	京 서울 경	計 셀 계	界 지경 계	高 높을 고	苦 쓸 고	古 예 고	功 공 공
公 공평할 공	空 빌 공	工 장인 공	共 한가지 공	科 과목 과	果 실과 과	光 빛 광	教 가르칠 교	交 사귈 교
校 학교 교	球 공 구	區 구분할 구	九 아홉 구	口 입 구	國 나라 국	軍 군사 군	郡 고을 군	近 가까울 근
根 뿌리 근	金 쇠 금/성 김	今 이제 금	急 급할 급	級 등급 급	旗 기 기	記 기록할 기	氣 기운 기	ㄴ
南 남녘 남	男 사내 남	內 안 내	女 계집 녀	年 해 년	農 농사 농	ㄷ	多 많을 다	短 짧을 단
答 대답 답	堂 집 당	待 기다릴 대	代 대신할 대	對 대할 대	大 큰 대	圖 그림 도	道 길 도	度 법도 도
讀 읽을 독	冬 겨울 동	洞 골 동	東 동녘 동	童 아이 동	動 움직일 동	同 한가지 동	頭 머리 두	等 무리 등
登 오를 등	ㄹ	樂 즐길 락/노래 악	來 올 래	力 힘 력	例 법식 례	禮 예도 례	路 길 로	老 늙을 로

綠	六	理	里	李	利	林	立	口
푸를 록	여섯 륙	다스릴 리	마을 리	오얏/성 리	이할 리	수풀 림	설 립	
萬	每	面	命	明	名	母	木	目
일만 만	매양 매	낯 면	목숨 명	밝을 명	이름 명	어미 모	나무 목	눈 목
文	聞	門	問	物	米	美	民	日
글월 문	들을 문	문 문	물을 문	물건 물	쌀 미	아름다울 미	백성 민	
朴	班	反	半	發	放	方	百	白
성/소박할 박	나눌 반	돌이킬 반	반 반	필 발	놓을 방	모 방	일백 백	흰 백
番	別	病	服	本	部	夫	父	北
차례 번	다를/나눌 별	병 병	옷 복	근본 본	떼 부	사나이 부	아비 부	북녘 북
分	不	入	四	社	事	死	使	山
나눌 분	아닐 불		넉 사	모일 사	일 사	죽을 사	하여금/부릴사	메 산
算	三	上	色	生	書	西	石	席
셈 산	석 삼	윗 상	빛 색	날 생	글 서	서녘 서	돌 석	자리 석
夕	先	線	雪	省	姓	成	世	所
저녁 석	먼저 선	줄 선	눈 설	살필성/덜생	성 성	이룰 성	인간 세	바 소
消	小	少	速	孫	樹	水	數	手
사라질 소	작을 소	석을 소	빠를 속	손자 손	나무 수	물 수	셈 수	손 수
術	習	勝	時	始	市	食	式	植
재주 술	익힐 습	이길 승	때 시	비로소 시	저자 시	밥 식	법 식	심을 식

神	身	信	新	失	室	心	十	ㅇ
귀신 신	몸 신	믿을 신	새 신	잃을 실	집 실	마음 심	열 십	
安	愛	野	夜	藥	弱	陽	洋	語
편안 안	사랑 애	들 야	밤 야	약 약	약할 약	볕 양	큰바다 양	말씀 어
言	業	然	永	英	午	五	溫	王
말씀 언	업 업	그럴 연	길 영	꽃부리 영	낮 오	다섯 오	따뜻할 온	임금 왕
外	勇	用	右	運	園	遠	月	油
바깥 외	날랠 용	쓸 용	오른 우	옮길 운	동산 원	멀 원	달 월	기름 유
由	有	育	銀	飮	音	邑	意	衣
말미암을유	있을 유	기를 육	은 은	마실 음	소리 음	고을 읍	뜻 의	옷 의
醫	二	人	日	一	入	ㅈ	字	者
의원 의	두 이	사람 인	날 일	한 일	들 입		글자 자	놈 자
自	子	昨	作	章	長	場	在	才
스스로 자	아들 자	어제 작	지을 작	글 장	긴 장	마당 장	있을 재	재주 재
電	戰	前	全	庭	正	定	弟	題
번개 전	싸움 전	앞 전	온전 전	뜰 정	바를 정	정할 정	아우 제	제목 제
第	朝	祖	族	足	左	晝	注	住
차례 제	아침 조	할아비 조	겨레 족	발 족	왼 좌	낮 주	부을/물댈주	살 주
主	中	重	地	紙	直	集	ㅊ	窓
주인 주	가운데 중	무거울 중	땅 지	종이 지	곧을 직	모을 집		창문 창

川	千	天	淸	靑	體	草	寸	村
내 천	일천 천	하늘 천	맑을 청	푸를 청	몸 체	풀 초	미디 촌	마을 촌
秋	春	出	親	七	ㅌ	太	土	通
가을 추	봄 춘	날 출	친할 친	일곱 칠		클 태	흙 토	통할 통
特	ㅍ	八	便	平	表	風	ㅎ	下
특별할 특		여덟 팔	편할 편	평평할 평	겉 표	바람 풍		아래 하
夏	學	韓	漢	合	海	行	幸	向
여름 하	배울 학	한국 한	한수 한	합할 합	바다 해	다닐 행	다행 행	향할 향
現	形	兄	號	畫	花	話	火	和
나타날 현	모양 형	형 형	이름 호	그림 화	꽃 화	말씀 화	불 화	화할 화
活	黃	會	孝	後	訓	休		
살 활	누를 황	모일 회	효도 효	뒤 후	가르칠 훈	쉴 휴		

진흥회, 검정회

犬	馬	牛	羊	魚	玉	己	耳
개 견	말 마	소 우	양 양	물고기 어	구슬 옥	몸 기	귀 이

한자능력 검정시험

6급

한자능력 검정시험 6급

漢字

저자 **강태립(姜泰立)**
- 원광대 중어중문학과 졸업
- 공주대학교 교육대학원 중국어전공 교육학 석사
- 전문 한자지도자 연수 강사
- 한국 한자급수검정회 이사
- 한국 한문교육연구원 경기도 본부장
- 다중지능연구소 일산센터장
- 웅산서당 훈장

감수 **강태권(康泰權)**
- 前) 국민대 중어중문학과 교수

이병관(李炳官)
- 연세대 중어중문학과 졸업
- 문학박사
- 대만 동해대학 중문연구소 주법고(周法高) 교수 문하에서 수학
- 前) 공주대학교 중어중문학 교수

머리말

사용의 편리함만을 추구하여 한자 교육을 포기했던 결과로, 학력 저하가 심각해지고 우리가 우리말의 뜻도 제대로 알지 못하는 지경에 이르렀습니다. 이런 분위기 속에서 한자능력검정시험이 생겨 그나마 한자 교육에 대한 인식이 달라지고, 한자의 중요성을 깨닫게 되어 참으로 다행한 일입니다.

우리말은 70% 이상이 한자어로 이루어져 있습니다. 특히, 중·고등학교나 대학에서 배우는 중요한 전문 용어가 그렇습니다. 한자를 알면 원리를 알아 쉽게 이해할 수 있는데 어렵게 뜻만 외우는 형편이니 이 얼마나 안타까운 일입니까?

「국가공인 한자능력검정시험 6급」에서는 한자의 변천 과정과 생성 원리를 설명함으로써 쉽게 익힐 수 있게 했을 뿐만 아니라, 한자의 활용을 첨가하여 가장 효율적으로 공부할 수 있도록 하였습니다.

이 책으로 시험을 준비하는 독자 여러분에게 좋은 결과가 있기를 바라며, 한자 교육에 앞장서는 어시스트하모니(주) 사장님 이하 출판진에게 감사의 인사를 진합니다.

– 지은이

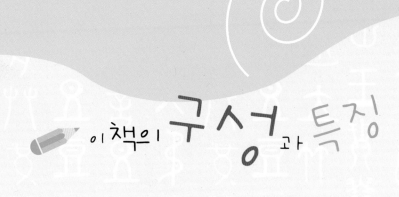

이 책의 **구성**과 **특징**

각 과에서 학습할 한자 둘러보기

1단계

학습할 15자를 그림을 통해 미리 그 의미를 유추해 볼 수 있습니다.

배정 한자 15자 익히기

2단계

한자의 생성 원리, 한자를 연상시키는 그림과 고문을 곁들여 한자를 쉽고 재미있게 익힐 수 있습니다.

배정 한자 15자 100% 활용하기

3단계

앞에서 익힌 15자를 실생활에서 사용하는 한자어로 다양하게 활용하여 한자를 100% 내 것으로 만들 수 있습니다.

확인 · 정리하기

4단계

확인 학습을 통해 스스로 자신의 학습 상태를 확인 · 정리할 수 있습니다.

한자 재미붙이기

5단계

사자성어와 유익한 고사성어 이야기를 통해 좀더 재미있게 한자 학습을 할 수 있습니다.

잠깐! 책받침은 4획으로 辶 , 辶 의 모양이어야 합니다. 점이 하나일 때와 두 개일 때, 아래 획의 모양이 다른 것에 유의하기 바랍니다. 책받침의 필순은 다음 (1), (2)와 같이 표시합니다.

(1) ` 亠 亠 辶　(2) ` 亠 亠 辶

● 서당 현장 교육을 통해 얻은 가장 효과적인 학습 방법을 토대로 내용을 구성하였습니다.
● 각 단원별로 모양이 비슷한 한자 15자씩을 묶어 한자를 쉽게 익히도록 구성하였습니다.
● 각 단원마다 큰 그림 속에 15자의 한자를 넣어, 그 한자의 의미를 유추해 볼 수 있도록 구성 하였습니다.
● 한자 학습에 꼭 필요한 기본적인 내용을 부록으로 실었습니다.
● 한자를 직접 쓰면서 익힐 수 있도록 쓰기 노트를 별도로 만들었습니다. (필순 문제 대비)

부록 활용하기

1. 6급 배정 한자 쓰기 노트
쓰기 노트를 통해 6급의 배정 한자를 모두 익힐 수 있도록 학습의 편의를 극대화 하였 습니다.

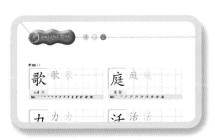

2. 한자 생성 원리를 통해 체계적으로 한자 이해하기
- 한자의 3요소와 육서
- 한자어의 짜임과 한자의 순
- 부수의 위치와 명칭 및 기본 부수와 변형된 부수

3. 6급 배정 한자 폭넓게 활용하기
- 유의자와 반대자
- 읽기 어려운 한자
- 낱말 사전
- 색인

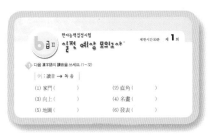

4. 한자능력검정시험 철저 대비
- 급수별 고유 한자 정리
- 최근 출제 경향을 분석한 예상 모의고사(총 4회분) 수록

5. 진흥회, 검정회 추가 한자 익히기
- 어문회, 진흥회, 검정회 한자 학습을 이 책 한 권으로 공부할 수 있도록 만들었습니다.

이책의 차례

次例

한자능력검정시험 안내

사단법인 한국어문회가 주관하고 한국한자능력검정회가 시행하는 한자능력검정시험은 초·중·고·대학생, 직장인, 주부, 일반인 등을 대상으로 한자의 이해 및 활용 능력을 평가하는 제도입니다.

한자능력검정시험의 목적

한자 급수제를 통해 한자의 학습 의욕을 고취시키고, 개인별 한자 능력에 대한 객관적인 급수 부여와 사회적으로 한자 능력이 우수한 인재 양성을 목적으로 합니다.

한자능력검정시험의 취지

우리말 중 약 70%는 한자어로 이루어져 있습니다. 따라서, 한자를 알면 우리말을 좀더 쉽게 이해할 수 있을 뿐만 아니라 효과적인 의사 전달을 할 수 있습니다. 한자 교육은 미래에 대한 확실한 투자이며, 정보화 시대를 대응하고 진학·취업 대비를 위한 평생 학습의 하나로 반드시 요합니다. 그래서 한자 능력을 객관적으로 평가·인정받을 수 있는 길을 마련하여 공공 기관이나 기업체의 채용 시험, 인사 고과 또는 각종 시험 등에 활용할 수 있도록 하는 데 있습니다.

한자능력급수 취득자에 대한 혜택

1 국가 자격 취득자와 동등한 대우와 혜택

사단법인 한국어문회가 주관하는 검정급수 중 공인급수는 특급·특급 II·1급·2급·3급·3급 II이며(특급, 특급 II는 제 54회부터), 교육급수는 4급·4급 II·5급·5급 II·6급·6급 II·7급·7급 II·8급입니다.
자격기본법 제 27조에 의거 국가자격 취득자와 동등한 대우 및 혜택을 받습니다.

2 대학 입학시 다양한 혜택

2005학년도 대학수학능력시험부터 '漢文'이 선택과목으로 채택되었습니다.
(대입 전형과 관련된 세부사항은 해당 학교 홈페이지, 또는 입학담당부서를 통하여 다시 한 번 확인하여 주시길 바랍니다.)
※ 한국한자능력검정회 홈페이지(www.hanja.re.kr)를 참고하세요.

3 대학 학점에 반영되거나 졸업시 필요

자격증 취득을 학점에 반영해 주거나 졸업을 하기 위해서는 반드시 몇 급 이상을 취득하도록 의무화 시킨 대학들도 있습니다.

4 입사시 유리하게 작용

(1) 경제 5단체, 신입사원 채용 때 전국한자능력검정시험 응시 권고(3급 응시요건, 3급 이상 가산점)하고 있습니다.
(2) 경기도교육청 유치원, 초등학교, 특수학교(유치원·초등)교사 임용시험 가산점 반영하고 있습니다.

5 인사 고과에 반영

　육군간부 승진 고과에 반영됩니다.(대위-대령/군무원 2급-5급 : 3급 이상, 준·부사관/군무원 6급-8급 : 4급 이상)

한자능력검정시험 응시 방법 및 시험 내용

시험 일시

자세한 시험 일정은 한국한자능력검정회 홈페이지(www.hanja.re.kr)에서 확인할 수 있습니다.

접수 방법

1 방문 접수

　(1) 응시 급수 : 모든 급수
　(2) 접수처 : 각 고사장 지정 접수처
　(3) 접수 방법

01 응시급수 선택	→	**02** 준비물 확인	→	**03** 원서작성 및 접수	→	**04** 수험표 확인
급수배정을 참고하여, 응시자의 실력에 알맞는 급수를 선택합니다.		반명함판사진 2매 (3×4cm·무배경·탈모) 급수증 수령주소 응시자 주민번호 응시자 이름(한글·한자) 응시료		응시원서를 작성한 후, 접수처에 응시료와 함께 접수합니다.		접수완료 후 받으신 수험표로 수험장소, 수험일시, 응시자를 확인하세요.

2 인터넷 접수

　(1) 접수급수 : 모든 급수
　(2) 접수처 : www.hangum.re.kr
　(3) 접수 방법 : 인터넷접수처 게시

접수처

한국한자능력검정회 홈페이지 www.hanja.re.kr에서 전국의 각 지역별 접수처와 응시처를 약도와 함께 안내받으실 수 있습니다.

검정료

(1) 창구 접수 검정료는 원서 섭수일로부터 마감시까지 해당 접수처 창구에서 받습니다.
(2) 인터넷으로 접수하실 때 검정료 이외의 별도 수수료가 부과되지 않습니다.

특급·특급Ⅱ·1급	2급·3급·3급Ⅱ	4급·4급Ⅱ·5급·5급Ⅱ·6급·6급Ⅱ·7급·7급Ⅱ·8급
45,000	25,000	20,000

한자능력검정시험 급수 배정

급수	읽기	쓰기	수준 및 특성	권장 대상
특급	5,978	3,500	국한혼용 고전을 불편 없이 읽고, 연구할 수 있는 수준 고급 (한중 고전 추출한자 도합 5978자, 쓰기 3500자)	대학생 · 일반인
특급 II	4,918	2,355	국한혼용 고전을 불편 없이 읽고, 연구할 수 있는 수준 중급 (KSX1001 한자 4888자 포함, 전체 4918자, 쓰기 2355자)	대학생 · 일반인
1급	3,500	2,005	국한혼용 고전을 불편 없이 읽고, 연구할 수 있는 수준 초급 (상용한자+준상용한자 도합 3500자, 쓰기 2005자)	대학생 · 일반인
2급	2,355	1,817	상용한자를 활용하는 것은 물론 인명지명용 기초한자 활용 단계 (상용한자+인명지명용 한자 도합 2355자, 쓰기 1817자)	대학생 · 일반인
3급	1,817	1,000	고급 상용한자 활용의 중급 단계 (상용한자 1817자 - 교육부 1800자 모두 포함, 쓰기 1000자)	고등학생
3급 II	1,500	750	고급 상용한자 활용의 초급 단계(상용한자 1500자, 쓰기 750자)	중학생
4급	1,000	500	중급 상용한자 활용의 고급 단계(상용한자 1000자, 쓰기 500자)	초등학생
4급 II	750	400	중급 상용한자 활용의 중급 단계(상용한자 750자, 쓰기 400자)	초등학생
5급	500	300	중급 상용한자 활용의 초급 단계(상용한자 500자, 쓰기 300자)	초등학생
5급 II	400	225	중급 상용한자 활용의 초급 단계(상용한자 400자, 쓰기 225자)	초등학생
6급	300	150	기초 상용한자 활용의 고급 단계(상용한자 300자, 쓰기 150자)	초등학생
6급 II	225	50	기초 상용한자 활용의 중급 단계(상용한자 225자, 쓰기 50자)	초등학생
7급	150	–	기초 상용한자 활용의 초급 단계(상용한자 150자)	초등학생
7급 II	100	–	기초 상용한자 활용의 초급 단계(상용한자 100자)	초등학생
8급	50	–	한자 학습 동기 부여를 위한 급수(상용한자 50자)	초등학생

※ 상위 급수 한자는 하위 급수 한자를 모두 포함하고 있습니다.
※ 쓰기 배정 한자는 한두 급수 아래의 읽기 배정 한자이거나 그 범위 내에 있습니다.
※ 초등학생은 4급, 중 · 고등학생은 3급, 대학생은 2급과 1급 취득에 목표를 두고, 학습하시기를 권해 드립니다.

한자능력검정시험 문제 유형

1 讀音(독음) : 한자의 소리를 묻는 문제입니다. 독음은 두음 법칙, 속음 현상, 장단음과도 관련이 있습니다.

2 訓音(훈음) : 한자의 뜻과 소리를 동시에 묻는 문제입니다. 특히 대표 훈음을 익히시기 바랍니다.

3 長短音(장단음) : 한자 단어의 첫소리 발음이 길고 짧음을 구분하고 있는가를 묻는 문제입니다. 4급 이상에서만 출제됩니다.

4 反義語/反意語(반의어)·相對語(상대어) : 어떤 글자(단어)와 반대 또는 상대되는 글자(단어)를 알고 있는가를 묻는 문제입니다.

5 完成型(완성형) : 고사성어나 단어의 빈칸을 채우도록 하여 단어와 성어의 이해력 및 조어력을 묻는 문제입니다.

6 部首(부수) : 한자의 부수를 묻는 문제입니다. 부수는 한자의 뜻을 짐작할 수 있는 중요한 부분입니다.

7 同義語/同意語(동의어)·類義語(유의어) : 어떤 글자(단어)와 뜻이 같거나 유사한 글자(단어)를 알고 있는가를 묻는 문제입니다.

8 同音異義語(동음이의어) : 소리는 같고 뜻은 다른 단어를 알고 있는가를 묻는 문제입니다.

9 뜻풀이 : 고사성어나 단어의 뜻을 제대로 알고 있는가를 묻는 문제입니다.

10 略字(약자) : 한자의 획을 줄여서 만든 略字(약자)를 알고 있는가를 묻는 문제입니다.

11 漢字(한자) 쓰기 : 제시된 뜻, 소리, 단어 등에 해당하는 한자를 쓸 수 있는가를 확인하는 문제입니다.

12 筆順(필순) : 한 획 한 획의 쓰는 순서를 알고 있는가를 묻는 문제입니다. 글자를 바르게 쓰기 위해 필요합니다.

13 漢文(한문) : 한문 문장을 제시하고 뜻풀이, 독음, 문장의 이해, 한문법의 이해 등을 측정하는 문제입니다.

한자능력검정시험 급수별 출제 기준

급수	특급	특급II	1급	2급	3급	3급II	4급	4급II	5급	5급II	6급	6급II	7급	7급II	8급
讀音(독음)	45	45	50	45	45	45	32	35	35	35	33	32	32	22	24
訓音(훈음)	27	27	32	27	27	27	22	22	23	23	22	29	30	30	24
長短音(장단음)	10	10	10	5	5	5	3	0	0	0	0	0	0	0	0
反義語(반의어)	10	10	10	5	10	10	3	3	3	3	3	2	2	2	0
完成型(완성형)	10	10	15	10	10	10	5	5	4	4	3	2	2	2	0
部首(부수)	10	10	10	5	5	5	3	3	0	0	0	0	0	0	0
同義語(동의어)	10	10	10	5	5	5	3	3	3	3	2	0	0	0	0
同音異義語(동음이의어)	10	10	10	5	5	5	3	3	3	3	2	0	0	0	0
뜻풀이	5	5	10	5	5	5	3	3	3	3	2	2	2	2	0
略字(약자)	3	3	3	3	3	3	3	3	3	3	0	0	0	0	0
漢字(한자) 쓰기	40	40	40	30	30	30	20	20	20	20	20	10	0	0	0
筆順(필순)	0	0	0	0	0	0	0	0	3	3	3	3	2	2	2
漢文(한문)	20	20	0	0	0	0	0	0	0	0	0	0	0	0	0
출제 문항수	200	200	200	150	150	150	100	100	100	100	90	80	70	60	50

※ 출제 기준표는 기본 지침 자료로서, 출제자의 의도에 따라 차이가 있을 수 있습니다.

한자능력검정시험 시험 시간과 합격 기준

1 시험 시간

특급·특급II	1급	2급·3급·3급II	4급·4급II·5급·5급II·6급·6급II·7급·7급II·8급
100분	90분	60분	50분

2 합격 기준

급수	특급·특급II·1급	2급·3급·3급II	4급·4급II·5급·5급II	6급	6급II	7급	7급II	8급
출제 문항수	200	150	100	90	80	70	60	50
합격 문항수	160	105	70	63	56	49	42	35

※ 특급, 특급II, 1급은 출제 문항수의 80% 이상, 2급~8급은 70% 이상 득점하면 합격입니다.
※ 1문항 당 1점으로 급수별 만점은 출제 문항수이며, 백분율 환산 점수를 사용하지 않습니다.
※ 합격 발표시 제공되는 점수는 응시 급수의 총 출제 문항수와 합격자의 득점 문항수입니다.

			갑문	금문	소전			중국
歌	7급 欠부 총14획	노래 가		阿 → 歌			歌手(가수) 校歌(교가) 軍歌(군가)	歌 일본 歌
	옳고(可) 옳은(可) '노래(哥)'를 입을 벌려(欠) '노래'함을 뜻한다.							
力	7급 力부 총2획	힘 력	レ → 𠂤 → 力				力道(역도) 入力(입력) 風力(풍력)	力 일본 力
	땅을 파는 농기구의 모양으로, 힘쓰는 일에 쓰여 '힘'을 뜻한다.							
別	6급 刀부 총7획	다를 별	𠛱 → 𠛱 → 別				別名(별명) 特別(특별) 別室(별실)	別 일본 別
	뼈(骨)를 바르는(咼=冎) 칼(刂)로, 살과 '다른', 뼈를 '나눔'.							
土	8급 土부 총3획	흙 토	⍥ ⍥ → ㅗㅗ → 土				土地(토지) 農土(농토) 風土(풍토)	土 일본 土
	흙덩이 모양으로 원시사회 때 제단의 신성한 '흙'을 뜻한다.							
社	6급 示부 총8획	모일 사	⍥ ⍛ → 社 → 社				社長(사장) 社訓(사훈) 社會(사회)	社 일본 社
	신(示)이 있는 땅(土)에 함께 '모여' 제사를 올림을 뜻한다.							
庭	6급 广부 총10획	뜰 정			庭		庭園(정원) 親庭(친정) 家庭(가정)	庭 일본 庭
	집(广)안의 우뚝(壬) 길게(廴) 늘어선 '조정(廷)' 같은 넓은 '뜰'.							
活	7급 水부 총9획	살 활			活		活字(활자) 活力(활력) 死活(사활)	活 일본 活
	물(氵)이 막힌(昏=舌) 틈에서 다시 '살아'나듯 흘러나옴.							
話	7급 言부 총13획	말씀 화			話		電話(전화) 童話(동화) 會話(회화)	話 일본 話
	말(言)로 남의 잘못된 말을 막는(昏=舌) 좋은 '말씀'을 뜻한다.							

진흥 7급
진흥 8급
검정 8급

			갑문	금문	소전			중국/일본
半	6급 / 十부 총5획	반 반			(字)		半身(반신) 半年(반년) 半月(반월)	중국 半 / 일본 半
	반으로 **나눈(八) 소(牛=半)**에서 '**반쪽**' '**반**' '**중간**'을 뜻한다.							
午	7급 / 十부 총4획	낮 오			(字)		午前(오전) 午後(오후) 正午(정오)	중국 午 / 일본 午
	해시계의 **절굿공이 杵(공이 저)**자의 본자로 '**낮**'을 뜻한다.							
年	8급 / 干부 총6획	해 년			(字)		昨年(작년) 年金(연금) 今年(금년)	중국 年 / 일본 年
	벼(禾)를 짊어진 **사람(人=千)**인 **秊(해년)**자가 변형된 글자.							
高	6급 / 高부 총10획	높을 고			(字)		高空(고공) 高山(고산) 高級(고급)	중국 高 / 일본 高
	지붕(亠)·구조물(口)·누대(冂)·출입구(口)가 있는 '**높은**' 집.							
大	8급 / 大부 총3획	큰 대(ː)			(字)		大小(대소) 大人(대인) 大學(대학)	중국 大 / 일본 大
	양팔(一)을 벌리고 **우뚝 선 사람(人)**에서 '**크다**'란 뜻이 된다.							
太	6급 / 大부 총4획	클 태 처음 태			(字)		太陽(태양) 太古(태고) 太平(태평)	중국 太 / 일본 太
	큰(大) 사이로 미끄러지듯 **빠져나감(丶)**에서 '**크다**'를 뜻한다.							
天	7급 / 大부 총4획	하늘 천			(字)		天氣(천기) 雨天(우천) 天運(천운)	중국 天 / 일본 天
	머리(口=一)를 강조한 **사람(大)** 머리꼭대기에서 '**하늘**'을 뜻한다.							

진흥 6급 / 검정 7급 (年)
검정 7급 (大)
진흥 7급 / 검정 6급 (天)

속담 : 꿩 먹고 알 먹기.

한자성어 : 一石二鳥 (일석이조)

4급Ⅱ

⇨ 一 한일 石 돌석 二 두이 鳥 새조
하나의 돌로 두 마리의 새를 잡다.

○ 한 가지 일로 두 가지 의 이득을 봄.

단어익히기

- 歌手(가수)　노래 부르는 것을 직업으로 삼는 사람.
- 力道(역도)　역기(力器)를 들어올리는 운동.
- 別名(별명)　본이름 말고 남들이 지어서 부르는 이름.
- 風土(풍토)　기후와 토지의 상태, 사회 생활의 상태.
- 社長(사장)　회사의 우두머리.
- 家庭(가정)　한 가족이 살림하고 있는 집안.
- 會話(회화)　서로 만나서 이야기 함. 외국어로 이야기 함.
- 年金(연금)　일정 기간 또는 종신(終身)에 걸쳐 해마다 지급되는 일정액의 돈.
- 高空(고공)　높은 공중.
- 太陽(태양)　태양계의 중심에 있는 거대한 가스 덩어리인 해.
- 天氣(천기)　천문에서 나타나는 징조. 대기의 기상 상태.

유의자

- 社會(사회) : 社(모일 사)　＝　會(모일 회)
- 高大(고대) : 高(높을 고)　＝　大(큰 대)

반대자

- 大小(대소) : 大(큰 대)　↔　小(작을 소)
- 天地(천지) : 天(하늘 천)　↔　地(땅 지)

1 다음 漢字의 訓과 音을 쓰세요.

(1) 歌 [　　]   (2) 力 [　　]   (3) 別 [　　]

(4) 土 [　　]   (5) 社 [　　]   (6) 庭 [　　]

(7) 活 [　　]   (8) 話 [　　]   (9) 半 [　　]

(10) 午 [　　]   (11) 年 [　　]   (12) 高 [　　]

(13) 大 [　　]   (14) 太 [　　]   (15) 天 [　　]

2 다음 漢字語의 讀音을 쓰세요.

(1) 校歌 [　　]   (2) 風力 [　　]   (3) 別名 [　　]

(4) 土地 [　　]   (5) 社訓 [　　]   (6) 親庭 [　　]

(7) 活字 [　　]   (8) 會話 [　　]   (9) 半身 [　　]

(10) 午前 [　　]   (11) 年金 [　　]   (12) 高級 [　　]

(13) 大學 [　　]   (14) 太陽 [　　]   (15) 天運 [　　]

3 다음 漢字와 뜻이 반대되는 漢字를 골라 그 번호를 쓰세요.

(1) 大 (　　) : ① 歌　　② 別　　③ 小　　④ 土

(2) 天 (　　) : ① 力　　② 太　　③ 高　　④ 地

4 다음 뜻을 가진 漢字語를 쓰세요.

 例(예)   높은 산 ⇨ [高山]

(1) 하늘이 정한 운수 ⇨ [　　]

(2) 회사의 우두머리 ⇨ [　　]

5 다음 訓과 音에 맞는 漢字를 쓰세요.

(1) 노래 가 ☐ (2) 힘 력 ☐ (3) 다를 별 ☐

(4) 흙 토 ☐ (5) 모일 사 ☐ (6) 뜰 정 ☐

(7) 살 활 ☐ (8) 말씀 화 ☐ (9) 반 반 ☐

(10) 낮 오 ☐ (11) 해 년 ☐ (12) 높을 고 ☐

(13) 큰 대 ☐ (14) 클 태 ☐ (15) 하늘 천 ☐

6 다음 밑줄 친 漢字語를 큰 소리로 읽고 漢字로 써 보세요. (01과 활용 단어)

(1) <u>역도</u>는 무거운 물건을 들어올리는 경기입니다. ··········· ( )

(2) 조회 때 항상 <u>교가</u>를 부릅니다. ··········· ( )

(3) 큰아버지는 회사의 <u>사장</u>입니다 ··········· ( )

(4) <u>오후</u>에는 항상 수영장에 갑니다. ··········· ( )

(5) <u>금년</u>에는 6급 한자 급수 시험에 꼭 도전해야지! ··········· ( )

> 校歌   社長   力道   今年   午後

7 다음 四字成語의 ( )안에 알맞은 漢字를 쓰세요.

(1) 百( )大計 (2) ( )年河清

(3) ( )下第一 (4) 身( )不二

8 다음 漢字의 筆順을 밝히세요.

(1) 天자의 삐침(ノ)은 몇 번째에 쓰는 지 번호로 답하세요. ( )

(2) 半 자의 쓰는 순서가 올바른 것을 고르세요. ( )

㉮ 2-3-1-4-5 ㉯ 1-2-3-4-5
㉰ 2-3-4-5-1 ㉱ 1-4-5-2-3

✚ 사자성어

百年大計 (백년대계)	먼 뒷날까지 걸친 큰 계획.
百年河淸 (백년하청)	아무리 바라고 기다려도 실현될 가망이 없음. 河(물 하)→5급
天下第一 (천하제일)	세상에 견줄 만한 것이 없이 최고임.
身土不二 (신토불이)	몸과 땅은 둘이 아니라는 뜻으로, 자기가 살고 있는 땅에서 나는 농산물을 먹어야 한다는 말. 우리 농산물 보호 운동에 자주 쓰임.

✚ 고사성어

錦衣夜行(금의야행) ▶▶▶ 錦(비단 금) 衣(옷 의) 夜(밤 야) 行(갈 행)
3급Ⅱ

비단 옷을 입고 밤에 다닌다는 뜻으로, 아무 보람이 없는 행동을 자랑스럽게 하는 것을 일컬음.

초나라의 항우는 진나라의 도읍인 함양으로 입성하자마자 진나라의 나이 어린 왕자를 죽이고, 아방궁에 불을 질렀으며, 시황제의 무덤을 파헤치는 등 포악한 행동을 일삼았다. 이를 보다 못한 범증이라는 신하가 이렇게 시간을 보내다가는 제왕의 자리까지 잃게 될 것이라고 간곡히 충언하였으나 항우는 들은 척도 하지 았다. 오히려 재물과 미녀들을 데리고 고향으로 돌아가고자 했다. 그러자 한생이라는 신하가 이렇게 말했다.

"함양은 사면이 산으로 둘러싸여 있고, 땅도 비옥하니 이곳에 도읍을 정하고 천하에 세력을 뻗치십시오."

그러나 항우는 빨리 고향으로 돌아가 자신의 성공을 과시하고 싶은 마음에 이렇게 말했다.

"부귀를 이루고도 고향으로 돌아가지 않는 것은 비단옷을 입고 밤길을 걷는 것과 같다. 누가 이것을 알아주겠는가?"

이 말을 들은 한생은 항우의 면전에서 물러나와 사람들에게 말했다.

"세상 사람들이 초나라 사람들은 '원숭이를 목욕시켜 갓을 씌었을 뿐'이라고 하더니, 과연 그 말이 사실이다."

이 말을 전해들은 항우는 크게 노하여 한생을 삶아 죽였다.

출전 「사기(史記) 〈항우본기(項羽本紀)〉」

			갑문 → 금문 → 소전			중국
夫	7급 大부 총4획	지아비 부 사나이 부			農夫(농부) 人夫(인부) 工夫(공부)	夫 일본 夫
		동곳(一)을 꽂은 **성인(大)**에서 '**사내** '**지아비**'를 뜻한다.				
失	6급 大부 총5획	잃을 실			失足(실족) 失手(실수) 失業(실업)	중국 失 일본 失
		손(手=扌)에서 물건이 **빠지는 모양(乀)**에서 '**잃어버림**'을 뜻함.				
短	6급 矢부 총12획	짧을 단(:)			短命(단명) 短文(단문) 長短(장단)	중국 短 일본 短
		화살(矢)로 재는데 **제기(豆)**는 그 길이가 '**짧음**'을 뜻한다.				
果	6급 木부 총8획	실과 과:			果樹(과수) 成果(성과) 果然(과연)	중국 果 일본 果
		과일(田)이 **나무(木)**에 열린 데서 '**실과**' '**과일**' '**결과**'를 뜻한다.				
木	8급 木부 총4획	나무 목			木手(목수) 木工(목공) 古木(고목)	중국 木 일본 木
		나무의 가지와 뿌리(朩·木)를 나타낸 글자로 '**나무**'를 뜻한다.				
本	6급 木부 총5획	근본 본			本心(본심) 本國(본국) 本人(본인)	중국 本 일본 本
		나무(木)의 뿌리 부분을 **가리켜(一)** '**근본**'을 나타낸다.				
李	6급 木부 총7획	오얏 리: 성 리			李花(이화) 李朝(이조) 李白(이백)	중국 李 일본 李
		나무(木) 중에 **열매(子)**가 많이 열리는 '**오얏(자두)**'를 뜻한다.				
林	7급 木부 총8획	수풀 림			山林(산림) 林野(임야) 林業(임업)	중국 林 일본 林
		나무(木)와 **나무(木)**가 많은 '**수풀**' 또는 '**숲**'을 뜻한다.				

진흥 6급 | 진흥 8급 검정 8급 | 진흥 8급 | 검정 6급

來	7급 人부 총8획	올 래(ː)	갑문 금문 소전		來日(내일) 來年(내년) 來世(내세)	중국 来 일본 来
	'보리' 모양이나 '오다'로 쓰임. 나무(木) 옆에 사람들이(从) '옴'.					
速	6급 辵부 총11획	빠를 속			速度(속도) 速成(속성) 時速(시속)	중국 速 일본 速
	나무(木)를 감싸(○=口) 묶어(束) 한 번에 가니(辶) '빠름'을 뜻한다.					
東	8급 木부 총8획	동녘 동			東海(동해) 東洋(동양) 東方(동방)	중국 东 일본 東
	양 끝을 묶은 자루 모양(束)으로, 나무(木)에 해(日) 뜨는 '동쪽'.					
車	7급 車부 총7획	수레 거 수레 차			電車(전차) 車道(차도) 風車(풍차)	중국 车 일본 車
	전차(戰車)로 사용되던 '수레'나 '마차'를 뜻한다.					
軍	8급 車부 총9획	군사 군			國軍(국군) 軍人(군인) 軍歌(군가)	중국 军 일본 軍
	둘러싸고(勹=冖) 수레(車)를 호위하는 '군사' '군대'를 뜻한다.					
運	6급 辵부 총13획	옮길 운ː			運動(운동) 幸運(행운) 運命(운명)	중국 运 일본 運
	군대(軍)의 보급품을 이동(辶)하며 '옮김'을 뜻한다.					
家	7급 宀부 총10획	집 가			家訓(가훈) 家庭(가정) 畫家(화가)	중국 家 일본 家
	집(宀)아래 돼지(豕)를 기르던 옛날 '집'의 모습이다.					

속담 : 겉 다르고 속 다르다.
한자성어 : 表裏不同 (표리부동)
3급Ⅱ
➡ 表 겉 표 裏 속 리 不 아닐 부 同 한가지 동
겉과 속이 한 가지가 아니다.

○ 마음이 음흉하여 겉과 속이 다르게 ㅏ만가해 동이 다름을 뜻함.

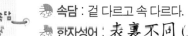

단어익히기

· **農夫**(농부) 농사로 업을 삼는 사람.

· **短命**(단명) 짧은 목숨. 조직이나 모임이 오래 가지 못함을 이르는 말.

· **成果**(성과) 이루어진 결과.

· **李花**(이화) 자두나무의 꽃.

· **林野**(임야) 숲이 있거나 개간되지 않은 땅.

· **來世**(내세) 불교에서 이르는 말로 죽은 뒤에 영혼이 다시 태어나 산다는 미래의 세상.

· **速成**(속성) 빨리 이룸. 속히 됨.

· **東海**(동해) 동쪽 바다.

· **風車**(풍차) 바람의 힘을 이용하여 동력을 얻는 기계 장치.

· **軍人**(군인) 전쟁에 종사하는 것을 직무로 하는 사람, 병사.

· **運動**(운동) 돌아다니며 움직임.

유의자

· **運動**(운동) : **運** (움직일 운) = **動** (움직일 동)

반대자

· **東西**(동서) : **東** (동녘 동) ↔ **西** (서녘 서)

1 다음 漢字의 訓과 音을 쓰세요.

(1) 夫 [　　]   (2) 失 [　　]   (3) 短 [　　]

(4) 果 [　　]   (5) 木 [　　]   (6) 本 [　　]

(7) 李 [　　]   (8) 林 [　　]   (9) 來 [　　]

(10) 速 [　　]   (11) 東 [　　]   (12) 車 [　　]

(13) 軍 [　　]   (14) 運 [　　]   (15) 家 [　　]

2 다음 漢字語의 讀音을 쓰세요.

(1) 農夫 [　　]   (2) 失手 [　　]   (3) 長短 [　　]

(4) 成果 [　　]   (5) 木工 [　　]   (6) 本人 [　　]

(7) 李花 [　　]   (8) 林野 [　　]   (9) 來日 [　　]

(10) 速度 [　　]   (11) 東海 [　　]   (12) 風車 [　　]

(13) 軍人 [　　]   (14) 運動 [　　]   (15) 家庭 [　　]

3 다음 漢字와 뜻이 비슷한 漢字를 골라 그 번호를 쓰세요.

(1) 高 (　　) : ① 大   ② 果   ③ 天   ④ 古

(2) 運 (　　) : ① 軍   ② 動   ③ 屋   ④ 士

4 다음 漢字語의 뜻을 쓰세요.

(1) 農夫 : (　　　　　　　　　　　　　　　　　)

(2) 東海 : (　　　　　　　　　　　　　　　　　)

(3) 果樹 : (　　　　　　　　　　　　　　　　　)

5 다음 訓과 音에 맞는 漢字를 쓰세요.

(1) 지아비 부 ☐　　(2) 잃을 실 ☐　　(3) 짧을 단 ☐

(4) 실과 과 ☐　　(5) 나무 목 ☐　　(6) 근본 본 ☐

(7) 오얏 리 ☐　　(8) 수풀 림 ☐　　(9) 올 래 ☐

(10) 빠를 속 ☐　　(11) 동녘 동 ☐　　(12) 수레 거 ☐

(13) 군사 군 ☐　　(14) 옮길 운 ☐　　(15) 집 가 ☐

6 다음 밑줄 친 漢字語를 큰 소리로 읽고 漢字로 써 보세요. (02과 활용 단어)

(1) <u>실수</u>를 두려워하면 발명을 하기 어렵습니다. ····················· (　　　)

(2) 내년부터는 <u>성과</u>급 제도를 도입하겠습니다. ····················· (　　　)

(3) 나의 큰아버지는 훌륭한 <u>목수</u>이십니다. ······························ (　　　)

(4) 오늘 할 일을 <u>내일</u>로 미루지 마 시오. ······························ (　　　)

(5) 우리집 <u>가훈</u>은 '모든 일에 최선을 다하자'입니다. ·············· (　　　)

(6) 청년 <u>실업</u>이 심각해지면서 사회 문제가 되고 있습니다. ······· (　　　)

> 木手　家訓　失手　失業　成果　來日

7 다음 四字成語의 (　) 안에 알맞은 漢字를 쓰세요.

(1) (　　　)西南北　　　　(2) 馬耳東(　　　)

(3) 敗(　　　)亡身　　　　(4) 百萬大(　　　)

8 다음 漢字의 筆順을 밝히세요.

(1) 木자를 필순대로 구별하여 쓰세요. (　　　　　　　　　　　　)

(2) 車자의 ㅣ획은 몇 번째로 쓰는 지 번호로 답하세요. (　　　　　)

✚ 사자성어

東西南北 (동서남북)	동쪽, 서쪽, 남쪽, 북쪽이라는 뜻으로, 모든 방향을 이르는 말.
馬耳東風 (마이동풍)	남의 말을 귀담아 듣지 않고 곧 흘려버림. 馬(말 마)→5급
敗家亡身 (패가망신)	가산을 없애고 자기 몸을 망침. 敗(패할 패)→5급, 亡(망할 망)→5급
百萬大軍 (백만대군)	아주 많은 병사로 조직된 군대를 이르는 말.

✚ 고사성어

多岐亡羊 (다기망양) ▶▶▶ 多(많을 다) 2급 岐(갈림길 기) 5급 亡(잃을 망) 4급Ⅱ 羊(양 양)

많은 갈림길에서 양을 잃는다는 뜻으로, 참된 진리는 찾기 어렵다는 의미임.

전국시대 때 양자(楊子)라는 사상가가 있었다. 하루는 양자의 이웃집에서 기르던 양 한 마리가 우리에서 달아나 버렸다. 그 집 사람들은 물론 양자의 집 하인까지 찾았으나 끝내 양을 찾지 못했다.

양자가 하인에게 물었다. "달아난 양은 찾았느냐?"

"찾지 못했습니다. 처음에는 외길이었는데 길이 자꾸 갈라져 양을 찾을 수가 없었습니다."

이 말을 들은 양자는 하루종일 우울한 얼굴로 아무 말도 안 했다. 이를 본 맹손양과 심도자는 스승이 우울해 하는 이유가 궁금해 그 까닭을 묻자, 양자는 이렇게 말했다.

"황하 근처에 헤엄을 아주 잘 치는 사람이 살고 있었다. 그에게는 헤엄을 배우고자 하는 사람이 많이 찾아왔는데, 그 중에 헤엄치는 법을 배워 가는 사람이 있는가 하면 물에 빠져 죽는 자도 있었다. 똑같이 배워도 수영을 배우는 자와 물에 빠져 죽는 자가 있다. 이렇게 하늘과 땅만큼의 차이가 생기는 것은 도대체 무슨 까닭이겠는가?"

이 말을 듣고 심도자는 고개를 끄덕이며 밖에 나와 스승의 뜻을 몰라하는 맹손양에게 이렇게 말했다.

"스승께서는 큰길에는 갈림길이 많기 때문에 양을 잃어버리고, 학자는 다방면으로 배우기 때문에 본성을 잃게 된다고 말씀하신 걸세. 그러므로 하나의 근본으로 되돌아가면 얻는 것도 잃는 것도 없게 된다고 하신 것일세. 하지만 그렇지 못한 현실을 안타까워하시어 그같이 우울해 하셨던 걸세."

출전 「열자(列子)〈설부편(說符篇)〉」

갑문	금문	소전

| | 6급 彡부 총7획 | 모양 형 | | | |  | 地形(지형) 形式(형식) 有形(유형) | 중국 形 / 일본 形 |

形 — 모양을 **나란히**(幵=开) 똑같이 **그린**(彡)데서 '**모양**'을 뜻한다.

出 〔진흥 7급 / 검정 7급〕 — 7급 凵부 총5획 — 날 출 — 움집(凵)에서 발(止=屮)이 나가는 데서 '**나옴**' '**나감**'을 뜻한다.
出席(출석) 出動(출동) 出入(출입) — 중국 出 / 일본 出

各 — 6급 口부 총6획 — 각각 각 — 각자 **돌아가**(夂) 움집(口)으로 가는 데서 '**각각**' '**따로**'가 된다.
各自(각자) 各別(각별) 各界(각계) — 중국 各 / 일본 各

路 — 6급 足부 총13획 — 길 로: — 발(足)로 각각(各) 자기 뜻대로 다니는 '**길**'을 뜻한다.
路上(노상) 路線(노선) 道路(도로) — 중국 路 / 일본 路

夕 〔진흥 6급〕 — 7급 夕부 총3획 — 저녁 석 — 달(☽)을 보고 만든 글자로 '**저녁**'이나 '**밤**'을 뜻한다.
夕陽(석양) 秋夕(추석) 朝夕(조석) — 중국 夕 / 일본 夕

名 〔진흥 6급 / 검정 6급〕 — 7급 口부 총6획 — 이름 명 — 저녁(夕)에 보이지 않아 입(口)으로 '**이름**'을 부름을 뜻한다.
名言(명언) 名物(명물) 名門(명문) — 중국 名 / 일본 名

夜 — 6급 夕부 총8획 — 밤 야: — 겨드랑이(亦)와 달(夕), 사람(大) 그림자와 달(夕)로 '**밤**'을 뜻한다.
夜間(야간) 晝夜(주야) 夜學(야학) — 중국 夜 / 일본 夜

多 — 6급 夕부 총6획 — 많을 다 — 제육(肉=月=夕)을 많이 쌓아 놓은 모습으로 '**많다**'를 뜻한다.
多少(다소) 多數(다수) 多感(다감) — 중국 多 / 일본 多

		갑문 — 금문 — 소전			중국
例	6급 人부 총8획	법식 례: 본보기 례:	소전	例文(예문) 例外(예외) 事例(사례)	例
					일본
					例
	사람(亻)이 물건을 **벌려(列)**놓은 데서 '**본보기**' '**법식**'을 뜻한다.				
死	6급 歹부 총6획	죽을 사:		生死(생사) 死別(사별) 戰死(전사)	중국 死
					일본 死
	죽은 사람의 **뼈(歹)**를 수습하는 **사람(亻=匕)**에서 '**죽다**'가 된다.				
口	7급 口부 총3획	입 구(:)		入口(입구) 人口(인구) 口頭(구두)	중국 口
					일본 口
	'**입**' 모양(ㅂ)으로 '**먹는 일**' '**소리**', 사람 단위나 '**구멍**'을 뜻한다.				
圖	6급 口부 총14획	그림 도		圖面(도면) 地圖(지도) 圖書(도서)	중국 图
					일본 図
	사각형(口) 넓은 곳에 **마을(啚)**을 그린 '**지도**'를 뜻한다.				
溫	6급 水부 총13획	따뜻할 온		溫水(온수) 溫和(온화) 體溫(체온)	중국 溫
					일본 溫
	물(氵)과 밥을 **죄수(囚)**의 **그릇(皿)**에 주는 '**따뜻한**' 마음.				
區	6급 匸부 총11획	구분할 구 지경 구		區分(구분) 區別(구별) 敎區(교구)	중국 区
					일본 区
	상자(匸)에 물건(品)을 잘 '**구분하여**' 둠을 뜻한다.				
光	6급 儿부 총6획	빛 광		光明(광명) 夜光(야광) 光速(광속)	중국 光
					일본 光
	불(火)을 머리에 이고 비추는 **노예(儿)** 등에서 '**빛**'을 뜻한다.				

[지흥 8급
설정 7급]

속담 : 고생 끝에 낙이 온다.

한자성어 : 苦盡甘來 (고진감래)

⇨ 苦쓸고 盡다할진 甘달감 來올래 (4급 4급)
　쓴 것이 다하면 단 것이 온다.

◯ 어려운 일이나 괴로운
일을 겪고 나면 즐겁고
좋은 일이 옴.

바탕학습 03

단어익히기**

- 出席(출석) 자리에 나감. 어떤 모임에 나감.
- 夕陽(석양) 저녁 때의 해.
- 名言(명언) 이치에 들어맞는 훌륭한 말. 유명한 말.
- 夜間(야간) 해가 져서 뜰 때까지.
- 多感(다감) 감정이 풍부함.
- 例外(예외) 일반 규칙이나 통례를 벗어나는 일.
- 死別(사별) 죽어서 이별함.
- 地圖(지도) 지구 표면의 일부나 전부를 일정한 축척에 의해 평면상에 나타낸 그림.
- 溫和(온화) 날씨가 따뜻하고 바람결이 부드러움. 마음이 온순하고 부드러움.

유의자

- 區分(구분) : 區 (구분할 구) = 分 (나눌 분)
- 區別(구별) : 區 (구분할 구) = 別 (나눌 별)
- 溫和(온화) : 溫 (따뜻할 온) = 和 (화할 화)
- 死亡(사망) : 死 (죽을 사) = 亡 (망할 망)
- 入口(입구) : 入 (들 입) = 口 (입 구)

반대자

- 出入(출입) : 出 (날 출) ↔ 入 (들 입)
- 多少(다소) : 多 (많을 다) ↔ 少 (적을 소)

1 다음 漢字의 訓과 음을 쓰세요.

(1) 形 □　　(2) 出 □　　(3) 各 □

(4) 路 □　　(5) 夕 □　　(6) 名 □

(7) 夜 □　　(8) 多 □　　(9) 例 □

(10) 死 □　　(11) 口 □　　(12) 圖 □

(13) 溫 □　　(14) 區 □　　(15) 光 □

2 다음 漢字語의 讀音을 쓰세요.

(1) 形式 □□　　(2) 出動 □□　　(3) 各自 □□

(4) 路線 □□　　(5) 秋夕 □□　　(6) 名物 □□

(7) 夜學 □□　　(8) 多少 □□　　(9) 例外 □□

(10) 戰死 □□　　(11) 入口 □□　　(12) 圖面 □□

(13) 溫和 □□　　(14) 區分 □□　　(15) 光明 □□

3 다음 漢字와 음이 같은 漢字를 골라 그 번호를 쓰세요.

(1) 區 (　) : ① 溫　　② 死　　③ 別　　④ 口

(2) 死 (　) : ① 多　　② 各　　③ 社　　④ 名

4 다음 뜻을 가진 漢字語를 쓰세요.

例(예)　　푸른 하늘 [靑天]

(1) 땅의 생긴 모양 □

(2) 이치에 들어맞는 훌륭한 말 □

5 다음 訓과 音에 맞는 漢字를 쓰세요.

(1) 모양 형 ☐　　(2) 날 출 ☐　　(3) 각각 각 ☐

(4) 길 로 ☐　　(5) 저녁 석 ☐　　(6) 이름 명 ☐

(7) 밤 야 ☐　　(8) 많을 다 ☐　　(9) 법식 례 ☐

(10) 죽을 사 ☐　　(11) 입 구 ☐　　(12) 그림 도 ☐

(13) 따뜻할 온 ☐　　(14) 구분할 구 ☐　　(15) 빛 광 ☐

6 다음 밑줄 친 漢字語를 큰 소리로 읽고 漢字로 써 보세요. (03과 활용 단어)

(1) 형식보다 내용이 중요합니다. ·················· (　　　　)

(2) 이 곳에 들어가려면 출입증이 있어야 합니다. ·········· (　　　　)

(3) 음력 8월 15일은 추석입니다. ················· (　　　　)

(4) 명문 대학에 들어가야만 성공하는 것은 아닙니다. ········ (　　　　)

(5) 야간 운전은 더욱 조심해야 합니다. ·············· (　　　　)

(6) 어두워서 입구가 어디인지 모르겠습니다. ············ (　　　　)

名門　入口　秋夕　形式　夜間　出入

7 다음 四字成語의 (　) 안에 알맞은 漢字를 쓰세요.

(1) 一朝一(　　)　　(2) 一(　　)二言

(3) 花朝(　　)夕　　(4) 千萬(　　)幸

8 다음 漢字의 筆順을 밝히세요.

(1) 口자의 아래 ─ 은 몇 번째에 쓰는 지 번호로 답하세요. (　　　　)

(2) 死자에서 삐침(丿)는 몇 번째에 쓰는 지 번호로 답하세요. (　　　　)

✚ 사자성어

一朝一夕 (일조일석) 하루 아침과 하루 저녁이란 뜻으로, 짧은 시일을 이르는 말.

一口二言 (일구이언) 한 입으로 두 말을 한다는 뜻으로, 한가지 일에 대하여 말을 이랬다저랬다 함을 이르는 말.

花朝月夕 (화조월석) 꽃피는 아침과 달뜨는 저녁, 경치가 썩 좋은 때를 일컫는 말임.

千萬多幸 (천만다행) 아주 다행함.

✚ 고사성어

門前成市(문전성시) ▶▶▶ 門(문 문) 前(앞 전) 成(이룰 성) 市(시장 시)

문 앞이 시장을 이룬다는 뜻으로, 찾아오는 사람이 아주 많음을 일컬음.

후한 애제 때 정숭이라는 충신이 있었다. 그는 깨끗하고 곧은 성품을 지니고 있어 외척들의 횡포나 부패를 보면 묵과하지 않고 거침없이 직언하였다. 임금인 애제가 동현이라는 미남자와 동성 연애에 빠져 국정을 돌보지 않을 때도 임금의 직분을 다하라고 간언하였지만 그의 간언은 받아들여지지 않고 오히려 애제의 미움을 사게 되었나.

그 당시 궁궐에는 조창이라는 간신이 있었는데, 그는 정숭을 시기하여 정숭을 내쫓을 궁리만 하고 있었다. 그는 어느 날 애제에게 이렇게 말했다.

"폐하, 아뢰옵기 황송하오나 정숭네 문 앞이 장이 선 것처럼 사람이 들끓습니다. 이는 분명 벼슬을 사기 위해 뇌물을 갖고 정숭의 집에 사람들이 모여 드는 것이 분명하오니 엄중히 문책하소서."

애제는 즉시 정숭을 불러 크게 꾸짖으며 문책했다.

"네놈의 집 대문 앞에 장이 선 것처럼 사람이 들끓는다고 하는데, 그것이 사실이냐?"

"비록 신의 문 앞이 시장 같을지라노 마음만은 물과 같이 깨끗합니다. 다시 조사해 주시오." 라고 정숭이 대답했다.

그러나 애제는 이 말을 무시하고 정숭의 관직을 박탈하고 옥에 가두었다. 정숭은 결국 감옥 안에서 죽고 말았다.

출전 「한서(漢書) 〈정숭전(鄭崇傳)〉」

		갑문	금문	소전			중국/일본
兄 진흥 7급 / 검정 8급	8급 / 儿부 총5획	형 맏	형 형			兄夫(형부) 兄弟(형제) 老兄(노형)	中 兄 / 日 兄
	입(口)을 벌려 제사를 주관하는 **사람(儿)**인 '형'을 뜻한다.						
育	7급 / 肉부 총8획	기를 육				敎育(교육) 育成(육성) 發育(발육)	中 育 / 日 育
	거꾸로(亠) 낳은 아이의 **몸(肉=月)**이 자람에서, '기름'을 뜻한다.						
世	7급 / 一부 총5획	인간 세:				世界(세계) 世代(세대) 出世(출세)	中 世 / 日 世
	세 개의 **가지(丨)**와 **잎(一)**으로, '세대' '인간' '세상'으로 쓰인다.						
始	6급 / 女부 총8획	비로소 시:				始作(시작) 始動(시동) 開始(개시)	中 始 / 日 始
	여자(女) 몸에 태아가 생긴 **기쁨(台)**에서 '비로소' '처음'을 뜻함.						
古	6급 / 口부 총5획	예 고:				古木(고목) 古物(고물) 古今(고금)	中 古 / 日 古
	많은(十) '옛' 일이 **입(口)**을 전해 옮김에서, '옛날' '오래'를 뜻한다.						
苦	6급 / 艸부 총9획	쓸 고				苦心(고심) 苦生(고생) 苦行(고행)	中 苦 / 日 苦
	풀(艹)싹이 **오래(古)**되어 '씀바귀'처럼 쓴 데서 '쓰다'가 된다.						
頭	6급 / 頁부 총16획	머리 두				頭目(두목) 石頭(석두) 先頭(선두)	中 头 / 日 頭
	제기(豆)의 모양 같은 **머리(頁)**에서 '머리'를 뜻한다.						
樹	6급 / 木부 총16획	나무 수				樹林(수림) 樹立(수립) 樹木(수목)	中 树 / 日 樹
	나무(木)를 세워(尌:세울 주) 심는 데서 '나무' '세우다'를 뜻한다.						

農	7급 辰부 총13획	농사 농	갑문 금문 소전		農夫(농부) 農業(농업) 農事(농사)	중국 农 일본 農

숲 밭(林+田=曲)에서 조개껍질(辰)을 들고 '농사'함을 뜻한다.

| 禮 | 6급
示부
총18획 | 예도 례: | | | 禮物(예물)
禮服(예복)
禮式(예식) | 중국
礼
일본
礼 |

신(示)에게 예물(豊)을 갖춰 제사함에서 '예절' '예도'를 뜻한다.

| 體 | 6급
骨부
총23획 | 몸 체 | | | 體育(체육)
體重(체중)
體溫(체온) | 중국
体
일본
体 |

근골(骨)이 풍성히(豊) 갖추어진 '몸' 전체부위를 뜻한다.

| 學 | 8급
子부
총16획 | 배울 학 | | | 學校(학교)
休學(휴학)
學科(학과) | 중국
学
일본
学 |

두 손(臼)으로 줄을 엮어(爻) 집(宀=冖) 짓는 법을 아이(子)가 '배움'.

| 平 | 7급
干부
총5획 | 평평할 평 | | | 平野(평야)
平和(평화)
公平(공평) | 중국
平
일본
平 |

방패(干)같은 잎이 사방으로 나뉜(八) '부평초'에서 '평평함'.

| 根 | 6급
木부
총10획 | 뿌리 근 | | | 草根(초근)
根本(근본)
發根(발근) | 중국
根
일본
根 |

나무(木)의 땅속으로 거슬러(艮) 자라는 '뿌리'를 뜻한다.

| 銀 | 6급
金부
총14획 | 은 은 | | | 金銀(금은)
銀行(은행)
水銀(수은) | 중국
銀
일본
銀 |

가치가 금(金) 다음에 그친(艮) '은'을 뜻한다.

속담 : 낫 놓고 기역자도 모른다.
한자성어 : 目不識丁 (목불식정)

5급 4급
➡ 目 눈 목 不 아닐 불 識 알 식 丁 고무래 정
고무래를 보고도 丁자를 알지 못하다.

글자를 전혀 모르거나 무식하기 짝이 없음. 또는 그런 사람을 일컬음.

단어익히기

- **敎育**(교육) 가르치어 기름. 가르치어 지식을 줌.
- **始作**(시작) 처음으로 함.
- **古木**(고목) 오래 묵은 나무.
- **苦生**(고생) 어렵고 괴로운 생활.
- **先頭**(선두) 첫 머리. 맨 앞.
- **樹木**(수목) 살아 있는 나무.
- **農業**(농업) 땅을 이용하여 인간 생활에 필요한 작물을 가꾸거나, 유용한 동물을 기르는 산업.
- **禮物**(예물) 사례의 뜻을 표하여 주는 물건.
- **體重**(체중) 몸무게.
- **平野**(평야) 들판.

유의자

- **樹木**(수목) : 樹 (나무 수) = 木 (나무 목)
- **育成**(육성) : 育 (기를 육) = 成 (이룰 성)
- **平和**(평화) : 平 (평평할 평) = 和 (화할 화)
- **根本**(근본) : 根 (뿌리 근) = 本 (밑 본)

반대자

- **兄弟**(형제) : 兄 (형 형) ↔ 弟 (아우 제)
- **古今**(고금) : 古 (옛 고) ↔ 今 (이제 금)

1 다음 漢字의 訓과 音을 쓰세요.

(1) 兄 [　　] (2) 育 [　　] (3) 世 [　　]

(4) 始 [　　] (5) 古 [　　] (6) 苦 [　　]

(7) 頭 [　　] (8) 樹 [　　] (9) 農 [　　]

(10) 禮 [　　] (11) 體 [　　] (12) 學 [　　]

(13) 平 [　　] (14) 根 [　　] (15) 銀 [　　]

2 다음 漢字語의 讀音을 쓰세요.

(1) 兄弟 [　] (2) 育成 [　] (3) 世界 [　]

(4) 始動 [　] (5) 古物 [　] (6) 苦行 [　]

(7) 頭目 [　] (8) 樹林 [　] (9) 農事 [　]

(10) 禮式 [　] (11) 體重 [　] (12) 學校 [　]

(13) 公平 [　] (14) 根本 [　] (15) 銀行 [　]

3 다음 漢字와 뜻이 반대되는 漢字를 골라 그 번호를 쓰세요.

(1) 古 (　) : ① 多　　② 今　　③ 明　　④ 車

(2) 多 (　) : ① 少　　② 年　　③ 高　　④ 世

(3) 出 (　) : ① 必　　② 速　　③ 來　　④ 入

4 다음 漢字語의 뜻을 쓰세요.

(1) 古木 : (　　　　　　　　　　　)

(2) 體重 : (　　　　　　　　　　　)

(3) 敎育 : (　　　　　　　　　　　)

5 다음 訓과 音에 맞는 漢字를 쓰세요.

(1) 형 형 ☐ (2) 기를 육 ☐ (3) 인간 세 ☐

(4) 비로소 시 ☐ (5) 예 고 ☐ (6) 쓸 고 ☐

(7) 머리 두 ☐ (8) 나무 수 ☐ (9) 농사 농 ☐

(10) 예도 례 ☐ (11) 몸 체 ☐ (12) 배울 학 ☐

(13) 평평할 평 ☐ (14) 뿌리 근 ☐ (15) 은 은 ☐

6 다음 밑줄 친 漢字語를 큰 소리로 읽고 漢字로 써 보세요. (04과 활용 단어)

(1) 형제 사이에는 우애가 있어야 합니다. ·············· ( )

(2) 교통의 발달로 세계는 지구촌으로 바뀌었습니다. ·············· ( )

(3) 시작이 반입니다. ·············· ( )

(4) 오래된 물건이나 못 쓰는 물건을 고물이라고 합니다. ·············· ( )

(5) 농촌에서 폐교되는 학교를 보면 안타깝습니다. ·············· ( )

古物 學校 始作 兄弟 世界

7 다음 四字成語의 ( ) 안에 알맞은 漢字를 쓰세요.

(1) 生死( )樂 (2) 一心同( )

(3) ( )界大戰 (4) 世界( )和

8 다음 漢字의 筆順을 밝히세요.

(1) 平자의 중간의 一은 몇 번째로 쓰는 지 번호로 답하세요. ( )

(2) 世 자의 쓰는 순서가 올바른 것을 고르세요. ( )

㉮ 1-2-3-5-4 ㉯ 1-3-5-4-2
㉰ 2-3-5-4-1 ㉱ 2-1-3-5-4

한자성어 04

✚ 사자성어

生死苦樂 (생사고락) 삶과 죽음, 괴로움과 즐거움을 통틀어 이르는말.

一心同體 (일심동체) 한 마음 한 몸이라는 뜻으로, 서로 굳게 결합함을 이르는 말.

世界大戰 (세계대전) 20세기 전반기에 있었던 두 차례의 큰 전쟁.

世界平和 (세계평화) 전 세계가 평온하고 화목함.

✚ 고사성어

百年河淸 (백년하청) ▶▶▶ 百(일백 백) 年(해 년) 河(강이름 하) 淸(맑을 청)

백 년에 한 번 황하가 맑아진다는 뜻으로, 결코 이루어질 수 없는 일을 일컬음.

춘추시대 때 정나라는 초나라의 속국인 채나라를 친 것이 화근이 되어 초나라의 공격을 받게 되었다. 그래서 정나라의 6경이라 일컬어지는 지도자들이 모여서 대책 회의를 열게 되었다. 이 때 초나라에 항복을 하자는 의견과 진나라의 구원군을 기다리며 싸우자는 의견이 팽팽히 맞섰다. 양쪽이 서로 물러서지 않고 자기의 주장을 내세우자 항복할 것을 주장하는 측의 자사가 나서며 말했다.

"주나라의 시(詩)에 '황하가 맑아지기를 기다린다는 것은 한이 없어서 사람의 짧은 목숨으로는 도저히 불가능하다.' 라는 시구가 있습니다. 지금 진나라의 구원군을 기다린다는 것은 백년하청일 뿐이오, 그러니 일단 초나라에 항복을 하여 백성들의 안위를 도모하도록 해야 합니다."

이 말에 양쪽은 동의하고 나라와 평화 협정을 맺고 전쟁의 위기를 벗어날 수 있었다.

출전 「춘추좌씨전(春秋左氏傳)〈양공(襄公) 8년〉」

		급수	훈·음	갑문 → 금문 → 소전		한자어	중국/일본

| | **目** | 6급 / 目부 총5획 | 눈 목 | 갑문 → 금문 → 소전 | | 面目(면목) 科目(과목) 題目(제목) | 중국 目 / 일본 目 |

진흥 7급 / 검정 7급

눈동자를 강조한 **눈(目)**을 본떠 만든 '**눈**'을 뜻한다.

| **現** | 6급 / 玉부 총11획 | 나타날 현: | 現 | 現金(현금) 現代(현대) 表現(표현) | 중국 現 / 일본 現 |

옥(玉=王)빛이 아름답게 **보임(見)**에서 '**나타나다**'를 뜻한다.

| **親** | 6급 / 見부 총16획 | 친할 친 | 親 | 先親(선친) 父親(부친) 親書(친서) | 중국 亲 / 일본 親 |

가시(辛=立) 나무(木)가 달라붙듯 서로 **보는(見)** 데서 '**친함**'.

| **門** | 8급 / 門부 총8획 | 문 문 | 門 | 門前(문전) 大門(대문) 校門(교문) | 중국 门 / 일본 門 |

진흥 8급 / 검정 8급

한 쌍의 **문(門)**으로 대부분 '**문**' '**집안**'을 뜻한다.

| **問** | 7급 / 口부 총11획 | 물을 문: | 問 | 問安(문안) 問題(문제) 問病(문병) | 중국 问 / 일본 問 |

문(門) 앞에서 **입(口)**으로 묻는 데서 '**묻다**'를 뜻한다.

| **聞** | 6급 / 耳부 총14획 | 들을 문(:) | 聞 | 風聞(풍문) 新聞(신문) 所聞(소문) | 중국 闻 / 일본 聞 |

문(門) 밖에서 **귀로(耳)** 들음에서 '**듣다**'가 뜻이 된다.

| **開** | 6급 / 門부 총12획 | 열 개 | 開 | 開校(개교) 開學(개학) 開放(개방) | 중국 开 / 일본 開 |

문(門) 빗장(一)을 **두 손(廾)**으로 여는 데서 '**열다**'를 뜻한다.

| **間** | 7급 / 門부 총12획 | 사이 간(:) | 間 | 間食(간식) 時間(시간) 人間(인간) | 중국 间 / 일본 間 |

문(門)틈으로 **해(日)**나 **달(月)**빛이 들어오는 '**사이**'를 뜻한다.

			갑문	금문	소전			중국
旗	7급 方부 총14획	기 깃발 기					國旗(국기) 軍旗(군기) 旗手(기수)	旗
								일본 旗
	짐승을 그린 **기(㫃)**로 일정한 **장소(其)**에 세워던 군대의 '**기**'.							
同	7급 口부 총6획	한가지 동					同感(동감) 同意(동의) 合同(합동)	중국 同
								일본 同
	여럿이(凡=冃) 우물**입구(口)**를 덮는 데서 '**함께**' '**한 가지**'를 뜻함.							
洞	7급 水부 총9획	골 동: 밝을 통:					洞長(동장) 洞里(동리) 空洞(공동)	중국 洞
								일본 洞
	물(氵)이 **함께(同)** 모인 '**골짜기**'에서 '**통하다**' '**밝다**'를 뜻함.							
向	6급 口부 총6획	향할 향					向上(향상) 動向(동향) 方向(방향)	중국 向
								일본 向
	집(宀=冂) 벽 **창문(口)**이 밖을 향하는 데서 '**향하다**'를 뜻한다.							
堂	6급 土부 총11획	집 당					書堂(서당) 古堂(고당) 食堂(식당)	중국 堂
								일본 堂
	높게(尙) 흙(土)을 다진 터에 지은 건축물인 '**집**'을 뜻한다.							
物	7급 牛부 총8획	물건 만물 물					萬物(만물) 物體(물체) 物理(물리)	중국 物
								일본 物
	잡색 **소(牛)**를 잡아 모든 **부정(勿)**을 없애 '**만물**' '**물건**'을 뜻한다.							
陽	6급 阜부 총12획	볕 양					太陽(태양) 陽地(양지) 漢陽(한양)	중국 阳
								일본 陽
	언덕(阝)에 **햇볕(昜)**이 내리 쪼이는 데서 '**볕**'을 뜻한다.							

속담 : 누워서 떡 먹기.

한사성어 · 囊中取物 (낭중취물)

　　　1급　　　　　　4급Ⅱ

▷ 囊 주머니 낭　中 가운데 중　取 취할 취　物 물건 물
　주머니 속에서 물건을 취하다.

○ 아주 간단하고 쉬운 일이나 손쉽게 넣을 수 있음을 비유함.

단어익히기

- **面目** (면목) 얼굴의 생김새. 체면.
- **現代** (현대) 현 시대.
- **親書** (친서) 몸소 씀, 또는 그 편지.
- **大門** (대문) 큰 문. 집의 정문.
- **問病** (문병) 앓는 사람을 찾아보고 위로함.
- **開校** (개교) 새로 세운 학교에서 수업을 시작함.
- **間食** (간식) 군음식. 군음식을 먹음. 샛밥을 먹음.
- **國旗** (국기) 한 나라를 상징하기 위하여 그 나라의 표지로 정한 깃발.
- **同感** (동감) 남과 같게 생각하거나 느낌, 또는 그 생각이나 느낌.
- **洞長** (동장) 한 동네의 우두머리. 동사무소의 장.
- **書堂** (서당) 글방.

유의자

- **洞里** (동리) : **洞** (골 동) = **里** (마을 리)

반대자

- **問答** (문답) : **問** (물을 문) ↔ **答** (대답 답)

1 다음 漢字의 訓과 音을 쓰세요.

(1) 目 [   ]　　(2) 現 [   ]　　(3) 親 [   ]

(4) 門 [   ]　　(5) 問 [   ]　　(6) 聞 [   ]

(7) 開 [   ]　　(8) 間 [   ]　　(9) 旗 [   ]

(10) 同 [   ]　　(11) 洞 [   ]　　(12) 向 [   ]

(13) 堂 [   ]　　(14) 物 [   ]　　(15) 陽 [   ]

2 다음 漢字語의 讀音을 쓰세요.

(1) 題目 [   ]　　(2) 現金 [   ]　　(3) 父親 [   ]

(4) 門前 [   ]　　(5) 問病 [   ]　　(6) 新聞 [   ]

(7) 開放 [   ]　　(8) 時間 [   ]　　(9) 軍旗 [   ]

(10) 合同 [   ]　　(11) 洞長 [   ]　　(12) 向上 [   ]

(13) 食堂 [   ]　　(14) 物體 [   ]　　(15) 陽地 [   ]

3 다음 漢字와 뜻이 비슷한 漢字를 골라 그 번호를 쓰세요.

(1) 洞 (   ) : ① 長　　② 面　　③ 問　　④ 里

(2) 平 (   ) : ① 和　　② 聞　　③ 場　　④ 古

4 다음 뜻을 가진 漢字語를 쓰세요.

흰 눈 ⇨ [白雪]

(1) 문 앞 ⇨ [   ]

(2) 글을 가르치는 집 ⇨ [   ]

5 다음 訓과 音에 맞는 漢字를 쓰세요.

(1) 눈 목 ☐　　(2) 나타날 현 ☐　　(3) 친할 친 ☐

(4) 문 문 ☐　　(5) 물을 문 ☐　　(6) 들을 문 ☐

(7) 열 개 ☐　　(8) 사이 간 ☐　　(9) 기 기 ☐

(10) 한가지 동 ☐　　(11) 골 동 ☐　　(12) 향할 향 ☐

(13) 집 당 ☐　　(14) 물건 물 ☐　　(15) 볕 양 ☐

6 다음 밑줄 친 漢字語를 큰 소리로 읽고 漢字로 써 보세요. (05과 활용 단어)

(1) 새로 지은 도서관은 <u>현대</u>화 시설을 잘 갖추고 있습니다. …… (　　　　)

(2) 시골집 <u>대문</u> 옆에는 큰 감나무가 있습니다. ……………… (　　　　)

(3) 학교에서 돌아오면 <u>간식</u>을 먹습니다. …………………… (　　　　)

(4) 우리 나라 <u>국기</u>는 태극기입니다. ……………………… (　　　　)

(5) <u>동장</u>은 마을을 대표하는 어른입니다. ………………… (　　　　)

(6) 꾸준한 반복 학습으로 실력이 많이 <u>향상</u>되었습니다. …… (　　　　)

> 大門　國旗　向上　現代　洞長　間食

7 다음 四字成語의 (　) 안에 알맞은 漢字를 쓰세요

(1) (　　)一知十　　　　(2) (　　)前成市

(3) 草綠(　　)色　　　　(4) 見(　　)生心

8 다음 漢字의 筆順을 밝히세요

(1) 同자의 중간의 一은 몇 번째로 쓰는 지 번호로 답하세요. (　　　　)

(2) 向자의 삐침(丿)은 몇 번째로 쓰는 지 번호로 답하세요. (　　　　)

한자성어 05

➕ 사자성어

聞一知十 (문일지십)   한 가지를 들으면 열을 미루어 앎. 知(알 지)→5급

開門迎入 (개문영입)   문을 열어 반가이 맞아들임.

草綠同色 (초록동색)   이름은 다르나 따지고 보면 한 가지 것이라는 말.

見物生心 (견물생심)   물건을 보면 욕심이 생김. 見(볼 견/ 뵈올 현)→5급

➕ 고사성어

伯牙絶絃 (백아절현) ▶▶▶ 伯(맏 백) 牙(어금니 아) 絶(끊을 절) 絃(악기줄 현)

백아가 거문고 줄을 끊는다는 뜻으로, 절친한 친구를 잃은 슬픔을 말함.

춘추시대 때에 거문고의 명인인 백아라는 사람이 있었다. 백아에게는 누구보다도 그의 음악을 잘 이해해 주는 종자기라는 친구가 있었다.

백아가 거문고로 높은 산의 모습을 표현하려고 하면 "야! 정말 굉장한걸. 마치 태산처럼 높이 치솟는 느낌이야."라며 감탄해 주었다. 또, 백아가 흐르는 물의 기상을 연주하면 "정말 멋지군. 마치 도도하게 넘실거리며 흐르는 황하 같아."라고 기뻐해 주었다.

하루는 두 사람이 태산에 놀러갔다가 갑자기 폭우를 만나 바위 밑에서 비를 피하게 되었다. 백아는 비가 그치기를 기다리며 거문고를 연주하기 시작했다. 처음에는 비가 내리는 곡조로, 다음에는 산이 무너지는 소리를 만들었다. 이 때마다 종자기는 백아의 마음을 다 알아맞혔다.

그로부터 얼마 후 종자기가 병으로 죽고 말았다.

그러자 백아는 "세상에서 나의 거문고 소리를 알아 주는 사람은 다시 없을 것이다."라며 그토록 이끼던 거문고의 줄을 끊어 버렸다. 그리고 다시는 거문고를 타지 않았다.

출전「열자(列子)〈탕문편(湯問篇)〉」

			갑문	금문	소전			중국 / 일본
場	7급 / 土부 / 총12획	마당 장		昜 昜 →	場		場所(장소) 市場(시장) 開場(개장)	중국 場 / 일본 場
	땅(土)에 **햇볕(昜)**이 잘 드는 '**마당**'을 뜻한다.							
日	8급 / 日부 / 총4획	날 일	□ □ → ⊙ □ →		日		日記(일기) 日月(일월) 每日(매일)	중국 日 / 일본 日
	밝은 **태양(⊙)**의 모양으로, '**해**' '**날**' '**시간**'과 관계있다.							
草	7급 / 艸부 / 총10획	풀 초		艸 →	草		草木(초목) 草書(초서) 草家(초가)	중국 草 / 일본 草
	풀(艹)이 봄에 **일찍(早)** 나옴에서 '**풀**'을 뜻한다.							
白	8급 / 白부 / 총5획	흰 백	♢ ♢ → ♢ ♢ →		白		白衣(백의) 自白(자백) 半白(반백)	중국 白 / 일본 白
	흰 '**쌀**'이나 '**엄지손톱**' '**빛**'모양으로, '**희다**' '**깨끗함**'을 뜻한다.							
習	6급 / 羽부 / 총11획	익힐 습	羿 羿 → 習 →		習		學習(학습) 自習(자습) 風習(풍습)	중국 习 / 일본 習
	날개(羽)를 쳐든 솜털이 **하얀(白)**새가 날개 짓을 '**익힘**'을 뜻한다.							
百	7급 / 白부 / 총6획	일백 백	百 百 → 百 百 →		百		百姓(백성) 百家(백가) 百萬(백만)	중국 百 / 일본 百
	한(一) 묶음 단위로 **흰(白)** 쌀을 헤아리던 쌀 '**일백**' 개를 뜻한다.							
線	6급 / 糸부 / 총15획	줄 선			線 線		線路(선로) 電線(전선) 直線(직선)	중국 线 / 일본 線
	실(糸)이 흐르는 **샘물(泉)**처럼 길게 이어진 '**줄**'을 뜻한다.							
韓	8급 / 韋부 / 총17획	한국 한(ː) 나라 한(ː)		韓 韓 →	韓		韓國(한국) 韓服(한복) 韓方(한방)	중국 韩 / 일본 韓
	뜨는 **해에(倝=卓)** 감싸인(韋) 동방의 나라인 '**한국**'을 뜻한다.							

			갑문 금문 소전			중국
朝	6급 / 月부 총12획	아침 조	🔸→🔸→🔸		王朝(왕조) 朝會(조회) 朝夕(조석)	朝 / 일본 / 朝
	풀 사이 해가 **떠오르고(卓)** 달(月)이 남은 이른 '**아침**'을 뜻한다.					
月	8급 / 月부 총4획	달 월	))→D→月		月間(월간) 月下(월하) 月光(월광)	月 / 일본 / 月
	둥글지 않은 **달(D)**의 모습을 나타낸 글자로 '**달**'을 뜻한다.					
明	6급 / 日부 총8획	밝을 명			明白(명백) 分明(분명) 發明(발명)	明 / 일본 / 明
	해(日)와 **달(月)**, 또는 **창문(囧=日)**옆의 **달(月)**로 '**밝음**'을 뜻한다.					
花	7급 / 艸부 총8획	꽃 화			花園(화원) 花草(화초) 開花(개화)	花 / 일본 / 花
	풀(艹)이 자라 **변하여(化)** '**꽃**'이 됨. 본래 華(꽃 화)의 초서 모양.					
北	8급 / 匕부 총5획	북녘 북 달아날 배			北風(북풍) 北部(북부) 北韓(북한)	北 / 일본 / 北
	두 사람(씨)이 등진 데서, 해를 등진 '**북쪽**' '**달아남**'을 뜻한다.					
代	6급 / 人부 총5획	대신 대:			代身(대신) 代表(대표) 年代(연대)	代 / 일본 / 代
	사람(亻) 일을 **주살(弋)**이 '**대신**'함을 뜻한다.					
式	6급 / 弋부 총5획	법 식			方式(방식) 形式(형식) 禮式(예식)	式 / 일본 / 式
	주살(弋)을 만드는 **장인(工)**의 '**방법**'에서 '**법**'을 뜻한다.					

속담 : 눈 가리고 아웅한다.

한자성어: 姑息之計 (고식지계)
　　　　3급Ⅱ　　　4급Ⅱ　　3급Ⅱ
➡ 姑 잠시 고 息 쉴 식 之 갈 지 計 셀 계
잠시 쉬기 위하여 꾀하다.

○ 당장의 편안함만을 꾀하는 일시적인 방편을 뜻함.

단어익히기

- 市場(시장) 매일 또는 정기적으로 상인들이 모여 상품을 매매하는 장소.
- 日記(일기) 날마다 생긴 일, 느낌 등을 적은 기록이나 일지.
- 草家(초가) 볏짚, 밀짚, 갈대 등으로 지붕을 인 집. 초가집.
- 自白(자백) 자기의 비밀을 털어 놓음.
- 自習(자습) 스스로 배워 익힘.
- 直線(직선) 곧은 줄.
- 韓方(한방) 중국에서 전해져 우리 나라에서 발달한 기술.
- 發明(발명) 전에 없던 것을 새로 생각해 내거나 만들어 냄.
- 花草(화초) 꽃이 피는 풀과 나무.
- 代表(대표) 개인이나 단체를 대신하여 그의 의사를 외부에 나타냄.
- 形式(형식) 겉 모습. 격식.

유의자

- 明白(명백) : 明 (밝을 명) = 白 (흰 백)

반대자

- 朝夕(조석) : 朝 (아침 조) ↔ 夕 (저녁 석)
- 日月(일월) : 日 (해 일) ↔ 月 (달 월)

1 다음 漢字의 訓과 音을 쓰세요.

(1) 草 [ ]　　(2) 月 [ ]　　(3) 式 [ ]

(4) 場 [ ]　　(5) 花 [ ]　　(6) 線 [ ]

(7) 白 [ ]　　(8) 代 [ ]　　(9) 百 [ ]

(10) 明 [ ]　　(11) 韓 [ ]　　(12) 北 [ ]

(13) 日 [ ]　　(14) 朝 [ ]　　(15) 習 [ ]

2 다음 漢字語의 讀音을 쓰세요.

(1) 開場 [ ]　　(2) 自白 [ ]　　(3) 代身 [ ]

(4) 月光 [ ]　　(5) 電線 [ ]　　(6) 花草 [ ]

(7) 每日 [ ]　　(8) 草家 [ ]　　(9) 北部 [ ]

(10) 自習 [ ]　　(11) 方式 [ ]　　(12) 百姓 [ ]

(13) 分明 [ ]　　(14) 朝會 [ ]　　(15) 韓服 [ ]

3 다음 漢字와 음이 같은 漢字를 골라 그 번호를 쓰세요.

(1) 明 ( )：① 草　　② 名　　③ 朝　　④ 白

(2) 目 ( )：① 世　　② 林　　③ 木　　④ 苦

(3) 花 ( )：① 話　　② 始　　③ 出　　④ 果

4 다음 漢字語의 뜻을 쓰세요.

(1) 自白：( )

(2) 月光：( )

(3) 開花：( )

5 다음 訓과 音에 맞는 漢字를 쓰세요.

(1) 대신 대 　　　　(2) 마당 장 　　　　(3) 아침 조

(4) 한국 한 　　　　(5) 꽃 화 　　　　(6) 날 일

(7) 풀 초 　　　　(8) 법 식 　　　　(9) 달 월

(10) 북녘 북 　　　　(11) 줄 선 　　　　(12) 밝을 명

(13) 익힐 습 　　　　(14) 일백 백 　　　　(15) 흰 백

6 다음 밑줄 친 漢字語를 큰 소리로 읽고 漢字로 써 보세요. (06과 활용 단어)
(1) 자습하는 습관은 학습 실력을 높입니다. ⋯⋯⋯⋯ (　　　)
(2) 나는 잠자기 전에 일기를 꼭 씁니다. ⋯⋯⋯⋯ (　　　)
(3) 나는 친구 대신 모임에 참석했습니다. ⋯⋯⋯⋯ (　　　)
(4) 이제는 시골에서도 초가를 보기가 어렵습니다. ⋯⋯ (　　　)
(5) 정치를 잘해야 백성이 편합니다. ⋯⋯⋯⋯ (　　　)
(6) 사람마다 각기 다른 생활방식이 있습니다. ⋯⋯⋯ (　　　)

　　日記　百姓　方式　草家　代身　自習

7 다음 四字成語의 (　) 안에 알맞은 漢字를 쓰세요.
(1) 靑天(　　)日　　　(2) 山川(　　)木
(3) (　　)三暮四　　　(4) 明明白(　　)

8 다음 漢字의 筆順을 밝히세요.
(1) 代자의 丨획은 몇 번째로 쓰는 지 번호로 답하세요. (　　　)
(2) 式자의 위의 丶은 몇 번째로 쓰는 지 번호로 답하세요. (　　　)

한자성어 06

➕ 사자성어

山川草木 (산천초목)	산과 내와 풀과 나무, 곧 자연을 이르는 말.
朝三暮四 (조삼모사)	간사한 꾀로 남을 속여 희롱함을 이르는 말. 暮(저물 모)→3급
靑天白日 (청천백일)	하늘이 맑게 갠 대낮.
明明白白 (명명백백)	의심의 여지가 없이 매우 명확함.

➕ 고사성어

四面楚歌(사면초가) ▶▶▶ 四(넉 사) 面(낯 면) 楚(초나라 초)2급 歌(노래 가)

사방에서 들려 오는 초나라 노래라는 뜻으로, 고립되어 아무도 도와줄 수 없는 상황을 일컬음.

초패왕 항우가 싸움에 밀리기 시작하자 한왕의 유방에게 천하를 양분하는 조건으로 휴전 제의를 했다. 유방이 이 제의를 받아들여 항우는 초나라의 도읍인 팽성을 향해 철군 길에 올랐다. 유방도 철수하려고 하는데 참모인 장량과 진평이 진언했다.

"항우의 군대는 지금 사기가 바닥에 떨어져 있습니다. 폐하께서 천하를 얻으시려면 지금 항우를 치셔야 합니다."

두 참모의 의견을 받아들여 유방은 마음을 바꾸어 항우를 추격하였다.

항우는 몇 번의 싸움으로 군사도 줄고 식량도 떨어진 상태에서 한신이 지휘하는 한나라 군사에게 포위당하고 말았다. 그러던 어느 날 밤, 사방에서 초나라의 노랫소리가 들려왔다. 이것은 한나라에 항복해 온 초나라의 병사들에게 장량이 시킨 것이었다. 지친 초나라 병사들은 그리운 고향의 노랫소리를 듣고 싸울 의지를 잃고 탈주해 갔다. 항우는 노랫소리를 들으며 이렇게 말했다.

"한나라가 이미 초를 점령했다는 말인가? 어찌 초나라 사람이 이렇게도 많은가?"

그 날 밤 항우는 간신히 포위망을 뚫고 도망가 목숨을 건질 수 있었다. 하지만 항우는 고향으로 돌아갈 면목이 없다면서 이튿날 한나라 군사들에게 뛰어들어 수백 명의 군사를 죽이고 자결했다. 그의 나이 31세였다.

출전「사기(史記)〈항우본기(項羽本紀)〉」

갑문	금문	소전

	8급 口부 총11획	나라 국	비 → 國 → 國		國家(국가) 國民(국민) 國語(국어)	중국 国 / 일본 國

에워(口)싸 창(戈)으로 경계(口)의 땅(一)을 지키는 구역인 '나라'.

	6급 心부 총13획	느낄 감:	感 → 感		感動(감동) 同感(동감) 感氣(감기)	중국 感 / 일본 感

다(咸) 느껴지는 마음(心)의 감동을 뜻하여 '느낌'을 뜻한다.

	6급 戈부 총7획	이룰 성	戊 → 成成 → 成		成人(성인) 成長(성장) 成立(성립)	중국 成 / 일본 成

무기(戊)를 들고 못(丁)을 박듯, 뜻을 '이룸'을 뜻한다.

	6급 示부 총10획	귀신 신	§ → 示 → 神		神父(신부) 神童(신동) 神話(신화)	중국 神 / 일본 神

신(示)이 펼쳐(申) 내리는 번개로, 하늘의 신인 '귀신'을 뜻한다.

	6급 田부 총5획	말미암을 유	由 → 由 → 由		理由(이유) 由來(유래) 自由(자유)	중국 由 / 일본 由

여러 용도로 쓰이는 대 삼태기(由)에서 '말미암다'를 뜻한다.

	6급 水부 총8획	기름 유		油	石油(석유) 油畵(유화) 油物(유물)	중국 油 / 일본 油

물(氵) 같은 액체를 짜내는 대그릇(由)에서 '기름'을 뜻한다.

	7급 田부 총7획	사내 남	男 → 男男 → 男		男女(남녀) 男便(남편) 男子(남자)	중국 男 / 일본 男

진흥 7급 / 검정 8급

밭(田)에 나가 쟁기(力)로 힘(力)써 밭을 가는 '남자'를 뜻한다.

	6급 田부 총9획	지경 계:	界 → 界		世界(세계) 外界(외계) 道界(도계)	중국 界 / 일본 界

논밭(田) 사이에 끼어(介)있는 경계선인 '지경'을 뜻한다.

			갑문 금문 소전			중국 일본
里	7급 / 里부 / 총7획	마을 리:	里里 → 里		里長(이장) 洞里(동리) 千里(천리)	里 / 里
		밭(田)과 땅(土)이 있어 사람이 살기 좋은 '마을'을 뜻한다.				
理	6급 / 玉부 / 총11획	다스릴 리:	理 → 理		理由(이유) 理科(이과) 道理(도리)	理 / 理
		옥(玉=王)을 잘 정리한 마을(里)처럼 다듬어 '다스림'을 뜻한다.				
童	6급 / 立부 / 총12획	아이 동:	呈 → 貢呈 → 童		童心(동심) 童話(동화) 童子(동자)	童 / 童
		서서(立) 뛰노는 마을(里) 입구의 '아이'. 고문은 눈을 찔린 노예.				
重	7급 / 里부 / 총9획	무거울 중: 거듭 중:	重 → 重 → 理		重大(중대) 體重(체중) 所重(소중)	重 / 重
		사람(亻)이 중요한 짐(東)을 지고 있는(㐮) 데서 '무거움' '중요함'.				
動	7급 / 力부 / 총11획	움직일 동:	重 → 動		動力(동력) 動物(동물) 出動(출동)	动 / 動
		무거운(重) 짐을 지고 힘(力)써 옮기는 데서 '움직임'을 뜻한다.				
會	6급 / 曰부 / 총13획	모일 회:	會會 → 會會會 → 會		會長(회장) 會社(회사) 開會(개회)	会 / 会
		뚜껑(스) 아래 쌓인 제물(囧)과 제기(曰)에서 '모이다'를 뜻한다.				
工	7급 / 工부 / 총3획	장인 공	工 → 工工 → 工		工事(공사) 工場(공장) 手工(수공)	工 / 工
		장인이 사용하는 도구(工)로, '장인' '만듦'을 뜻한다.				

속담 : 망둥이가 뛰니까 꼴뚜기도 뛴다.

한자성어 : 附和雷同 (부화뇌동)

3급Ⅱ · 3급
⇨ 附 붙을 부　和 화할 화　雷 우레 뢰　同 한가지 동
우레 소리에 맞추어 천지 만물이 함께 울린다.

◈ 아무런 주견이 없이 남의 의견이나 행동에 덩달아 따름.

단어익히기

- 國民(국민)　한 나라의 통치권 밑에 같은 국적을 가진 사람들.
- 感動(감동)　깊이 느껴 마음이 움직임.
- 成人(성인)　자라서 어른이 됨.
- 神童(신동)　여러 가지 재주와 지혜가 남달리 뛰어난 아이.
- 由來(유래)　사물이 어디에서 연유(緣由)하여 옴, 또는 그 내력.
- 石油(석유)　천연으로 지하에서 산출되는 가연성 광물성 기름.
- 外界(외계)　바깥 세계.
- 道理(도리)　사람이 마땅히 행하여야 할 바른 길.
- 童心(동심)　어린이의 마음. 어린이처럼 순진한 마음.
- 動力(동력)　어떠한 물체를 움직이게 하는 힘.
- 手工(수공)　손으로 하는 공예.

유의자

- 成長(성장) : 成 (이룰 성) ＝ 長 (긴 장)
- 會社(회사) : 會 (모일 회) ＝ 社 (모일 사)

반대자

- 男女(남녀) : 男 (사내 남) ↔ 女 (계집 녀)

1 다음 漢字의 訓과 音을 쓰세요.

(1) 會 [　　　]　(2) 國 [　　　]　(3) 童 [　　　]

(4) 工 [　　　]　(5) 成 [　　　]　(6) 男 [　　　]

(7) 動 [　　　]　(8) 感 [　　　]　(9) 神 [　　　]

(10) 界 [　　　]　(11) 重 [　　　]　(12) 由 [　　　]

(13) 油 [　　　]　(14) 里 [　　　]　(15) 理 [　　　]

2 다음 漢字語의 讀音을 쓰세요.

(1) 成長 [　　]　(2) 洞里 [　　]　(3) 神話 [　　]

(4) 男便 [　　]　(5) 國家 [　　]　(6) 工場 [　　]

(7) 體重 [　　]　(8) 理由 [　　]　(9) 感氣 [　　]

(10) 油物 [　　]　(11) 童心 [　　]　(12) 世界 [　　]

(13) 會長 [　　]　(14) 動力 [　　]　(15) 道理 [　　]

3 다음 漢字와 뜻이 반대되는 漢字를 골라 그 번호를 쓰세요.

(1) 朝 (　　) : ① 明　　② 向　　③ 日　　④ 夕
(2) (　　) 月 : ① 日　　② 力　　③ 夜　　④ 光
(3) 問 (　　) : ① 路　　② 答　　③ 口　　④ 頭

4 다음 뜻을 가진 漢字語를 쓰세요.

例(예)　흰 말 ⇨ [白馬]

(1) 아이의 마음 ⇨ [　　　]
(2) 움직이는 힘 ⇨ [　　　]

5 다음 訓과 音에 맞는 漢字를 쓰세요.

(1) 모일 회 ⬜ (2) 귀신 신 ⬜ (3) 나라 국 ⬜

(4) 지경 계 ⬜ (5) 마을 리 ⬜ (6) 장인 공 ⬜

(7) 이룰 성 ⬜ (8) 기름 유 ⬜ (9) 말미암을 유 ⬜

(10) 느낄 감 ⬜ (11) 아이 동 ⬜ (12) 무거울 중 ⬜

(13) 사내 남 ⬜ (14) 움직일 동 ⬜ (15) 다스릴 리 ⬜

6 다음 밑줄 친 漢字語를 큰 소리로 읽고 漢字로 써 보세요. (07과 활용 단어)

(1) 국가나 개인 모두 소중합니다. ·· (　　　)

(2) 어린 대나무의 성장 속도는 매우 빠릅니다. ················· (　　　)

(3) 우리 나라는 석유가 나오는 유전이 아직 없습니다. ······ (　　　)

(4) 환경 파괴로 수많은 동물들이 사라져 가고 있습니다. ····· (　　　)

(5) 우리 마을은 요즘 도서관 공사가 한창입니다. ··············· (　　　)

> 石油　國家　成長　工事　動物

7 다음 四字成語의 (　) 안에 알맞은 漢字를 쓰세요.

(1) 自手(　　　)家 (2) (　　　)女有別

(3) 自(　　　)自在 (4) 士農(　　　)商

8 다음 漢字의 筆順을 밝히세요.

(1) 由 자의 쓰는 순서가 올바른 것을 고르세요. 난이도 ▪▪▫▫▫ (　　　)

㉮ 2-3-4-1-5 ㉯ 1-2-3-5-4

㉰ 2-3-1-4-5 ㉱ 1-4-2-3-5

(2) 工자를 순대로 구별하여 쓰세요. 난이도 ▪▪▫▫▫ (　　　)

⊕ 사자성어

男女有別 (남녀유별)	남자와 여자 사이에 분별이 있어야 함을 이르는 말.
自手成家 (자수성가)	물려받은 재산이 없이 자기 혼자의 힘으로 집안을 일으키고 재산을 모음.
自由自在 (자유자재)	거침없이 자기 마음대로 할 수 있음.
士農工商 (사농공상)	선비, 농부, 공장, 상인의 네 가지 계급. 商(장사 상)→5급

⊕ 고사성어

三人成虎(삼인성호) ▶▶▶ 三(석 삼) 人(사람 인) 成(이룰 성) 虎(호랑이 호) ^{3급Ⅱ}

세 사람이면 호랑이도 만든다는 뜻으로, 거짓말도 여럿이 하게 되면 믿게 됨을 비유함.

전국시대 위나라 혜왕 때의 일이다. 태자와 중신 방총이 조나라에 인질로 잡혀가게 되었다. 출발을 며칠 앞둔 방총은 혜왕에게 말했다.

"어떤 사람이 지금 시장에 호랑이가 나타났다고 말하면, 왕께서는 이것을 믿으시겠습니까?"

"믿지 않소."

"두 사람이 시장에 호랑이가 나타났다고 말하면, 왕께서는 믿으시겠습니까?"

"믿지 않소."

"만약 세 사람이 입을 모아 시장에 호랑이가 나타났다고 말하면, 그 땐 믿으시겠습니까?"

"그렇다면 과인은 믿을 것이오."

그러자 방총은 다시 혜왕에게 말했다.

"폐하, 시장에는 호랑이가 없습니다. 그런데 세 사람이 나타났다고 말하면 호랑이가 있는 것이 됩니다. 지금 한단은 위나라에서 시장보다 멀리 떨어져 있고, 신에 관해 논의하는 자는 세 사람이 넘습니다. 원컨대 그들의 헛된 말을 귀담아 듣지 말아 주소서."

혜왕은 알았다고 말했다. 하지만 방총이 떠나자마자 그를 모함하는 자가 나타났고, 혜왕은 거듭되는 그들의 거짓된 말을 믿었다. 결국 방총은 인질에서 풀려나 돌아오게 되었지만 끝내 혜왕을 다시는 만나지 못했다.

출전 「전국책(戰國策)〈위책 혜왕(魏策 惠王)〉」

	갑문	금문	소전			중국	일본

| 功 | 6급 / 力부 총5획 | 공 공 | 工 → 攻 | | 功力(공력) 成功(성공) 功利(공리) | 功 | 功 |

장인(工)이 힘(力)을 다해 일을 이루는 데서 '공' '명예'를 뜻한다.

| 空 | 7급 / 穴부 총8획 | 빌 공 | → 空 | | 空間(공간) 空軍(공군) 空氣(공기) | 空 | 空 |

굴(穴)을 파서 만든(工) 집 형태에서 '비다' '공간' '하늘'을 뜻한다.

| 江 | 7급 / 水부 총6획 | 강 강 | 工 → 江 | | 江南(강남) 江村(강촌) 江山(강산) | 江 | 江 |

진흥 7급 / 검정 7급

물(氵)이 흘러 만든(工) '강'으로, 중국 '장강(長江)'을 뜻한다.

| 共 | 6급 / 八부 총6획 | 한가지 공: | → 共 | | 共同(공동) 共生(공생) 共通(공통) | 共 | 共 |

물건(卄=廿)을 두 손(卄)으로 받듦에서 '함께' '같이'를 뜻한다.

| 中 | 8급 / ㅣ부 총4획 | 가운데 중 | → → 中 | | 中間(중간) 中心(중심) 中立(중립) | 中 | 中 |

진흥 8급 / 검정 7급

거주지(口) 중앙에 세운 깃대(ㅣ)에서 '가운데'를 뜻한다.

| 英 | 6급 / 艹부 총9획 | 꽃부리 영 | → 英 | | 英語(영어) 英才(영재) 英特(영특) | 英 | 英 |

초목(艹)의 줄기 끝 가운데(央) 부분인 '꽃부리'를 뜻한다.

| 使 | 6급 / 人부 총8획 | 하여금 사: 부릴 사: | → → 使 | | 使用(사용) 特使(특사) 天使(천사) | 使 | 使 |

사람(亻)들에게 시키는 관리(吏)에서 '하여금' '시킴'을 뜻한다.

| 便 | 7급 / 人부 총9획 | 편할 편(:) 똥오줌 변: | → 便 | | 便利(편리) 便紙(편지) 便安(편안) | 便 | 便 |

사람(亻)이 불편함을 고쳐(更) '편하게' 함, '똥오줌'을 뜻한다.

			갑문	금문	소전			중국
近	6급 辵부 총8획	가까울 근:					近來(근래) 近親(근친) 近代(근대)	近 / 일본 近
	도끼(斤=斤)들고 가서(辶) 하는 일은 '가까움'을 뜻한다.							
所	7급 戶부 총8획	바 소:					住所(주소) 場所(장소) 所感(소감)	所 / 일본 所
	벌목 때 살던 집(戶)으로 도끼(斤) 두던 곳에서 '바'를 뜻한다.							
新	6급 斤부 총13획	새 신					新年(신년) 新聞(신문) 新入(신입)	新 / 일본 新
	가시(辛=立) 나무(木)를 도끼(斤)로 자른 땔감인 '새'로 나온 가지.							
愛	6급 心부 총13획	사랑 애:					愛國(애국) 愛人(애인) 愛族(애족)	愛 / 일본 愛
	손(爪)으로 덮어(冖) 마음(心)을 천천히(夂) 전하는 '사랑'을 뜻한다.							
石	6급 石부 총5획	돌 석					石工(석공) 木石(목석) 石手(석수)	石 / 일본 石
	언덕(厂) 아래에 돌(口)덩이로 단단하고 강한 '돌'을 뜻한다.							
右	7급 口부 총5획	오른 우:					右足(우족) 右手(우수) 右道(우도)	右 / 일본 右
	오른손(又)이 왼쪽(ナ)으로 변해 口(구)를 더해 오른쪽을 뜻한다.							
左	7급 工부 총5획	왼 좌:					左方(좌방) 左右(좌우) 左面(좌면)	左 / 일본 左
	왼손(ナ)으로 도구(工)를 잡고 일을 돕던 데서 '왼쪽'을 뜻한다.							

속담 : 모르는 게 약이요, 아는 게 병이다.

한자성어 : 識字憂患 (식자우환)

識 알 식 字 글자 자 憂 근심 우 患 근심 환
글자를 아는 것이 걱정을 낳는다.

◆ 학식이 있는 것이 오히려 근심을 사게 됨.

단어익히기

· 成功(성공)   목적을 이룸. 뜻을 이룸.

· 空軍(공군)   항공기로써 공중 전투 및 대지상 대함선 공격을 임무로 하는 군대.

· 江村(강촌)   강가에 있는 마을.

· 共生(공생)   서로 같은 장소에서 생활함.

· 中立(중립)   어느 편에도 치우침이 없이 그 중간에 서는 일.

· 英才(영재)   탁월한 재주, 또는 그런 사람.

· 近親(근친)   성이 같은 가까운 친족. 흔히 팔촌 이내의 일가.

· 新聞(신문)   새로운 소식.

· 愛國(애국)   자기 나라를 사랑함.

유의자

· 空間(공간) : 空 (빌 공)   =   間 (사이 간)

· 江河(강하) : 江 (강 강)   =   河 (물/강 하)

· 共同(공동) : 共 (한가지 공) =   同 (한가지 동)

· 中心(중심) : 中 (가운데 중) =   心 (마음 심)

· 便安(편안) : 便 (편할 편)   =   安 (편안할 안)

반대자

· 江山(강산) : 江 (강 강)   ↔   山 (메 산)

· 左右(좌우) : 左 (왼 좌)   ↔   右 (오른 우)

1 다음 漢字의 訓과 音을 쓰세요.

(1) 左 [　　　] (2) 功 [　　　] (3) 便 [　　　]

(4) 英 [　　　] (5) 江 [　　　] (6) 石 [　　　]

(7) 右 [　　　] (8) 近 [　　　] (9) 共 [　　　]

(10) 所 [　　　] (11) 中 [　　　] (12) 使 [　　　]

(13) 愛 [　　　] (14) 新 [　　　] (15) 空 [　　　]

2 다음 漢字語의 讀音을 쓰세요.

(1) 共生 [　│　] (2) 左方 [　│　] (3) 成功 [　│　]

(4) 右足 [　│　] (5) 木石 [　│　] (6) 使用 [　│　]

(7) 愛族 [　│　] (8) 新入 [　│　] (9) 英語 [　│　]

(10) 中間 [　│　] (11) 住所 [　│　] (12) 便安 [　│　]

(13) 近代 [　│　] (14) 空間 [　│　] (15) 江村 [　│　]

3 다음 漢字와 뜻이 비슷한 漢字를 골라 그 번호를 쓰세요.

(1) 空 (　　) : ① 江　　② 區　　③ 間　　④ 中

(2) 共 (　　) : ① 同　　② 里　　③ 地　　④ 向

(3) (　　) 安 : ① 果　　② 便　　③ 多　　④ 夜

4 다음 漢字語의 뜻을 쓰세요.

(1) 江南 : (　　　　　　　　　　　　)

(2) 新聞 : (　　　　　　　　　　　　)

(3) 共生 : (　　　　　　　　　　　　)

5 다음 訓과 音에 맞는 漢字를 쓰세요.

(1) 사랑 애 ☐   (2) 한가지 공 ☐   (3) 왼 좌 ☐

(4) 편할 편 ☐   (5) 오른 우 ☐   (6) 새 신 ☐

(7) 공 공 ☐   (8) 가까울 근 ☐   (9) 하여금 사 ☐

(10) 빌 공 ☐   (11) 가운데 중 ☐   (12) 돌 석 ☐

(13) 바 소 ☐   (14) 꽃부리 영 ☐   (15) 강 강 ☐

6 다음 밑줄 친 漢字語를 큰 소리로 읽고 漢字로 써 보세요. (08과 활용 단어)

(1) 하늘을 지키는 군인을 <u>공군</u>이라고 합니다. ·········· (   )

(2) 제비는 가을이면 <u>강남</u>으로 돌아갑니다. ·········· (   )

(3) 우리 반 <u>공동</u>으로 불우 이웃 성금을 냈습니다. ·········· (   )

(4) <u>영어</u>는 무엇보다도 반복 학습이 중요합니다. ·········· (   )

(5) 기계는 항상 <u>사용</u>해야 녹슬지 않습니다. ·········· (   )

(6) 아버지께서는 아침 마다 <u>신문</u>을 보십니다. ·········· (   )

> 共同 　空軍 　江南 　新聞 　使用 　英語

7 다음 四字成語의 ( ) 안에 알맞은 漢字를 쓰세요.

(1) 前後左(   )   (2) 手足之(   )

(3) 十(   )八九   (4) 一(   )二鳥

8 다음 漢字의 筆順을 밝히세요.

(1) 中자의 ㅣ획은 몇 번째로 쓰는 지 번호로 답하세요. (   )

(2) 石자의 삐침(丿)은 몇 번째로 쓰는 지 번호로 답하세요. (   )

한자성어 08

⊕ 사자성어

十中八九 (십중팔구) 열이면 그 가운데 여덟이나 아홉은 그러함.

前後左右 (전후좌우) 앞쪽, 뒤쪽, 왼쪽, 오른쪽으로 사방을 일컬음.

手足之愛 (수족지애) 손과 발의 우애라는 뜻으로, 형제 사이의 우애를 말함.
之(갈 지)→3급Ⅱ

一石二鳥 (일석이조) 하나의 돌을 던져 두 마리의 새를 얻는다는 뜻으로, 한 가지 일로 두 가지 이득이 생김을 비유하는 말.

⊕ 고사성어

守株待兎 (수주대토) ▶▶▶ 守(지킬 수)[4급Ⅱ] 株(그루 주)[3급] 待(기다릴 대) 兎(토끼 토)[3급Ⅱ]

그루터기에서 지켜 보며 토끼를 기다린다는 뜻으로, 되지도 않을 일을 고집하는 어리석음을 비유함.

송나라 때 한 농부가 밭을 갈고 있었다. 여느 때와 마찬가지로 열심히 밭을 갈고 있었는데 갑자기 숲에서 토끼 한 마리가 튀어 나와 밭 옆에 있는 나무에 부딪쳐 목이 부러져 죽었다. 덕분에 농부는 토끼를 집에 가져가 맛있게 먹을 수 있었다.

"매일 힘들게 농사일을 하느니 가만히 앉아 토끼를 기다렸다가 잡는 것이 훨씬 낫겠는걸."

이렇게 생각한 농부는 그 후 밭일은 제쳐 두고 나무 그루터기에 앉아 토끼가 나타나기만을 기다렸다.

하지만 토끼는 두 번 다시 나타나지 않았다. 그 사이 농부의 밭은 잡초만 무성히 자라나 엉망이 되었고, 농부는 사람들의 웃음거리가 되고 말았다.

출전 「한비자(韓非子)〈오두편(五蠹篇)〉」

			갑문 — 금문 — 소전			중국

有

7급	있을 유:	月부 총6획

有名(유명)
有利(유리)
有力(유력)

중국 有 / 일본 有

손(又=ナ)에 **고깃(月)**덩이가 **있는(ㅈ)** 데서 '**있다**'를 뜻한다.

反

6급	돌아올반: 돌이킬반:	又부 총4획

反問(반문)
反感(반감)
反對(반대)

중국 反 / 일본 反

언덕(厂)을 **손(又)**으로 기어 올라 '**돌이킴**' '**돌아옴**'을 뜻한다.

才

6급	재주 재	手부 총3획

天才(천재)
才氣(재기)
英才(영재)

중국 才 / 일본 才

땅(一)을 **갈고리(亅)**처럼 뚫은 싹과 **뿌리(丿)**로, 타고난 '**기본**' '**재주**'.

在

6급	있을 재:	土부 총6획

在野(재야)
現在(현재)
在學(재학)

중국 在 / 일본 在

싹(才=亻)이 **땅(土)**에 자리 잡고 움트는 데서 '**있다**'를 뜻한다.

級

6급	등급 급	糸부 총10획

上級(상급)
等級(등급)
學級(학급)

중국 级 / 일본 級

실(糸)의 품질이 **미치는(及)** 정도에 따른 '**등급**'을 뜻한다.

急

6급	급할 급	心부 총9획

急行(급행)
急所(급소)
急死(급사)

중국 急 / 일본 急

먼저 **이르려는(⺕=及) 마음(心)**에서 '**급함**'을 뜻한다.

事

7급	일 사: 섬길 사:	亅부 총8획

事業(사업)
事前(사전)
事物(사물)

중국 事 / 일본 事

장식(一)과 **깃발(口)**달린 **손(⺕)**에 든 **깃대(亅)**나 도구로 '**일**'을 함.

書

6급	글 서	日부 총10획

文書(문서)
書堂(서당)
書體(서체)

중국 书 / 일본 書

붓(聿)으로 **말(日)**을 따라 쓰는 데서 '**글**' '**쓰다**'를 뜻한다.

		갑문	금문	소전			
晝	6급 / 日부 / 총11획	낮 주	🔸 → 🔸	→ 晝		晝間(주간) 晝夜(주야) 白晝(백주)	중국 昼 / 일본 昼
	붓(聿)으로 해(日)가 떠오른 **경계(一)**를 그어 '**낮**'을 뜻한다.						
畫	6급 / 田부 / 총12획	그림 화: 그을 획	🔸 → 🔸	→ 畫		書畫(서화) 畫風(화풍) 畫家(화가)	중국 画 / 일본 画
	붓(聿)으로 밭(田) 하나(一)의 경계를 그어 '**그림**' '**긋다**'를 뜻한다.						
寸	8급 / 寸부 / 총3획	마디 촌		🔸 → 寸		寸心(촌심) 三寸(삼촌) 寸數(촌수)	중국 寸 / 일본 寸
	손(寸)목 손가락 한 마디 부분 맥(丶)을 집는 데서 '**마디**' '**법**'을 뜻함.						
村	7급 / 木부 / 총7획	마을 촌:		🔸 → 🔸		山村(산촌) 村長(촌장) 江村(강촌)	중국 村 / 일본 村
	성 밖 **초목(木)**으로 감싸인 **법(寸)**이 있는 '**마을**'을 뜻한다.						
時	7급 / 日부 / 총10획	때 시	🔸 → 🔸	→ 時		時間(시간) 時計(시계) 時代(시대)	중국 时 / 일본 時
	해(日)를 관찰하던 관청이나 **절(寺)**에서 '**시간**' '**철**'을 알려줌.						
待	6급 / 彳부 / 총9획	기다릴 대:		🔸 → 🔸		待人(대인) 待春(대춘) 苦待(고대)	중국 待 / 일본 待
	서성이고 **걸으며(彳)** 관청이나 **절(寺)**에서 일을 '**기다림**'.						
特	6급 / 牛부 / 총10획	특별할 특		🔸 → 🔸		特別(특별) 特色(특색) 特命(특명)	중국 特 / 일본 特
	수컷 **소(牛)**를 관청이나 **절(寺)**에서 '**특별히**' 씀을 뜻한다.						

🐑 **속담** : 바늘 가는 데 실 간다.

🐑 **한자성어** : **夫唱婦隨** (부창부수)
　　　　　　　　　5급　　　4급Ⅱ　　　3급Ⅱ
　⇨ 夫 지아비 부　唱 부를 창　婦 아내 부　隨 따를 수
　　남편이 부르면 아내가 따른다.

○ 으레 따르게 되어 있는 두 사람이나 사물의 밀접한 관계를 이르는 말.

단어익히기

- 有名 (유명)　세상에 이름이 알려져 있음.
- 反問 (반문)　물음에 대답하지 않고 되받아서 물음.
- 才氣 (재기)　재주가 있어 보이는 기질.
- 在野 (재야)　벼슬길에 오르지 않고 민간에 있음.
- 急所 (급소)　신체 중에서 그곳을 해치면 생명과 관계되는 부분.
- 事業 (사업)　생산과 영리를 목적으로 하는 지속적인 경제 활동.
- 晝間 (주간)　낮. 낮 동안.
- 書畫 (서화)　글씨와 그림.
- 寸數 (촌수)　친척 간의 멀고 가까운 관계를 나타내는 수.
- 山村 (산촌)　산 속에 있는 마을.
- 苦待 (고대)　몹시 기다림.
- 特命 (특명)　특별한 명령.

유의자

- 特別 (특별) : 特 (특별할 특) ＝ 別 (나눌 별)

반대자

- 晝夜 (주야) : 晝 (낮 주) ↔ 夜 (밤 야)

1 다음 漢字의 訓과 音을 쓰세요.

(1) 反 ☐   (2) 時 ☐   (3) 有 ☐

(4) 特 ☐   (5) 待 ☐   (6) 急 ☐

(7) 寸 ☐   (8) 村 ☐   (9) 才 ☐

(10) 事 ☐   (11) 晝 ☐   (12) 在 ☐

(13) 書 ☐   (14) 畫 ☐   (15) 級 ☐

2 다음 漢字語의 讀音을 쓰세요.

(1) 時代 ☐   (2) 有利 ☐   (3) 村長 ☐

(4) 待人 ☐   (5) 反感 ☐   (6) 急所 ☐

(7) 特命 ☐   (8) 寸心 ☐   (9) 英才 ☐

(10) 畫風 ☐   (11) 晝間 ☐   (12) 學級 ☐

(13) 文書 ☐   (14) 現在 ☐   (15) 事前 ☐

3 다음 漢字와 音이 같은 漢字를 골라 그 번호를 쓰세요.

(1) 時 (   ) : ① 旗   ② 習   ③ 所   ④ 始

(2) 事 (   ) : ① 死   ② 力   ③ 工   ④ 世

(3) 有 (   ) : ① 育   ② 油   ③ 空   ④ 新

4 다음 뜻을 가진 漢字語를 쓰세요.

例
(예)   형과 아우 ⇨ 兄弟

(1) 그림을 그리는 전문가 ⇨ ☐

(2) 낮과 밤 ⇨ ☐

5 다음 訓과 音에 맞는 漢字를 쓰세요.

(1) 마디 촌 ☐　　(2) 마을 촌 ☐　　(3) 때 시 ☐

(4) 있을 유 ☐　　(5) 급할 급 ☐　　(6) 기다릴 대 ☐

(7) 재주 재 ☐　　(8) 돌아올 반 ☐　　(9) 일 사 ☐

(10) 특별할 특 ☐　　(11) 있을 재 ☐　　(12) 그림 화 ☐

(13) 등급 급 ☐　　(14) 글 서 ☐　　(15) 낮 주 ☐

6 다음 밑줄 친 漢字語를 큰 소리로 읽고 漢字로 써 보세요. (09과 활용 단어)

(1) 한국 인삼은 세계적으로 유명합니다. ·········· (　　)

(2) 과거의 일들이 현재의 결과로 나타납니다. ········ (　　)

(3) 서당에서는 한문을 통해 예절과 도리를 가르칩니다. ·· (　　)

(4) 옛날 선비는 서화에 능통하였습니다. ··········· (　　)

(5) 아버지의 형제가 나의 삼촌입니다. ············ (　　)

(6) 약속 시간을 잘 지켜야 합니다. ·············· (　　)

> 時間　書畵　書堂　現在　三寸　有名

7 다음 四字成語의 ( ) 안에 알맞은 漢字를 쓰세요.

(1) 白面(　　)生　　　　(2) 人(　　)不省

(3) 年中行(　　)　　　　(4) (　　)夜長川

8 다음 漢字의 筆順을 밝히세요.

(1) 才 자의 삐침(丿)은 몇 번째로 쓰는지 번호로 답하세요. (　　)

(2) 村 자의 5번 획은 몇 번째로 쓰는지 번호로 답하세요. (　　)

82 · 한자익히기

한자성어 09

⊕ 사자성어

年中行事 (연중행사)	해마다 일정한 시기를 정하여 놓고 하는 행사.	
白面書生 (백면서생)	글만 읽고 세상물정을 하나도 모르는 사람.	
晝夜長川 (주야장천)	밤낮으로 쉬지 아니하고 연달아.	
人事不省 (인사불성)	제 몸에 벌어지는 일을 모를 만큼 정신을 잃은 상태.	

⊕ 고사성어

羊頭狗肉(양두구육) ▶▶▶ 羊(양 양)4급Ⅱ 頭(머리 두)3급 狗(개 구)4급Ⅱ 肉(고기 육)

양의 머리에 개고기라는 뜻으로, 겉으로는 좋은 물건을 내놓고 실제는 나쁜 물건을 파는 것이나 겉과 속이 다름을 일컬음.

춘추시대 제나라 때 영공이란 사람이 있었다. 영공은 궁중의 여인들에게 남장을 시켜 놓고 그 모습을 보며 즐기는 이상한 취미를 가지고 있었다. 이런 남장은 곧 백성들에게 유행되어 남장한 여인들이 점점 늘어났다. 그러자 영공은 안영을 불러 이렇게 명령하였다.

"궁 밖에서는 절대 남장을 하지 못하도록 하고, 이를 어겼을 때는 처벌하도록 하여라."

금지령에도 불구하고 좀처럼 남장 유행은 사라지지 않았다. 이를 이상히 여긴 영공은 안영을 불러 그 까닭을 물었다.

"폐하께서는 궁중의 여인들에게는 남장을 허용하면서 궁중 밖의 여인들에게만 금지령을 내렸습니다. 이는 양 머리를 걸어 놓고 안에서는 개고기를 파는 것과 같사옵니다. 지금이라도 궁중의 여인들에게 남장을 하지 못하게 하소서."

영공은 안영의 말을 듣고 크게 깨우쳐 즉시 궁중의 여인들에게도 남장 금지령을 내렸다. 그러자 이튿날부터 남장한 여인들이 모두 사라졌다고 한다.

출전 「안자춘추(晏子春秋)」

等·郡·身·弓·行·人·乍·入 모양을 가진 한자

			갑문	금문	소전			중국
等	6급 竹부 총12획	무리 등:					等級(등급) 對等(대등) 等數(등수)	等
								일본 等
	죽간(竹)의 문서를 절(寺)에서 '같은' '무리'끼리 정리함.							
郡	6급 邑부 총10획	고을 군:					郡民(군민) 郡王(군왕) 郡界(군계)	중국 郡
								일본 郡
	임금(君)이 관리를 보내던 고을(阝)에서 '고을'을 뜻한다.							
身	6급 身부 총7획	몸 신					身分(신분) 身長(신장) 心身(심신)	중국 身
								일본 身
	배가 불룩한 사람의 몸(身) 모양으로 '몸' '자신'을 뜻한다.							
強	6급 弓부 총11획	강할 강(:)					強力(강력) 強弱(강약) 強行(강행)	중국 強
								일본 強
	강한 활(弓)처럼 크게(厶=ム) 번식하는 벌레(虫)에서 '강함'.							
弱	6급 弓부 총10획	약할 약					弱者(약자) 弱體(약체) 弱小(약소)	중국 弱
								일본 弱
	강한(弱:강할강) 활이 깃털(羽)처럼 '약해짐'을 뜻한다.							
弟	8급 弓부 총7획	아우 제:					兄弟(형제) 弟子(제자) 子弟(자제)	중국 弟
								일본 弟
	주살(弋=ㄚ)에 활(弓)처럼 감은 줄 끝(丿)에서 '아우'를 뜻한다.							
第	6급 竹부 총11획	차례 제:					第一(제일) 登第(등제) 科第(과제)	중국 第
								일본 第
	대쪽(竹)을 순서(弟=弔)대로 엮어 만든 책에서 '차례'를 뜻한다.							
行	6급 行부 총6획	다닐 행(:) 항렬 항(:)					行人(행인) 同行(동행) 行動(행동)	중국 行
								일본 行
	네거리 모양(行)의 길에서 '다니다' '가다'를 뜻함.							

진흥 6급
검정 8급

			갑문 — 금문 — 소전			중국
人	8급 / 人부 총2획	사람 인	⅔ → ⅝⅞ → 尺		人生(인생) 人口(인구) 美人(미인)	人 / 일본 人
	사람이 옆으로 선 모양(人)에서 '사람' '남'을 뜻한다.					
信	6급 / 人부 총9획	믿을 신:	⅛ → ⅛⅞ → 信		自信(자신) 信用(신용) 書信(서신)	중국 信 / 일본 信
	사람(亻)이 진실로 하는 말(言)에서 '믿음' '소식'을 뜻한다.					
休	7급 / 人부 총6획	쉴 휴	林林 → 林林 → 休		休紙(휴지) 休學(휴학) 休日(휴일)	중국 休 / 일본 休
	사람(亻)이 나무(木) 밑에서 쉬는 데서 '쉬다' '그침'을 뜻한다.					
作	6급 / 人부 총7획	지을 작	比吹喜 → 比吹 → 作		名作(명작) 作業(작업) 作成(작성)	중국 作 / 일본 作
	사람(亻)이 잠깐(乍) 일하여 '만듦' '지음'을 뜻한다.					
昨	6급 / 日부 총9획	어제 작	昨		昨年(작년) 昨日(작일) 昨夜(작야)	중국 昨 / 일본 昨
	해(日)가 잠깐(乍) 동안에 지나고 '어제'가 됨을 뜻한다.					
入	7급 / 入부 총2획	들 입	人人 → 人人 → 内		入口(입구) 入場(입장) 出入(출입)	중국 入 / 일본 入
	갈라진 뿌리가 땅 속으로 들어가는 데서 '들어감'을 뜻한다.					
內	7급 / 入부 총4획	안 내:	內內 → 內內 → 內		內外(내외) 內部(내부) 場內(장내)	중국 內 / 일본 內
	집(冂)안으로 들어가는(入) 데서 '안' '속'을 뜻한다.					

속담 : 백 번 듣는 것이 한 번 보는 것만 못하다.

한자성어 : 百聞不如一見 (백문불여일견)

직접 경험해야 확실히 알 수 있음.

⇨ 百 일백 백 聞 들을 문 不 아닐 불 如 같을 여 一 한 일 見 볼 견
백 번 듣는 것이 한 번 보는 것과 같지 않다.

단어익히기

- **等級**(등급) 값, 품질, 신분 등의 높고 낮음이나 좋고 나쁨의 차를 여러 층으로 나눈 급수.
- **郡民**(군민) 행정 구역인 군(郡)안에 사는 사람. 그 고을에 사는 사람.
- **強行**(강행) 어려움을 무릅쓰고 행함.
- **弱體**(약체) 약한 몸. 허약하여 남과 대항할 수 없는 조직이나 체제.
- **行動**(행동) 몸을 움직여 동작함, 또는 그 동작.
- **人生**(인생) 사람의 목숨. 사람이 이 세상에 살아 있는 동안.
- **信用**(신용) 믿고 씀. 믿고 의심하지 않음.
- **休紙**(휴지) 못쓰게 된 종이.
- **名作**(명작) 이름난 작품이나 뛰어난 작품.
- **昨夜**(작야) 어젯밤.
- **內部**(내부) 사물의 안쪽 부분.

유의자

- **等級**(등급) : **等** (무리 등) ＝ **級** (등급 급)
- **作成**(작성) : **作** (지을 작) ＝ **成** (이룰 성)

반대자

- **內外**(내외) : **內** (안 내) ↔ **外** (바깥 외)
- **昨今**(작금) : **昨** (어제 작) ↔ **今** (이제 금)
- **強弱**(강약) : **強** (강할 강) ↔ **弱** (약할 약)

1 다음 漢字의 訓과 音을 쓰세요.

(1) 信 ▢   (2) 等 ▢   (3) 身 ▢

(4) 行 ▢   (5) 第 ▢   (6) 作 ▢

(7) 入 ▢   (8) 郡 ▢   (9) 休 ▢

(10) 强 ▢   (11) 人 ▢   (12) 弟 ▢

(13) 昨 ▢   (14) 內 ▢   (15) 弱 ▢

2 다음 漢字語의 讀音을 쓰세요.

(1) 弟子 ▢▢   (2) 入場 ▢▢   (3) 對等 ▢▢

(4) 行動 ▢▢   (5) 郡民 ▢▢   (6) 書信 ▢▢

(7) 弱小 ▢▢   (8) 昨日 ▢▢   (9) 登第 ▢▢

(10) 人口 ▢▢   (11) 身分 ▢▢   (12) 休學 ▢▢

(13) 强行 ▢▢   (14) 場內 ▢▢   (15) 作成 ▢▢

3 다음 漢字와 뜻이 반대되는 漢字를 찾아 그 번호를 쓰세요.

(1) ( ) 外 : ① 內   ② 同   ③ 白   ④ 別

(2) 昨 ( ) : ① 日   ② 朝   ③ 天   ④ 今

(3) ( ) 弱 : ① 行   ② 强   ③ 力   ④ 新

4 다음 漢字語의 뜻을 쓰세요.

(1) 身長 : (   )

(2) 强力 : (   )

(3) 休日 : (   )

5 다음 訓과 音에 맞는 漢字를 쓰세요.

(1) 사람 인 ☐   (2) 아우 제 ☐   (3) 쉴 휴 ☐

(4) 몸 신 ☐   (5) 지을 작 ☐   (6) 안 내 ☐

(7) 무리 등 ☐   (8) 믿을 신 ☐   (9) 차례 제 ☐

(10) 들 입 ☐   (11) 고을 군 ☐   (12) 다닐 행 ☐

(13) 강할 강 ☐   (14) 약할 약 ☐   (15) 어제 작 ☐

6 다음 밑줄 친 漢字語를 큰 소리로 읽고 漢字로 써 보세요. (10과 활용 단어)

(1) 제자는 마땅히 스승을 부모처럼 섬겨야 합니다. ……………… (   )

(2) 사람의 마음은 행동으로 나타납니다. ……………… (   )

(3) 전화와 컴퓨터의 발달로 인해 서신이 줄었습니다. ……………… (   )

(4) 삼촌은 유학 준비를 위해 휴학을 했습니다. ……………… (   )

(5) 나는 매주 식물 관찰 일지를 작성합니다. ……………… (   )

(6) 경기장에 각국 선수들이 입장했습니다. ……………… (   )

> 作成   書信   行動   休學   入場   弟子

7 다음 四字成語의 ( )안에 알맞은 漢字를 쓰세요.

(1) 知(   )合一   (2) 自(   )自答

(3) (   )心三日   (4) 殺(   )成仁

8 다음 漢字의 筆順을 밝히세요.

(1) 內자의 중간의 삐침(丿)은 몇 번째로 쓰는 지 번호로 답하세요.

(   )

(2) 作자의 오른쪽의 丨획은 몇 번째로 쓰는 지 번호로 답하세요.

(   )

✚ 사자성어

殺身成仁 **(살신성인)**　자신을 죽여 옳은 일을 이룬다는 뜻으로, 절개를 지켜 목숨을 버림을 말함. 殺(죽일 살)→4급

作心三日 **(작심삼일)**　한번 결심한 것이 사흘을 가지 않음.

知行合一 **(지행합일)**　아는 것과 실천하는 것은 하나라는 뜻으로, 참다운 지식은 반드시 실천이 따라야 함을 말함. 知(알 지)→5급

人命在天 **(인명재천)**　사람의 목숨은 하늘에 달려 있다는 말.

✚ 고사성어

良藥苦口 (양약고구) ▶▶▶ 良(좋을 량) 藥(약 약) 苦(쓸 고) 口(입 구)

좋은 약은 입에 쓰다는 뜻으로, 좋은 말일수록 귀에 거슬린다는 말.

천하를 통일하여 진나라를 세운 진시황이 죽자, 전국에서 진나라를 치기 위해 싸움이 일어났다. 그 중에 끝까지 싸운 사람이 유방과 항우였다. 둘은 누가 먼저 진나라의 도읍인 함양에 들어가느냐를 놓고 설전을 벌이다가 결국 유방이 먼저 함양을 점령하게 되었다.

함양을 점령한 유방은 진나라 궁전의 호화로움과 미인들에게 정신이 팔려 그 곳에 머물고자 했다. 이를 본 번쾌라는 충신이 유방에게 궁전을 떠날 것을 권유하였으나 유방은 말을 듣지 않았다. 그러자 또 다른 군사인 장량이 충언하였다.

"폐하께서 왕궁에 들어오실 수 있었던 것은 진시황의 폭정이 천하의 원한을 샀기 때문입니다. 저희들의 목적은 백성들을 안심하고 살 수 있게 함이 아닙니까? 만약 지금 보화와 미인들에게 현혹되어 그 즐거움을 누리시려고 하는 것은 진시황의 전철을 밟는 것과 똑같습니다. 본디 충언은 귀에 거슬리나 행실에 이롭고, 약은 입에 쓰나 병에 이롭다 하였습니다. 부디 번쾌의 말을 들으십시오."

그제야 유방은 금은보화와 미인을 모두 버리고 적의 공격에 대비를 갖췄다.

은나라 탕왕은 간언하는 충신이 있었기 때문에 번창하였고, 하나라 걸왕과 은나라 주왕은 아첨하는 신하만 있었기 때문에 망했다. 임금이 잘못하면 신하가, 아버지가 잘못하면 아들이, 형이 잘못하면 동생이, 자신이 잘못하면 친구가 충언해 주어야 한다.

출전 「사기(史記)」〈유후세가(留侯世家)〉

11과 全·金·病·合·野·子·京·立·言 모양을 가진 한자

			갑문 → 금문 → 소전			중국 / 일본
全	7급 入부 총6획	온전 전	숲 → 숲全		全國(전국) 全部(전부) 安全(안전)	全 / 全
	보석에 **드는(入)** 완전한 **옥(玉=王)**, 완전한 기푸집에서 '**온전함**'.					
金	8급 金부 총8획	쇠 성 김	쇠 → 金		現金(현금) 黃金(황금) 金門(금문)	金 / 金
	거푸집 모양으로, 쇠를 녹여 무기를 만드는 '**쇠**' '**금**'을 뜻한다.					
病	6급 疒부 총10획	병 병	病 → 病		病室(병실) 病者(병자) 重病(중병)	病 / 病
	병(疒)이 들어 **뜨겁게(丙)** 열이 나는 '**병**' '**병들다**'를 뜻한다.					
今	6급 人부 총4획	이제 금	A A → A 今 → 今		今年(금년) 古今(고금) 今時(금시)	今 / 今
	'**모인(亼)**' 아래를 **가린(フ)** 모양으로, '**이제**' 막 가려 '**덮음**'을 뜻한다.					
合	6급 口부 총6획	합할 합	合合 → 合合 → 合		合心(합심) 合力(합력) 合同(합동)	合 / 合
	덮게(亼)와 **그릇(口)**이 '**합하여**' '**모임**' '**맞음**'을 뜻한다.					
答	7급 竹부 총12획	대답 답	答		正答(정답) 問答(문답) 答信(답신)	答 / 答
	대(竹)를 **모아(合)** 엮은 죽간에 묻는 말의 '**대답**'을 써 보냄.					
命	7급 口부 총8획	목숨 명:	命命 → 命		生命(생명) 人命(인명) 天命(천명)	命 / 命
	윗사람 **입(口)**의 **명령(令)**에 따라 '**목숨**'이 정해짐을 뜻한다.					
野	6급 里부 총11획	들 야:	𣏾𣏾 → 埜壄 → 野		平野(평야) 野外(야외) 野山(야산)	野 / 野
	마을(里)밖에 **펼쳐진(予)** 넓은 들판에서 '**들**'을 뜻한다.					

진흥 7급
검정 8급

			갑문	금문	소전			중국
子	7급 / 子부 총3획	아들 자					子孫(자손) 子女(자녀) 長子(장자)	子 / 일본 / 子
	머리가 큰 **어린아이(子)** 모양으로, '**자식**' '**아들**' '**새끼**'를 뜻한다.							
字	7급 / 子부 총6획	글자 자					文字(문자) 習字(습자) 正字(정자)	字 / 일본 / 字
	집(宀)에서 **아이(子)**를 낳듯, 계속 생겨나는 '**글자**'를 뜻한다.							
京	6급 / 亠부 총8획	서울 경					上京(상경) 在京(재경) 京言(경언)	京 / 일본 / 京
	높게(亠) 에워싸(口) 받쳐(川=小) 지은 성루가 있는 '**서울**'.							
立	7급 / 立부 총5획	설 립					立身(입신) 立國(입국) 自立(자립)	立 / 일본 / 立
	사람(大=竝)이 **땅(一)**에 서 있는 **모양(立)**에서 '**서다**'를 뜻한다.							
部	6급 / 邑부 총11획	떼 부					部長(부장) 軍部(군부) 部族(부족)	部 / 일본 / 部
	갈라(咅) 여러 **고을(阝)**로 다스리던 '**마을**'에 '**떼**'지어 삶을 뜻한다.							
言	6급 / 言부 총7획	말씀 언					言行(언행) 名言(명언) 言語(언어)	言 / 일본 / 言
	혀로 말함, **악기(辛=≡)**를 **입(口)**으로 내는 소리인 '**말**' '**말씀**'.							
音	6급 / 音부 총9획	소리 음					音樂(음악) 長音(장음) 音色(음색)	音 / 일본 / 音
	악기(辛=立)를 입(口)에 문 **소리(-)**나, 말(言=音) 소리(-)의 '**소리**'.							

🐏 **속담** : 불난 데 부채질한다.

🐏 **한자성어** : 雪上加霜(설상가상)

　　　　　　　　5급　　　　3급Ⅱ

　　⇨ 雪 눈 설 　上 윗 상 　加 더할 가 　霜 서리 상
　　　눈 위에 서리가 덮이다.

🔵 엎친 데 덮치는 격이란 뜻으로, 불운한 사람을 더 불운하게 만들거나 노한 사람을 더 노하게 함.

🐰 단어익히기

- **安全**(안전) 평안하여 위험이 없음.
- **重病**(중병) 위중한 병. 중태에 빠진 병.
- **合同**(합동) 둘 이상을 하나로 함. 둘 이상이 하나가 됨.
- **答信**(답신) 회답의 통신이나 서신.
- **野山**(야산) 들 근처의 나지막한 산.
- **子孫**(자손) 아들과 손자. 후손.
- **習字**(습자) 글씨 쓰기를 익힘.
- **部族**(부족) 공통의 조상·언어·종교 등을 가진, 원시 사회의 구성 단위인 지역 생활 공동체.
- **言語**(언어) 생각이나 느낌을 전달하는 데 쓰는 음성·문자 따위의 수단 또는 그 체계.
- **音色**(음색) 목소리나 악기 등의 그 음이 지닌 특유한 성질이나 울림.

🐶 유의자

- **合同**(합동) : **合**(합할 합) = **同**(한가지 동)
- **言語**(언어) : **言**(말씀 언) = **語**(말씀 어)

🐻 반대자

- **子女**(자녀) : **子**(아들 자) ↔ **女**(계집 녀)
- **言行**(언행) : **言**(말씀 언) ↔ **行**(다닐 행)

1 다음 漢字의 訓과 音을 쓰세요.

(1) 子 [　　　]   (2) 音 [　　　]   (3) 全 [　　　]

(4) 部 [　　　]   (5) 今 [　　　]   (6) 野 [　　　]

(7) 言 [　　　]   (8) 字 [　　　]   (9) 答 [　　　]

(10) 命 [　　　]   (11) 金 [　　　]   (12) 京 [　　　]

(13) 合 [　　　]   (14) 立 [　　　]   (15) 病 [　　　]

2 다음 漢字語의 讀音을 쓰세요.

(1) 立身 [　　]   (2) 正答 [　　]   (3) 軍部 [　　]

(4) 全部 [　　]   (5) 生命 [　　]   (6) 長音 [　　]

(7) 重病 [　　]   (8) 名言 [　　]   (9) 子女 [　　]

(10) 文字 [　　]   (11) 上京 [　　]   (12) 合同 [　　]

(13) 野外 [　　]   (14) 現金 [　　]   (15) 今年 [　　]

3 다음 漢字와 뜻이 비슷한 漢字를 골라 그 번호를 쓰세요.

(1) 特 (　　) : ① 死   ② 別   ③ 米   ④ 洋

(2) (　　) 語 : ① 式   ② 言   ③ 口   ④ 問

4 다음 뜻을 가진 漢字語를 쓰세요.

例(예)   위중한 병 ⇨ [重病]

(1) 평안하여 위험이 없음 ⇨ [　　　]

(2) 사람의 목숨 ⇨ [　　　]

5 다음 訓과 音에 맞는 漢字를 쓰세요.

(1) 소리 음　☐　　(2) 이제 금　☐　　(3) 대답 답　☐

(4) 목숨 명　☐　　(5) 글자 자　☐　　(6) 쇠 금　☐

(7) 설 립　☐　　(8) 서울 경　☐　　(9) 떼 부　☐

(10) 온전 전　☐　　(11) 들 야　☐　　(12) 말씀 언　☐

(13) 합할 합　☐　　(14) 아들 자　☐　　(15) 병 병　☐

6 다음 밑줄 친 漢字語를 큰 소리로 읽고 漢字로 써 보세요. (11과 활용 단어)

(1) 이번 방학에 부모님과 함께 <u>전국</u> 여행을 다녔습니다. ……… (　　)

(2) 어려운 문제임에도 불구하고 <u>정답</u>자가 많았습니다. ……… (　　)

(3) 〈TV 동물의 왕국〉을 보며 <u>생명</u>의 소중함을 느꼈습니다. …… (　　)

(4) 한자는 사물의 모양을 간단히 그린 그림 <u>문자</u>입니다. …… (　　)

(5) 명심보감에는 많은 <u>명언</u>이 들어 있습니다. …………… (　　)

全國　文字　名言　正答　生命

7 다음 四字成語의 (　) 안에 알맞은 漢字를 쓰세요.

(1) 東西古(　　)　　　(2) 東問西(　　)

(3) 有口無(　　)　　　(4) 自問自(　　)

8 다음 漢字의 筆順을 밝히세요.

(1) 全 자의 중간의 6번 획은 몇 번째로 쓰는 지 번호로 답하세요.

난이도▨▨▨□□

(　　　)

(2) 京 자의 亅획은 몇 번째로 쓰는 지 번호로 답하세요.

난이도▨▨▨▨□

(　　　)

✚ 사자성어

東問西答 (동문서답)	묻는 말에 전혀 딴 말을 함.
東西古今 (동서고금)	동양과 서양, 옛날과 지금을 통틀어 이르는 말.
有口無言 (유구무언)	입은 있으나 말이 없다는 뜻으로, 변명이나 항변할 말이 없음을 이르는 말. 無(없을 무)→5급
自問自答 (자문자답)	스스로 묻고 스스로 답한다는 말.

✚ 고사성어

漁父之利(어부지리) ▶▶▶ 漁(고기잡을 어) 父(아비 부) 之(갈 지) 利(이로울 리)

어부의 이로움이란 뜻으로, 제삼자가 이득을 얻음을 일컬음.

전국시대 중국의 북동부에 자리한 연나라는 서쪽으로는 조나라에게, 남쪽으로는 제나라에게 끝없는 침략의 위협을 느끼고 있었다. 어느 해, 연나라가 기근으로 곤경에 빠지자, 조나라가 그 틈을 노렸다. 이를 알아챈 연나라 소왕은 조나라 혜문왕을 설득시키기 위해 언변에 뛰어난 소대(蘇代)라는 사람을 보냈다.

소대는 혜문왕을 만나 이렇게 말했다.

"제가 오늘 조나라를 오면서 강가를 보니 조개가 입을 벌리고 햇볕을 쬐고 있었습니다. 이 때 도요새 한 마리가 날아와 조개를 쪼아 먹으려고 하자 조개가 재빨리 입을 닫아 그 새의 부리를 놓지 않았습니다. 도요새가 '누가 이기나 해 보자. 이대로 가면 너는 말라죽을걸.'이라고 말하자, 조개는 '내가 네 놈을 놓아 주지 않으면, 네 놈은 굶어 죽고 말걸.'이라며 서로 싸우고 있었습니다. 이렇게 한참 다투고 있는데, 때마침 그 곳을 지나가던 어부가 두 놈을 보고 손쉽게 둘 모두를 잡아가 버렸습니다."

이 말을 들은 혜문왕은 '연나라가 조개라면 조나라는 도요새와 같으니, 둘이 싸우고 있는 틈에 제나라가 쳐들어오면 꼼짝없이 망하고 말 것'이라는 소대의 말뜻을 알아듣고 침략 계획을 포기했다.

출전「전국책(戰國策)」

			갑문 — 금문 — 소전			중국 / 일본
意	6급 / 心부 / 총13획	뜻 의:	→		意圖(의도) 同意(동의) 意外(의외)	意 / 意
		말 소리(音)로 사람 **마음(心)**의 '**뜻**'을 전함을 뜻한다.				
章	6급 / 立부 / 총11획	글 장	→		文章(문장) 圖章(도장) 樂章(악장)	章 / 章
		죄(辛=立)의 내용을 **문신(日)**으로 새김에서 '**무늬**' '**글**'을 뜻한다.				
戰	6급 / 戈부 / 총16획	싸움 전:	→ →		戰線(전선) 戰死(전사) 開戰(개전)	战 / 戰
		사냥도구(ᆍ=單)나 **창(戈)**을 들고 '**싸움**'을 뜻한다.				
幸	6급 / 干부 / 총8획	다행 행:	→ → →		幸運(행운) 天幸(천행) 多幸(다행)	幸 / 幸
		형틀 가운데(∥) 묶인 손 **양쪽(十·十)**이 풀려 '**다행**'을 뜻한다.				
服	6급 / 月부 / 총8획	옷 복	→ → →		校服(교복) 洋服(양복) 服用(복용)	服 / 服
		배(舟=月)를 다스려(殳) '**부림**', 몸(月)을 다스리는(殳) '**옷**'처럼 변함.				
川	7급 / 川부 / 총3획	내 천	→ → →		開川(개천) 山川(산천) 大川(대천)	川 / 川
		양쪽 기슭(巛) 사이를 흐르는 **물줄기(〈)**로 '**내**'를 뜻한다.				
訓	6급 / 言부 / 총10획	가르칠 훈:	→		敎訓(교훈) 訓育(훈육) 級訓(급훈)	训 / 訓
		말(言)이 냇물(川)처럼 흘러 전달되게 '**가르침**'을 뜻한다.				
球	6급 / 玉부 / 총11획	공 구 옥경 구			地球(지구) 電球(전구) 始球(시구)	球 / 球
		옥(玉)처럼 **털가죽(求)**으로 만든 둥근 '**공**'을 뜻한다.				

			갑문 — 금문 — 소전				중국
水	8급	물 수			水道(수도) 水門(수문) 水石(수석)		水
	水부 총4획						일본
							水
	'물'이 흐르는 **모양**(水)으로 '**강 이름**'이나 물과 관계있다.						
永	6급	길 영:			永遠(영원) 永生(영생) 永住(영주)		중국 永
	水부 총5획						일본
							永
	사람이 물에서 헤엄치는 **모습**(永)이나, 물이 '**길게**' '**오래**' 흐름.						
綠	6급	푸를 록			綠色(녹색) 綠地(녹지) 草綠(초록)		중국 綠
	糸부 총14획						일본
							綠
	천이나 **실**(糸)을 깎은(彔) 나무속처럼 물들여 '**푸름**'을 뜻한다.						
面	7급	낯 면:			場面(장면) 書面(서면) 對面(대면)		중국 面
	面부 총9획						일본
							面
	머리(百) 옆 양볼([ ]), 얼굴 윤곽(囗)과 **눈**(目)을 그려 '**얼굴**'을 뜻함.						
道	7급	길 도 말할 도			道理(도리) 道路(도로) 水道(수도)		중국 道
	辵부 총13획						일본
							道
	우두**머리**(首)가 살아 갈(辶) '**도리**'나 '**길**'을 '**말함**'에서 뜻한다.						
夏	7급	여름 하:			夏服(하복) 立夏(입하) 夏雨(하우)		중국 夏
	夊부 총10획						일본
							夏
	머리(百)와 **발**(夊)을 드러낸 사람(夏)에서, 더운 '**여름**'을 뜻한다.						
術	6급	재주 술			美術(미술) 學術(학술) 醫術(의술)		중국 术
	行부 총11획						일본
							術
	큰길(行)에 **차조**(朮)를 심듯, 일하는 '**방법**' '**재주**' '**꾀**'를 뜻한다.						

🐷 **속담** : 서당 개 삼 년이면 풍월을 읊는다.

🐷 **한자성어** : 堂狗風月 (당구풍월)

^{3급}
➡ 堂 집 당 狗 개 구 風 바람 풍 月 달 월
　서당의 개가 풍월한다.

○ 아무리 무식한 사람도 유식한 사람과 사귀면 견문이 넓어짐, 또는 어떤 일도 오래 보고 들으면 자연히 할 줄 알게 됨을 이르는 말.

단어익히기

- **樂章**(악장)　나라의 제전이나 연례 때 연주하던 주악의 가사. 소나타나 교향곡, 협주곡 등 □ 악장 형식을 이루면서 하나하나 완결되어 있는 악곡의 장.

- **戰死**(전사)　전쟁에서 싸우다 죽음.

- **幸運**(행운)　행복한 운수.

- **校服**(교복)　학교의 제복.

- **服用**(복용)　약을 먹음.

- **開川**(개천)　개골창 물이 흘러가도록 길게 판 내.

- **敎訓**(교훈)　가르치고 이끌어 줌.

- **電球**(전구)　전기를 통하여 밝게 하는 기구.

- **永生**(영생)　영원히 삶. 영원한 생명.

- **書面**(서면)　글씨를 적어 놓은 지면, 또는 그 내용. 문서 또는 편지.

유의자

- **永遠**(영원) : 永(길 영)　＝　遠(멀 원)
- **道路**(도로) : 道(길 도)　＝　路(길 로)

반대자

- **水火**(수화) : 水(물 수)　↔　火(불 화)

1 다음 漢字의 訓과 音을 쓰세요.

(1) 川 [　　　] 　　(2) 術 [　　　] 　　(3) 意 [　　　]

(4) 幸 [　　　] 　　(5) 戰 [　　　] 　　(6) 水 [　　　]

(7) 章 [　　　] 　　(8) 綠 [　　　] 　　(9) 夏 [　　　]

(10) 永 [　　　] 　　(11) 服 [　　　] 　　(12) 面 [　　　]

(13) 訓 [　　　] 　　(14) 道 [　　　] 　　(15) 球 [　　　]

2 다음 漢字語의 讀音을 쓰세요.

(1) 同意 [　　] 　　(2) 學術 [　　] 　　(3) 敎訓 [　　]

(4) 多幸 [　　] 　　(5) 水門 [　　] 　　(6) 戰死 [　　]

(7) 地球 [　　] 　　(8) 永住 [　　] 　　(9) 山川 [　　]

(10) 水道 [　　] 　　(11) 文章 [　　] 　　(12) 草綠 [　　]

(13) 書面 [　　] 　　(14) 夏雨 [　　] 　　(15) 校服 [　　]

3 다음 漢字와 음이 같은 漢字를 골라 그 번호를 쓰세요.

(1) 章 (　　) : ① 長　　② 文　　③ 字　　④ 書

(2) 川 (　　) : ① 江　　② 河　　③ 天　　④ 海

(3) 信 (　　) : ① 事　　② 新　　③ 有　　④ 愛

(4) 強 (　　) : ① 弱　　② 江　　③ 力　　④ 功

4 다음 漢字語의 뜻을 쓰세요.

(1) 校服 : (　　　　　　　　　　　　　　)

(2) 永生 : (　　　　　　　　　　　　　　)

(3) 幸運 : (　　　　　　　　　　　　　　)

5 다음 訓과 音에 맞는 漢字를 쓰세요.

(1) 재주 술 ☐   (2) 여름 하 ☐   (3) 다행 행 ☐

(4) 옷 복 ☐   (5) 뜻 의 ☐   (6) 공 구 ☐

(7) 길 도 ☐   (8) 글 장 ☐   (9) 가르칠 훈 ☐

(10) 내 천 ☐   (11) 싸움 전 ☐   (12) 낮 면 ☐

(13) 물 수 ☐   (14) 길 영 ☐   (15) 푸를 록 ☐

6 다음 밑줄 친 漢字語를 큰 소리로 읽고 漢字로 써 보세요. (12과 활용 단어)

(1) 좋은 <u>문장</u>은 사람의 마음을 감동시킵니다. ············ (　　　　)

(2) 화랑 관창은 황산벌에서 싸우다 <u>전사</u>했습니다. ············ (　　　　)

(3) 우리 마을 <u>개천</u>에는 물고기나 송사리가 많습니다. ············ (　　　　)

(4) 실패를 <u>교훈</u> 삼아 조금 더 노력합시다. ············ (　　　　)

(5) 인공위성에서 찍은 <u>지구</u> 사진은 너무나도 아름답습니다. ···· (　　　　)

(6) 우리 아버지는 <u>양복</u>보다 한복이 더 잘 어울리십니다. ············ (　　　　)

> 開川　地球　文章　教訓　戰死　洋服

*관창 - 신라 태종무열왕(太宗武烈王) 때의 화랑(花郞).

7 다음 四字成語의 (　) 안에 알맞은 漢字를 쓰세요.

(1) 山戰(　　　)戰   (2) 百(　　　)百勝

(3) (　　　)魚之交   (4) 訓民正(　　　)

8 다음 漢字의 筆順을 밝히세요.

(1) 水자의 亅획은 몇 번째로 쓰는 지 번호로 답하세요.   난이도 ▭ (　　　　)

(2) 術자의 중간의 丶은 몇 번째로 쓰는 지 번호로 답하세요.   난이도 ▭ (　　　　)

✚ 사자성어

百戰百勝 (백전백승) 싸우는 때마다 모조리 이김.

水魚之交 (수어지교) 물과 물고기처럼, 아주 친하여 떨어질 수 없는 사이.
　　　　　　　　　　　魚(고기 어)→5급

山戰水戰 (산전수전) 세상의 온갖 고생과 여려움을 다 겪었음을 이르는 말.

訓民正音 (훈민정음) 백성을 가르치는 바른 소리라는 뜻으로, 1443년에 세종이 창제한 우리나라 글자를 이르는말

✚ 고사성어

月下氷人 (월하빙인)　▶▶▶　月 (달 월)　下 (아래 하)　氷 (얼음 빙)　人 (사람 인)

월하노인과 빙상인으로, 혼인을 중매하는 사람을 일컬음.

　당나라 때 위고라는 총각이 있었다. 그는 여행중 밤이 되자 숙소를 정해 놓고, 밖으로 나와 달빛 아래를 거닐었다. 그러다 달빛 아래에서 책을 보고 있는 한 노인을 보았다.
　위고는 노인이 무슨 책을 보는지 궁금했다.
　"노인장, 무슨 책을 보고 있소?"
　"남녀의 혼인에 관한 책이오."라고 노인이 대답했다.
　위고는 노인의 짐 밖으로 삐져 나와 있는 홍실을 보고 그 사용처도 물었다.
　그러자 노인은 "이 홍실은 부부의 연을 맺어 주는 끈이오. 아무리 멀리 있어도, 원수지간이라 하여도 이 홍실로 한번 묶으면 반드시 부부가 되지요."라고 말했다.
　이 말을 들은 위고는 갑자기 자기의 색시가 누구인지 궁금해졌다.
　"그럼 노인장, 내 색시가 어디에 있는지 아시오?"
　노인은 마침 옆으로 지나가던 눈먼 노파 등에 업힌 갓난 여자 아이를 가리키며 말했다.
　"앞으로 15년 후 저 여자 아이가 바로 당신의 아내가 될 것이오."
　위고는 노인에게 놀리지 말라고 말한 뒤, 하인에게 그 여자 아이를 죽이리고 명령했다. 그러나 하인은 아이가 너무 예뻐 죽이지 못하고, 이마에 작은 상처만 내고 살려 주었다.
　15년이 흐른 후, 위고는 결혼을 하게 되었다. 그는 아내의 이마에 난 작은 칼자국을 보고 그 사연을 물었다. 알아본 즉 그 칼자국은 바로 15년 전 자신의 하인이 여자 아이의 이마에 남긴 상처 자국이었다.

출전「속유괴록(續幽怪錄)」

3과 禾·耂·子·米·公·樂 모양을 가진 한자

한자	급수·부수·획수	훈음	갑문 → 금문 → 소전	그림	낱말	중국	일본
和	6급 口부 총8획	화할 화	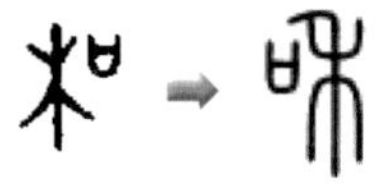		和合(화합) 和答(화답) 平和(평화)	和	和
	고른 **벼(禾)**처럼 **입(口)**으로 조화롭게 말함에서 '**화함**'.						
利	6급 刀부 총7획	이할 리:	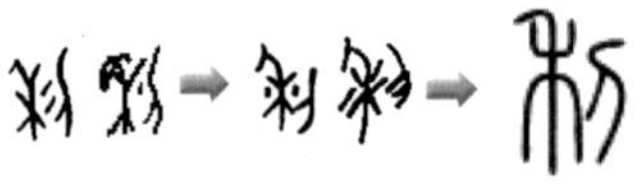		有利(유리) 利用(이용) 勝利(승리)	利	利
	벼(禾)를 수확하던 **칼(刂)**에서 '**날카롭다**' '**이롭다**'를 뜻한다.						
秋	7급 禾부 총9획	가을 추			秋夕(추석) 秋夜(추야) 秋風(추풍)	秋	秋
	벼(禾) 논에서 **불(火)**로 **메뚜기(龜)**를 박멸하던 '**가을**'을 뜻한다.						
番	6급 田부 총12획	차례 번			番地(번지) 軍番(군번) 番號(번호)	番	番
	발자국(釆+田)이 '**번갈아**' 차례로 **밭(田)**에 찍힌 '**차례**'를 뜻한다.						
老	7급 老부 총6획	늙을 로:			老人(노인) 老木(노목) 老弱(노약)	老	老
	긴머리 **노인(毛+儿=耂)**이 **지팡이(匕)**를 잡고 있어 '**늙음**'을 뜻한다.						
孝	7급 子부 총7획	효도 효:			孝道(효도) 孝子(효자) 孝行(효행)	孝	孝
	늙으신(老=耂) 부모를 **아이(子)**가 돕는 데서 '**효도**'를 뜻한다.						
敎	8급 攴부 총11획	가르칠 교:			敎育(교육) 敎室(교실) 敎會(교회)	教	教
	독립할 집을 **엮는(爻)** **아이(子)**를 잘 **다스려(攵)** '**가르침**'을 뜻함.						
者	6급 老부 총9획	놈 자 사람 자			記者(기자) 病者(병자) 讀者(독자)	者	者
	'**여러 물건**'(耂)을 **솥(日)**에 넣고 삶는 '**사람**'에서 '**놈**'을 뜻한다.						

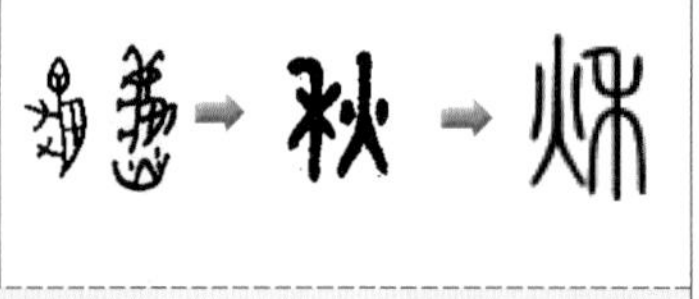

			갑문	금문	소전			중국
公	6급 / 八부 총4획	공평할 공 공변될 공					公正(공정) 公立(공립) 公平(공평)	公 / 일본 公
	고루 **나눈(八) 그릇(口=厶)**안의 **물건(ハ)**에서 '**공평함**'을 뜻한다.							
氣	7급 / 气부 총10획	기운 기					氣運(기운) 氣溫(기온) 空氣(공기)	气 / 일본 気
	하늘 **기운(气)**처럼 **쌀(米)**로 지은 밥에서 나는 '**기운**'을 뜻한다.							
科	6급 / 禾부 총9획	과목 과					科目(과목) 科學(과학) 文科(문과)	科 / 일본 科
	벼(禾)를 구분하여 **말(斗)**로 헤아려 두는 데서 '**과목**'을 뜻한다.							
米	6급 / 米부 총6획	쌀 미					白米(백미) 米飮(미음) 米色(미색)	米 / 일본 米
	껍질을 벗긴 벼의 알맹이로 '**쌀**'을 뜻한다.							
樂	6급 / 木부 총15획	즐길 락 노래 악 좋아할 요					樂園(낙원) 音樂(음악) 樂山(요산)	乐 / 일본 樂
	엄지(白)로 연주하는 **줄(絲)**을 매단 **나무(木)**받침 **악기**를 뜻한다.							
藥	6급 / 艸부 총19획	약 약					藥草(약초) 藥水(약수) 藥物(약물)	药 / 일본 薬
	초목(艹) 중에 건강을 찾아 **즐겁게(樂)** 해주는 '**약**'을 뜻한다.							
孫	6급 / 子부 총10획	손자 손(:)					後孫(후손) 王孫(왕손) 子孫(자손)	孙 / 일본 孫
	자식(子)의 대를 **이은(系)** '**손자**'를 뜻한다.							

속담 : 소 잃고 외양간 고친다.

한자성어 : **失馬治廐** (실마치구)

➡ 失 잃을 실 馬 말 마 治 다스릴 치 廐 마구간 구
5급 4급Ⅱ 1급
말을 잃고 마구간을 고친다.

◆ 이미 일을 그르친 다음에 이를 고치거나 손을 씀.

바탕학습 13

단어익히기

- **和答**(화답)　시(詩)나 노래에 응하여 대답함.
- **勝利**(승리)　겨루어 이김.
- **番地**(번지)　땅을 나누어 매겨 놓은 땅의 번호.
- **孝行**(효행)　부모를 잘 섬기는 행실.
- **教育**(교육)　지식을 가르치고 품성과 체력을 기름.
- **公立**(공립)　지방 공공 단체가 설립하여 운영하는 일, 또는 그 시설.
- **科學**(과학)　어떤 영역의 대상을 객관적인 방법으로, 계통적으로 연구하는 활동이나 그 성과.
- **樂園**(낙원)　안락하게 살 수 있는 즐거운 곳.
- **藥物**(약물)　약제가 되는 물질. 약품.
- **後孫**(후손)　몇 대가 지난 뒤의 자손.

유의자

- **公平**(공평) : **公**(공평할 공)　＝　**平**(평평할 평)
- **和合**(화합) : **和**(화할 화)　＝　**合**(합할 합)
- **教訓**(교훈) : **教**(가르칠 교)　＝　**訓**(가르칠 훈)
- **科目**(과목) : **科**(과목 과)　＝　**目**(조목 목)

반대자

- **老少**(노소) : **老**(늙을 로)　↔　**少**(젊을 소)
- **教學**(교학) : **教**(가르칠 교)　↔　**學**(배울 학)

1 다음 漢字의 訓과 音을 쓰세요.

(1) 公 [　　]   (2) 老 [　　]   (3) 樂 [　　]

(4) 科 [　　]   (5) 孝 [　　]   (6) 米 [　　]

(7) 藥 [　　]   (8) 和 [　　]   (9) 氣 [　　]

(10) 利 [　　]   (11) 者 [　　]   (12) 秋 [　　]

(13) 孫 [　　]   (14) 番 [　　]   (15) 敎 [　　]

2 다음 漢字語의 讀音을 쓰세요.

(1) 老人 [　　]   (2) 氣運 [　　]   (3) 白米 [　　]

(4) 藥草 [　　]   (5) 和答 [　　]   (6) 敎會 [　　]

(7) 科學 [　　]   (8) 勝利 [　　]   (9) 公平 [　　]

(10) 讀者 [　　]   (11) 王孫 [　　]   (12) 秋夕 [　　]

(13) 軍番 [　　]   (14) 音樂 [　　]   (15) 孝子 [　　]

3 다음 漢字와 뜻이 반대되는 漢字를 골라 그 번호를 쓰세요.

(1) 老 (　　) : ① 長   ② 母   ③ 人   ④ 少

(2) 敎 (　　) : ① 育   ② 訓   ③ 學   ④ 成

4 다음 뜻을 가진 漢字語를 쓰세요.

 큰 하천 ⇨ [大川]

(1) 늙은 사람 ⇨ [　　]

(2) 아들의 아들, 또는 딸의 아들 ⇨ [　　]

5 다음 訓과 音에 맞는 漢字를 쓰세요.

(1) 기운 기 ☐   (2) 손자 손 ☐   (3) 가을 추 ☐

(4) 공평할 공 ☐   (5) 화할 화 ☐   (6) 효도 효 ☐

(7) 즐길 락 ☐   (8) 쌀 미 ☐   (9) 늙을 로 ☐

(10) 과목 과 ☐   (11) 약 약 ☐   (12) 차례 번 ☐

(13) 이할 리 ☐   (14) 놈 자 ☐   (15) 가르칠 교 ☐

6 다음 밑줄 친 漢字語를 큰 소리로 읽고 漢字로 써 보세요. (13과 활용 단어)

(1) 올림픽은 세계 최대의 축제이자 <u>화합</u>과 평화의 대제전입니다. ( )

(2) <u>추석</u>에는 송편도 만들고 조상께 성묘도 합니다. ( )

(3) 주위에 <u>노인</u>분이 계시면 잘 보살펴 드려야 합니다. ( )

(4) 심청이는 아버지께 지극정성으로 <u>효도</u>를 하였습니다. ( )

(5) 어릴 때부터 남을 배려하는 인성 <u>교육</u>이 필요합니다. ( )

(6) 세계의 많은 <u>기자</u>들이 매일 새로운 소식을 전해줍니다. ( )

教育　記者　孝道　和合　秋夕　老人

7 다음 四字成語의 ( ) 안에 알맞은 漢字를 쓰세요.

(1) 同苦同( )   (2) ( )明正大

(3) 樂山( )水   (4) 一日三( )

8 다음 漢字의 筆順을 밝히세요.

(1) 老자의 삐침(ノ)은 몇 번째로 쓰는 지 번호로 답하세요.   난이도 ( )

(2) 米자의 丨획은 몇 번째로 쓰는 지 번호로 답하세요.   난이도 ( )

한자성어 ⑬

⊕ 사자성어

樂山樂水 (요산요수) 산과 물을 좋아한다는 것으로 즉 자연을 좋아함. 樂(좋아할 요)

同苦同樂 (동고동락) 괴로움과 즐거움을 함께 함.

一日三秋 (일일삼추) 하루가 삼 년처럼 길게 느껴짐.

公平無私 (공평무사) 공평하고 사사로움이 없음.
私(사사로울 사) → 4급, 無(없을 무) → 5급

⊕ 고사성어

一網打盡 (일망타진) ▶▶▶ 一(한 일) 網(그물 망)[2급] 打(칠 타)[5급] 盡(다할 진)[4급]

한 번 그물을 쳐서 모두 잡는다는 뜻으로, 어떤 무리를 한꺼번에 모두 잡는 것을 일컬음.

송나라 인종 때 새로운 제상으로 강직한 성격을 가진 두연이라는 사람이 올랐다. 당시에는 임금이 대신들과 상의하지 않고 어떤 의견을 내면 바로 시행할 수 있는 내강이라는 관행이 있었다. 하지만 두연은 내강의 관행이 바른 정치를 가로막는다고 생각하여 임금의 명령문을 시행하지 않고 그대로 가지고 있다가 10여 통이 되어서야 황제에게 되돌려 보내곤 하였다.

이러한 두연의 행동은 임금의 명령을 어기는 것이라 하여 비난하는 사람이 많았다.

그런데 공교롭게도 그 때에 두연의 사위인 소순흠이 공금 횡령을 한 것이 탄로가 났다. 평소 두연에 대한 감정이 좋지 않았던 어사 왕공진은 소순흠을 더욱 엄격하게 문책하였다. 그 결과 생각보다 더 많은 사람들이 연루되었음을 알게 되었다.

왕공진은 연루된 사람을 모두 가둔 뒤 두연에게 이렇게 보고했다.

"범인들을 일망타진했습니다."

그 뒤 두연은 이 사건으로 인하여 70일 만에 재상직에서 물러나게 되었다.

출전 「송사(宋史)」

王　集　漢　園　主　黃　衣　長

			갑문	금문	소전			중국
集	6급 隹부 총12획	모을 집					集合(집합) 全集(전집) 集中(집중)	集
								일본
								集
	새들(雥=隹)이 **나무(木)** 위에 모여 있는 데서 '**모임**'을 뜻한다.							
長	8급 長부 총8획	긴 장(ː) 어른 장(ː)					長短(장단) 長男(장남) 身長(신장)	長
								일본
								長
	긴 머리 노인이 지팡이를 들고 서 있어 '**길다**' '**어른**'을 뜻한다.							
班	6급 玉부 총10획	나눌 반					班長(반장) 分班(분반) 合班(합반)	班
								일본
								班
	서옥(玨=珏; 쌍옥 각)을 **칼(刂)**로 나누는 데서 '**나눔**'을 뜻한다.							
王	8급 玉부 총4획	임금 왕					王室(왕실) 王國(왕국) 王朝(왕조)	王
								일본
								王
	넓적하고 큰 **도끼 모양(王)**를 들던 '**왕**'을 뜻한다.							
主	7급 丶부 총5획	주인 주					主人(주인) 主動(주동) 公主(공주)	主
								일본
								主
	중심에 두던 **등불(丶)**과 **등받침(王)**에서 '**주인**' '**임금**'을 뜻한다.							
住	7급 人부 총7획	살 주ː					住民(주민) 住所(주소) 安住(안주)	住
								일본
								住
	사람(亻)이 횃대 **중심(主)**처럼 한 곳에 머물러 '**삶**'을 뜻한다.							
注	6급 水부 총8획	부을 주ː 물댈 주ː					注油(주유) 注目(주목) 注入(주입)	注
								일본
								注
	물(氵)을 어느 곳의 **중심(主)**에 붓는 데서 '**붓다**'를 뜻한다.							
黃	6급 黃부 총12획	누를 황					黃土(황토) 黃金(황금) 黃色(황색)	黃
								일본
								黃
	허리춤에 차던 누런 **노리개(黃·黃)**에서 '**누르다**' '**가로**'를 뜻함.							

			갑문	금문	소전			중국 / 일본

漢	7급 水부 총14획	한수 한: 한나라 한:	갑문 → 금문 → 소전			漢陽(한양) 漢字(한자) 漢文(한문)	汉 / 漢
	물(氵)이 노란 **진흙**(黃=堇)땅을 지나는 '**한수**'유역의 '**한나라**'.						

| 衣 | 6급
衣부
총6획 | 옷 의 | | | | 衣服(의복)
內衣(내의)
衣食(의식) | 衣 / 衣 |
| | **옷깃**(亠)과 소매와 **옷자락**(仏)인 **웃옷**(仚)으로 '**옷**'을 뜻한다. | | | | | | |

| 表 | 6급
衣부
총8획 | 겉 표 | | | | 表現(표현)
圖表(도표)
代表(대표) | 表 / 表 |
| | **털**(毛=龶)이 겉으로 보이는 **옷**(衣)에서 '**겉**' '**나타남**'을 뜻한다. | | | | | | |

| 園 | 6급
口부
총13획 | 동산 원 | | | | 庭園(정원)
公園(공원)
花園(화원) | 园 / 園 |
| | **경계**(囗)를 이룬 **넓은**(袁) '**과수원**'에서 '**동산**'을 뜻한다. | | | | | | |

| 遠 | 6급
辵부
총14획 | 멀 원: | | | | 遠近(원근)
遠大(원대)
遠洋(원양) | 远 / 遠 |
| | **길고**(袁) 먼 길을 **걸어가는**(辶) 데서 '**멀다**'를 뜻한다. | | | | | | |

| 窓 | 6급
穴부
총11획 | 창문 창 | | | | 窓門(창문)
同窓(동창)
窓口(창구) | 窗 / 窓 |
| | **구멍**(穴) 뚫린 **창**(囪=厶)으로, **마음**(心)을 밝히는 '**창**(窓)'을 뜻한다. | | | | | | |

| 然 | 7급
火부
총12획 | 그럴 연 | | | | 自然(자연)
本然(본연)
然後(연후) | 然 / 然 |
| | **고기**(月)로 만들 **개**(犬)를 **불**(灬)에 '**그렇게**' 구움을 뜻한다. | | | | | | |

속담 : 쇠 귀에 경 읽기.

한자성어 : **牛耳讀經** (우이독경)

⇨ 牛 소 우 耳 귀 이 讀 읽을 독 經 글 경
　　소 귀에 글을 읽어 주다.
　　<small>5급　　5급　　4급Ⅱ</small>

'아무리 가르치고 일러 주어도 알아듣지 못함'을 이르는 말.

단어익히기

- 集中 (집중) 한 곳으로 모이거나 모음.
- 班長 (반장) 한 반의 통솔자 또는 책임자.
- 王室 (왕실) 왕의 집안. 왕가.
- 主人 (주인) 한 집안을 꾸려 나가는 주된 사람. 물건의 임자. 손님을 맞이하는 사람.
- 住所 (주소) 거주지. 생활의 근거가 되는 장소.
- 注油 (주유) 기름을 넣음.
- 表現 (표현) 의견이나 감정 등을 드러내어 나타냄.
- 公園 (공원) 공중의 보건, 휴양 등을 위하여 시설된 정원, 유원지 등의 사회 시설.
- 遠大 (원대) 규모가 큼. 뜻이 큼.
- 自然 (자연) 사람의 힘을 더하지 않은 천연 그대로의 상태.

유의자

- 集合 (집합) : 集 (모을 집) = 合 (합할 합)
- 衣服 (의복) : 衣 (옷 의) = 服 (옷 복)

반대자

- 長短 (장단) : 長 (길 장) ↔ 短 (짧을 단)
- 遠近 (원근) : 遠 (멀 원) ↔ 近 (가까울 근)

1 다음 漢字의 訓과 音을 쓰세요.

(1) 遠 [   ]　　(2) 住 [   ]　　(3) 長 [   ]

(4) 園 [   ]　　(5) 窓 [   ]　　(6) 王 [   ]

(7) 班 [   ]　　(8) 集 [   ]　　(9) 衣 [   ]

(10) 然 [   ]　　(11) 主 [   ]　　(12) 漢 [   ]

(13) 表 [   ]　　(14) 黃 [   ]　　(15) 注 [   ]

2 다음 漢字語의 讀音을 쓰세요.

(1) 全集 [   ]　　(2) 長男 [   ]　　(3) 分班 [   ]

(4) 王朝 [   ]　　(5) 主動 [   ]　　(6) 安住 [   ]

(7) 注目 [   ]　　(8) 黃色 [   ]　　(9) 漢陽 [   ]

(10) 衣食 [   ]　　(11) 圖表 [   ]　　(12) 花園 [   ]

(13) 遠洋 [   ]　　(14) 窓門 [   ]　　(15) 本然 [   ]

3 다음 漢字와 뜻이 비슷한 漢字를 골라 그 번호를 쓰세요.

(1) 集 (   )：① 同　　② 公　　③ 郡　　④ 合

(2) 敎 (   )：① 訓　　② 學　　③ 作　　④ 育

(3) 永 (   )：① 表　　② 遠　　③ 古　　④ 空

(4) 道 (   )：① 面　　② 行　　③ 路　　④ 場

4 다음 漢字語의 뜻을 쓰세요.

(1) 長短 : (   )

(2) 注油 : (   )

(3) 花園 : (   )

5 다음 訓과 音에 맞는 漢字를 쓰세요.

(1) 모을 집 ☐　　(2) 그럴 연 ☐　　(3) 한수 한 ☐

(4) 옷 의 ☐　　(5) 나눌 반 ☐　　(6) 창문 창 ☐

(7) 긴 장 ☐　　(8) 동산 원 ☐　　(9) 누를 황 ☐

(10) 겉 표 ☐　　(11) 멀 원 ☐　　(12) 살 주 ☐

(13) 임금 왕 ☐　　(14) 주인 주 ☐　　(15) 부을 주 ☐

6 다음 밑줄 친 漢字語를 큰 소리로 읽고 漢字로 써 보세요. (14과 활용 단어)

(1) 왕이 다스리는 나라를 <u>왕국</u>이라 합니다. ·············· (　　　　)

(2) 조회 시간에 <u>교장</u> 선생님께서 교단에 서서 말씀하셨습니다. (　　　　)

(3) 길 옆으로 <u>황색</u> 국화꽃이 예쁘게 피었습니다. ·········· (　　　　)

(4) 동대문시장에 가면 여러 종류의 <u>의복</u>들이 많습니다. ········ (　　　　)

(5) 어린이는 미래의 희망이자 <u>주인</u>입니다. ·············· (　　　　)

校長　王國　衣服　黃色　主人

7 다음 四字成語의 (　) 안에 알맞은 漢字를 쓰세요.

(1) (　　)裏不同　　　　(2) 錦(　　)夜行

(3) 一(　　)一短　　　　(4) 一日之(　　)

8 다음 漢字의 筆順을 밝히세요.

(1) 主 자의 쓰는 순서가 올바른 것을 고르세요.　　　　(　　　　)

　㉮ 1-2-4-3-5　　　　㉯ 2-3-4-5-1
　㉰ 2-3-5-4-1　　　　㉱ 1-2-3-4-5

(2) 班자를 순대로 구별하여 쓰세요.

(　　　　　　　　　　　　　　　　)

한자성어 14

⊕ 사자성어

一長一短 (일장일단) 일면의 장점과 다른 일면의 단점을 통틀어 이르는 말.

表裏不同 (표리부동) 마음이 음흉하여 겉과 속이 다름. 裏(속 리)→3급

一日之長 (일일지장) 하루 먼저 태어나 조금 나음을 말함.

錦衣夜行 (금의야행) 비단옷을 입고 밤길을 걷는다는 뜻으로, 아무 보람 없는 행동을 자랑스레 함을 이르는 말. 錦(비단 금)→3급

⊕ 고사성어

一字千金 (일자천금) ▶▶▶ 一(한 일) 字(글자 자) 千(일천 천) 金(쇠 금)

하나의 글자가 천금과 같다는 뜻으로, 아주 뛰어난 문장을 비유함.

　전국시대 말에 위나라에는 신릉군, 제나라에는 맹상군, 조나라에는 평원군, 초나라에는 춘신군이 있었는데, 이들은 모두 선비를 존중하여 식객을 모으는 데 열심이었다.

　이를 알게 된 진나라의 재상 여불위는 진나라가 더 강군이면서도 식객 모으기에 소홀한 것을 안타깝게 여기고 이들에게 질세라 사비를 털어 식객을 모았다. 그뿐만 아니라 식객을 모아 백과사전 같은 책인 '여씨춘추'도 편찬하였다.

　여불위는 상인 출신으로 성공하여 재상이 된 인물로서 13세의 어린 임금인 정으로부터 중부라 불리우며 위세를 떨친 인물이다. 또, 그는 도읍인 함양의 성문 앞에 '여씨춘추'를 펼쳐 놓고, 그 뒤에는 천금을 매달아 놓고 다음과 같은 방문을 붙였다.

　"누구든지 이 책에다 한 자라도 빼거나 덧붙이는 자에게는 천금을 주겠노라."

　뛰어난 많은 식객들이 시도해 보았지만 아무도 글자를 더하거나 빼지 못했다.

출전 「사기(史記)」

記

每

色

父

母

邑

雪

父·文·雨·記·巴·地·女·母 모양을 가진 한자

| 갑문 | 금문 | 소전 |

진흥 8급 / 검정 8급

| 父 | 8급 / 父부 / 총4획 | 아비 / 아버지 부 | | | 중국 父 / 일본 父 | 父子(부자) 父母(부모) 神父(신부) |

사냥도구(八)를 손(又=乂)에 들고 사냥하는 '아비'를 뜻한다.

| 交 | 6급 / 亠부 / 총6획 | 사귈 교 | | | 중국 交 / 일본 交 | 交信(교신) 交感(교감) 交代(교대) |

사람(大=六)의 두 발(乂)이 엇갈려 있는 데서 '서로' '사귐'을 뜻한다.

| 校 | 8급 / 木부 / 총10획 | 학교 교: | | | 중국 校 / 일본 校 | 校長(교장) 校服(교복) 校門(교문) |

나무(木)를 엇갈려(交) 만든 '형틀'로, 사람을 '바로잡는' '학교'.

진흥 6급

| 文 | 7급 / 文부 / 총4획 | 글월 문 | | | 중국 文 / 일본 文 | 文書(문서) 文明(문명) 文學(문학) |

몸에 '문신'을 한 모양으로, '무늬' '글월' 등을 뜻한다.

| 電 | 7급 / 雨부 / 총13획 | 번개 전: | | | 중국 电 / 일본 電 | 電力(전력) 電氣(전기) 電子(전자) |

비(雨)가 내릴 때 펼쳐(申=电) 내리치는 '번개'를 뜻한다.

| 雪 | 6급 / 雨부 / 총11획 | 눈 설 | | | 중국 雪 / 일본 雪 | 雪山(설산) 白雪(백설) 大雪(대설) |

비(雨)처럼 내려 비(彗=彐)로 쓸어야 하는 '눈'을 뜻한다.

| 記 | 7급 / 言부 / 총10획 | 기록할 기 | | | 중국 记 / 일본 記 | 記事(기사) 登記(등기) 日記(일기) |

말(言)의 몸(己)이 되는 사실을 '기록하여' '적음'을 뜻한다.

| 邑 | 7급 / 邑부 / 총7획 | 고을 읍 | | | 중국 邑 / 일본 邑 | 邑長(읍장) 邑內(읍내) 邑民(읍민) |

성곽(口) 아래 꿇어앉은 사람(巴=巴)으로, '고을'을 뜻한다.

			갑문	금문	소전			중국
色	7급 色부 총6획	빛 색					色紙(색지) 色感(색감) 氣色(기색)	色
								일본 色
	선 **사람(⺈)**과 꿇어앉은 **사람(巴=巴)**에서 '**각양각색**' '**색**'을 뜻한다.							
地	7급 土부 총6획	따 지 땅 지					地球(지구) 地圖(지도) 地方(지방)	地
								일본 地
	흙(土)이 길게(也) 펼쳐진 '**땅(따)**'을 뜻한다.							
女	8급 女부 총3획	계집 녀					少女(소녀) 男女(남녀) 女軍(여군)	女
								일본 女
	두 손이 묶여 잡혀온 **노예**나 '**여자**'에서 '**계집**'을 뜻한다.							
安	7급 ⼧부 총6획	편안 안					安全(안전) 問安(문안) 便安(편안)	安
								일본 安
	집(⺧)안 일을 하는 **노예(女)**나 여자(女)에서 '**편안함**'을 뜻한다.							
母	8급 母부 총5획	어미 모: 어머니 모:					母國(모국) 母親(모친) 母子(모자)	母
								일본 母
	여자(女) 가슴에 **두 점(丶)**을 표해 아이가 있는 '**어미**'를 뜻한다.							
每	7급 母부 총7획	매양 매(:)					每番(매번) 每年(매년) 每事(매사)	每
								일본 每
	매일 머리에 **장식(⺧)**을 한 **여자(母)**에서 '**매양**' '**매일**'을 뜻한다.							
海	7급 水부 총10획	바다 해:					海水(해수) 近海(근해) 海洋(해양)	海
								일본 海
	큰 물(氵)로 **매양(每)** 변치 않는 '**바다**'를 뜻한다.							

속담 : 십 년이면 강산도 변한다.

한자성어 : 桑田碧海 (상전벽해)

3급　　　　4급Ⅱ　　3급Ⅱ
➡ 桑 뽕나무 상　田 밭 전　碧 푸를 벽　海 바다 해
뽕나무 밭이 푸른 바다로 변하다.

○ '세상 일의 변천이 심함'을 이르는 말.

단어익히기

- **交信**(교신) 통신을 주고받음.
- **文明**(문명) 사람의 지혜가 발달하여 인간 생활이 풍부하고 편리해진 상태.
- **電子**(전자) 원자를 이루는 기본적 소립자의 한 가지.
- **邑內**(읍내) 읍의 구역 안.
- **色紙**(색지) 색종이.
- **地方**(지방) 어느 한 방면의 땅. 한 나라의 수도나 대도시 이외의 고장.
- **問安**(문안) 웃어른께 안부를 여쭘.
- **母親**(모친) 어머니.
- **每年**(매년) 해마다.
- **海水**(해수) 바닷물.

유의자

- **文章**(문장) : **文**(글월 문) = **章**(글 장)
- **安全**(안전) : **安**(편안 안) = **全**(온전할 전)

반대자

- **父母**(부모) : **父**(아비 부) ↔ **母**(어미 모)
- **母子**(모자) : **母**(어미 모) ↔ **子**(아들 자)

1 다음 漢字의 訓과 음을 쓰세요.

(1) 邑 [　　　] (2) 雪 [　　　] (3) 每 [　　　]

(4) 母 [　　　] (5) 電 [　　　] (6) 父 [　　　]

(7) 海 [　　　] (8) 色 [　　　] (9) 校 [　　　]

(10) 地 [　　　] (11) 記 [　　　] (12) 女 [　　　]

(13) 安 [　　　] (14) 文 [　　　] (15) 交 [　　　]

2 다음 漢字語의 讀音을 쓰세요.

(1) 父母 [　　] (2) 電車 [　　] (3) 海洋 [　　]

(4) 女軍 [　　] (5) 雪山 [　　] (6) 校服 [　　]

(7) 交感 [　　] (8) 文學 [　　] (9) 地球 [　　]

(10) 母國 [　　] (11) 每事 [　　] (12) 日記 [　　]

(13) 安全 [　　] (14) 邑長 [　　] (15) 氣色 [　　]

3 다음 漢字와 음이 같은 漢字를 골라 그 번호를 쓰세요.

(1) 電 (　　) : ① 話　　② 夜　　③ 全　　④ 畫

(2) 文 (　　) : ① 字　　② 敎　　③ 書　　④ 門

4 다음 뜻을 가진 漢字語를 쓰세요.

 例(예)　흰눈 ⇨ 白雪

(1) 학교의 정문 ⇨ [　　　　]

(2) 바닷물 ⇨ [　　　　]

5 다음 訓과 音에 맞는 漢字를 쓰세요.

(1) 글월 문 ☐ (2) 계집 녀 ☐ (3) 매양 매 ☐

(4) 아비 부 ☐ (5) 바다 해 ☐ (6) 사귈 교 ☐

(7) 고을 읍 ☐ (8) 학교 교 ☐ (9) 빛 색 ☐

(10) 눈 설 ☐ (11) 따/땅 지 ☐ (12) 번개 전 ☐

(13) 편안 안 ☐ (14) 어미 모 ☐ (15) 기록할 기 ☐

6 다음 밑줄 친 漢字語를 큰 소리로 읽고 漢字로 써 보세요. (15과 활용단어)

(1) <u>서해</u>는 조석간만의 차가 비교적 큰 편입니다. ………… (　　　)

(2) 어머니와 딸의 사이를 <u>모녀</u>간이라고 합니다. ………… (　　　)

(3) 어머님은 주말마다 <u>읍내</u>로 장보러 가 니다. ………… (　　　)

(4) 나는 매일 하루 동안의 일을 <u>일기</u>장에 씁니다. ………… (　　　)

(5) 21세기는 지식 <u>문명</u> 사회입니다. ………… (　　　)

(6) <u>교문</u> 옆에 큰 은행나무가 있습니다. ………… (　　　)

校門　文明　母女　日記　邑內　西海

7 다음 四字成語의 (　) 안에 알맞은 漢字를 쓰세요

(1) 父(　　)兄弟 (2) 人山人(　　)

(3) 白(　　)民族 (4) (　　)子有親

8 다음 漢字의 筆順을 밝히세요

(1) 女자의 一획은 몇 번째로 쓰는 지 번호로 답하세요. (　　　)

(2) 文자의 삐침(丿)은 몇 번째로 쓰는 지 번호로 답하세요. (　　　)

한자성어 15

✚ 사자성어

白衣民族 (백의민족)	흰옷을 입은 민족이라는 뜻으로, '한민족'을 이르는 말.
父母兄弟 (부모형제)	아버지, 어머니, 형, 아우라는 뜻으로, 가족을 이르는 말.
父子有親 (부자유친)	아버지와 아들 사이의 도리는 친애에 있음을 이름.
人山人海 (인산인해)	사람이 수없이 많이 모인 상태를 이르는 말.

✚ 고사성어

竹馬故友 (죽마고우) ▶▶▶ 竹(대나무 죽) 馬(말 마) 故(연고 고) 友(벗 우)

어릴 때, 대나무로 만든 말을 타고 놀던 친구라는 뜻으로, 어렸을 때부터 친한 친구 사이를 가리킴.

진나라 간문제 때 환온과 은호라는 두 사람이 살고 있었다. 환온은 장군으로서 그의 세력을 키워 가고 있는 반면 은호는 고향에서 은둔하며 살고 있었다. 어느 날 진왕 간문제는 세력이 점점 커져 가는 환온을 견제하기 위해 은호를 불러 건무장군에 임명했다. 은호가 벼슬길로 나아가면서 어릴 적 친구였던 환온과 은호는 서로 적이 되고 말았다.

그 무렵 후조의 왕 서계룡이 죽자 나라에 내분이 일어났다. 진나라는 이 기회에 중원 땅을 회복하고자 은호를 중원장군에 임명했다. 하지만 은호는 싸움에서 대패하고 돌아왔다. 이를 보고 환온은 은호를 규탄하는 상소를 올려 은호를 변방으로 귀양 보내고, 사람들에게 이렇게 말했다.

"은호는 어릴 때 대나무로 만든 말을 함께 타고 놀던 친구지만, 내가 말을 버리면 항상 은호가 가져갔지. 그러니 그가 내 밑에 있어야 하는 것은 당언하지 않겠소."

그 후 환온은 끝까지 은호를 외면하고 만나지 않았다고 한다.

출전 「세설신어(世說新語)」

16과 方·市·用·卜·食·手·羊·春 모양을 가진 한자

			갑문	금문	소전			중국/일본

方 〔진흥 6급〕

| 7급 方부 총4획 | 모 방 | | | | 四方(사방) 方向(방향) 方式(방식) | 중국 方 / 일본 方 |

쟁기니, **형틀(一)**에 묶인 사방의 이방인에서, '**모**' '**방향**'을 뜻한다.

放

| 6급 攴부 총8획 | 놓을 방(ː) | | | 放心(방심) 放學(방학) 放火(방화) | 중국 放 / 일본 放 |

이방인(方)을 다스려(攵) 풀어 주는 데서 '**놓다**' '**내침**'을 뜻한다.

族

| 6급 方부 총11획 | 겨레 족 | | | 家族(가족) 民族(민족) 族長(족장) | 중국 族 / 일본 族 |

한 **깃발(㫃)** 아래 **화살(矢)**처럼 뭉친 '**겨레**' '**무리**'를 뜻한다.

市

| 7급 巾부 총5획 | 저자 시ː | | | 市民(시민) 市場(시장) 市內(시내) | 중국 市 / 일본 市 |

많은 **발(屮=一)**이 모이던 **깃발(巾)** 걸린 '**시장(巿=市)**' '**저자**'를 뜻함.

角

| 6급 角부 총7획 | 뿔 각 | | | 角度(각도) 直角(직각) 角木(각목) | 중국 角 / 일본 角 |

짐승의 **뿔** 모양에서 '**뿔**'을 뜻한다.

用

| 6급 用부 총5획 | 쓸 용ː | | | 活用(활용) 用紙(용지) 所用(소용) | 중국 用 / 일본 用 |

여러 용도로 쓰이는 나무로 만든 '**통(用)**'에서 '**쓰다**'를 뜻한다.

勇

| 6급 力부 총9획 | 날랠 용ː | | | 勇氣(용기) 勇戰(용전) 大勇(대용) | 중국 勇 / 일본 勇 |

솟는(甬) 힘(力), 즉 힘 솟는 '**용기**'에서 '**날래다**'를 뜻한다.

通

| 6급 辵부 총11획 | 통할 통 | | | 通信(통신) 通風(통풍) 開通(개통) | 중국 通 / 일본 通 |

솟듯(甬) 뚫고 **가서(辶)** 도달함에서 '**통달함**' '**통함**'을 뜻한다.

		갑문 — 금문 — 소전			중국
朴	6급 木부 총6획	성 박 소박할 박	朴	朴家(박가) 朴野(박야) 朴直(박직)	朴 **일본** 朴
	나무(木)가 점(卜)괘처럼 갈라져, 자연의 '**순박함**' '**성씨**'로 쓰임.				
外	8급 夕부 총5획	바깥 외ː	外	外出(외출) 外國(외국) 外界(외계)	外 **일본** 外
	저녁(夕)에 밖에서 점(卜)치는 데서 '**바깥**'을 뜻한다.				
食	7급 食부 총9획	밥 식 먹을 식	食	食水(식수) 食堂(식당) 食事(식사)	食 **일본** 食
	뚜껑(亼)과 고소한(皀) 밥이 담긴 그릇에서 '**밥**' '**먹다**'를 뜻한다.				
手	7급 手부 총4획	손 수ː	手	先手(선수) 手話(수화) 手足(수족)	手 **일본** 手
	사람의 다섯 손가락과 손목을 그려(手) '**손**'을 뜻한다.				
洋	6급 水부 총9획	큰바다 양	洋	洋服(양복) 西洋(서양) 遠洋(원양)	洋 **일본** 洋
	물(氵)이 양(羊) 무리처럼 많은 '**큰 바다**'를 뜻한다.				
美	6급 羊부 총9획	아름다울 미ː	美	美人(미인) 美國(미국) 美術(미술)	美 **일본** 美
	양(羊) 뿔이나 깃으로 장식한 큰(大) 성인에서 '**아름다움**'.				
春	7급 日부 총9획	봄 춘	春	春風(춘풍) 春分(춘분) 春花(춘화)	春 **일본** 春
	풀(艹) 싹(屯)이 무성해(夫)지는 햇볕(日)이 따뜻한 '**봄**'을 뜻한다.				

속담 : 아랫돌 빼어 웃돌 괴기.

한자성어 : 臨機應變 (임기응변)

　3급Ⅱ　　4급　　4급Ⅱ　　5급

▷ 臨 임할 임　機 틀 기　應 응할 응　變 변할 변
그때그때의 형편에 따라 일을 처리하다.

○ 임시변통으로 한 곳에서 돌을 빼어 다른 곳을 막는다는 말.

단어익히기

- 方向(방향) 향하는 쪽. 방위.
- 放心(방심) 마음을 다잡지 않고 놓아버림. 정신을 차리지 않음.
- 放學(방학) 학교에서 학기가 끝난 뒤에 수업을 일정 기간 중지하는 것.
- 家族(가족) 부부를 기초로 하여 한 가정을 이루는 사람들.
- 勇氣(용기) 씩씩한 의기.
- 通信(통신) 소식을 전함.
- 通風(통풍) 바람을 잘 통하게 함.
- 朴直(박직) 순박하고 정직함.
- 外出(외출) 밖에 나감. 나들이함.
- 手話(수화) 주로 청각 장애우와 언어 장애우끼리 손짓으로 하는 말.
- 洋服(양복) 서양식의 의복.
- 美人(미인) 용모가 아름다운 여자.

유의자

- 方向(방향) : 方(모 방)   =   向(향할 향)

반대자

- 手足(수족) : 手(손 수)   ↔   足(발 족)
- 春秋(춘추) : 春(봄 춘)   ↔   秋(가을 추)

1 다음 漢字의 訓과 音을 쓰세요.

(1) 用 [　　]   (2) 方 [　　]   (3) 手 [　　]

(4) 市 [　　]   (5) 朴 [　　]   (6) 族 [　　]

(7) 通 [　　]   (8) 洋 [　　]   (9) 角 [　　]

(10) 春 [　　]   (11) 外 [　　]   (12) 放 [　　]

(13) 美 [　　]   (14) 勇 [　　]   (15) 食 [　　]

2 다음 漢字語의 讀音을 쓰세요.

(1) 美人 [　　]   (2) 市民 [　　]   (3) 方式 [　　]

(4) 朴野 [　　]   (5) 角木 [　　]   (6) 通風 [　　]

(7) 手足 [　　]   (8) 放學 [　　]   (9) 春分 [　　]

(10) 食水 [　　]   (11) 用紙 [　　]   (12) 民族 [　　]

(13) 外出 [　　]   (14) 遠洋 [　　]   (15) 勇氣 [　　]

3 다음 漢字와 뜻이 반대되는 漢字를 골라 그 번호를 쓰세요.

(1) 手 (　　) : ① 目　　② 足　　③ 口　　④ 面

(2) 春 (　　) : ① 秋　　② 夏　　③ 東　　④ 花

4 다음 漢字語의 뜻을 쓰세요.

(1) 通風 : (　　　　　　　　　　　　　)

(2) 外出 : (　　　　　　　　　　　　　)

(3) 美人 : (　　　　　　　　　　　　　)

5 다음 訓과 音에 맞는 漢字를 쓰세요.

(1) 저자 시 ☐　　　(2) 손 수 ☐　　　(3) 날랠 용 ☐

(4) 겨레 족 ☐　　　(5) 봄 춘 ☐　　　(6) 통할 통 ☐

(7) 모 방 ☐　　　(8) 성 박 ☐　　　(9) 큰바다 양 ☐

(10) 놓을 방 ☐　　(11) 바깥 외 ☐　　(12) 아름다울 미 ☐

(13) 밥 식 ☐　　　(14) 뿔 각 ☐　　　(15) 쓸 용 ☐

6 다음 밑줄 친 漢字語를 큰 소리로 읽고 漢字로 써 보세요. (16과 활용 단어)

(1) 공부하는 <u>방식</u>은 사람마다 다릅니다. ……………………… (　　　)

(2) 사소한 일이라도 <u>방심</u>하면 안 됩니다. …………………… (　　　)

(3) <u>가족</u>이 화목하면 모든 일이 잘 됩니다. …………………… (　　　)

(4) 서울 <u>시내</u>는 교통이 너무 복잡합니다. …………………… (　　　)

(5) 무선 <u>통신</u>의 발달로 어느 곳에서도 통화가 가능합니다. … (　　　)

(6) 영어를 잘하면 <u>외국</u>에 가서 편리합니다. …………………… (　　　)

> 家族　放心　通信　市內　方式　外國

7 다음 四字成語의 (　) 안에 알맞은 漢字를 쓰세요.

(1) 八方(　　　)人　　　(2) 有終之(　　　)

(3) 行(　　　)不明　　　(4) (　　　)夏秋冬

8 다음 漢字의 筆順을 밝히세요.

(1) 手자의 亅획은 몇 번째로 쓰는 지 번호로 답하세요. 난이도▮▮▮▭▭▭ (　　　)

(2) 用자의 丨획은 몇 번째로 쓰는 지 번호로 답하세요. 난이도▮▮▮▮▭▭ (　　　)

한자성어 16

✚ 사자성어

春夏秋冬 (춘하추동)　봄, 여름, 가을, 겨울의 네 계절.

八方美人 (팔방미인)　어느 모로 보나 아름다운 사람이란 뜻으로, 여러 방면에 능통한 사람.

行方不明 (행방불명)　간 곳이나 방향을 모름.

有終之美 (유종지미)　끝까지 잘하여 훌륭한 성과를 이룸.
終(마칠 종) → 5급, 之(갈 지) → 3급Ⅱ

✚ 고사성어

天高馬肥 (천고마비)　▶▶▶　天 (하늘 천)　高 (높을 고)　馬 (말 마) [5급]　肥 (살찔 비) [3급Ⅱ]

하늘은 높고 말은 살찐다는 뜻으로, 가을을 가리킴.

기원 전 4세기 말부터 약 5백년 동안 중국 북방에서 번영을 누린 흉노족이라는 유목 민족이 있었다. 전국시대에는 연나라, 조나라, 진나라가 흉노족의 침입을 막기 위해 성벽을 쌓았고, 진시황은 그 성벽을 연결하여 만리장성을 완성시켰다.

흉노족은 겨울을 나기 위해서 식량을 얻으려고 하늘이 높아지고 말이 살찌는 가을만 되면 말을 타고 중국 변방을 공격하였다. 그래서 중국 변방 나라들은 가을만 되면 흉노족이 언제 쳐들어올지 몰라 두려워했다고 한다.

또, 두보의 할아버지인 두심언이 흉노족의 침략을 막기 위해 북방으로 가는 친구 소미도가 빨리 승전하여 돌아오기를 바라며 지은 시구에도 나온다.

구름은 깨끗한데 요사스런 별이 떨어지고〔雲淨妖星落 : 운정요성락〕

가을 하늘이 높으니 변방의 말이 살찌는구나〔秋高塞馬肥 : 추고새마비〕

말 안장에 의지하여 영웅의 칼을 움직이고〔馬鞍雄劍動 : 마안웅검동〕

붓을 휘두르니 격문이 날아온다〔搖筆羽書飛 : 요 우서비〕

여기서 '추고마비(秋高馬肥)'는 맑은 가을 날씨를 나타내며, 우리 나라에서는 추고마비보다 천고마비를 일반적으로 더 많이 사용한다.

출전 「두심언(杜審言)의 시」

		갑문	금문	소전			중국

		6급				勝利(승리)	胜
勝		力부 총12획	이길 승	勝 → 朕		勝者(승자) 名勝(명승)	일본
							勝
	자신(朕;나 짐)이 일을 힘(力)써 행함에서 '이기다'를 뜻한다.						

진흥 8급 검정 8급		8급				第一(제일)	一 / 중국
一		一부 총1획	한 일	― → ― → ―		一生(일생) 一等(일등)	일본 一
	물건 하나(一)에서 '하나'를 뜻하며, 일의 '시초' '처음'을 뜻한다.						

진흥 8급 검정 8급		8급				二重(이중)	二 / 중국
二		二부 총2획	두 이:	二 → 二 → 二		二心(이심) 二世(이세)	일본 二
	물건 둘(二)을 놓아 '둘' '같음'이나, 때로 하늘과 땅을 뜻한다.						

진흥 8급 검정 8급		8급				三角(삼각)	三 / 중국
三		一부 총3획	석 삼	三 → 三 → 三		三寸(삼촌) 三月(삼월)	일본 三
	주살(弋) 셋(三)인 '弎(삼)'으로, 물건 셋에서 '삼'을 뜻한다.						

진흥 8급 검정 8급		8급				四方(사방)	四 / 중국
四		口부 총5획	넉 사:	三 → 三四 → 四		四物(사물) 四書(사서)	일본 四
	콧물이 갈라져 나오는 모양이나, 숫자 넷에서 '넉'을 뜻한다.						

진흥 6급 검정 8급		8급				西海(서해)	西 / 중국
西		襾부 총6획	서녘 서	卤 ◊ → ◊ ◊ → 卤		西方(서방) 西向(서향)	일본 西
	대소쿠리나 새둥지 모양(卤)으로, 서쪽인 '서녘'으로 쓰인다.						

		6급				韓醫(한의)	医 / 중국
醫		酉부 총18획	의원 의	医 → 醫		醫藥(의약) 名醫(명의)	일본 医
	상자(匚)의 침(矢)과 수술 칼(殳), 소독용 술(酉)을 지닌 '의원'을 뜻한다.						

진흥 8급 검정 8급		8급				五色(오색)	五 / 중국
五		二부 총4획	다섯 오:	✕ → ✕ ✕ → ✕		五音(오음) 五目(오목)	일본 五
	물건이 교차한(✕·✕) 중간에서 숫자 중간인 '다섯'을 뜻한다.						

			갑문 — 금문 — 소전			중국

語

| 7급 | | | | 國語(국어) | 중국 语 |
| 言부 총14획 | 말씀 어: | 言壴言壴 → 語 | | 英語(영어) 言語(언어) | 일본 語 |

나에게 말(言)로 자신(吾)의 의견을 말해주는 '말씀'을 뜻한다.

六

| 8급 | | | | 六書(육서) | 중국 六 |
| 八부 총4획 | 여섯 륙 | ∧介 → 介 → 凸 | | 六親(육친) 六月(유월) | 일본 六 |

지붕(亠)과 육 면으로 나뉘어(八) 쌓인 집에서 '여섯'을 뜻한다.

七

| 8급 | | | | 七言(칠언) | 중국 七 |
| 一부 총2획 | 일곱 칠 | ╂╂ → ╂╂ → 七 | | 七音(칠음) 七夕(칠석) | 일본 七 |

물건(一)을 자름(ㅣ=ㄴ)으로, 음이 같아 '칠' '자름'을 뜻한다.

八

| 8급 | | | | 八方(팔방) | 중국 八 |
| 八부 총2획 | 여덟 팔 | 丿( )(→ ハ儿 → 八 | | 八道(팔도) 八月(팔월) | 일본 八 |

양쪽으로 '나누어(丿)( )' 분별함을 뜻하며, 숫자로 '팔'을 뜻한다.

分

| 6급 | | | | 分家(분가) | 중국 分 |
| 刀부 총4획 | 나눌 분(ː) | ㅐ丬 → 刈 → 屴 | | 分校(분교) 分業(분업) | 일본 分 |

나누어(八) 칼(刀)로 쪼개는 데서 '나누다' '구별하다'를 뜻한다.

九

| 8급 | | | | 九重(구중) | 중국 九 |
| 乙부 총2획 | 아홉 구 | 乁九 → 乁九 → 九 | | 九國(구국) 九春(구춘) | 일본 九 |

팔이나 물체가 많이 굽어짐에서, 숫자의 많은 끝인 '아홉'을 뜻한다.

十

| 8급 | | | | 十字(십자) | 중국 十 |
| 十부 총2획 | 열 십 | ㅣ → 十 → 十 | | 十里(십리) 十目(십목) | 일본 十 |

가로줄(ㅣ)이나 나무 중간을 묶어(丶=一) '십'의 단위로 쓰인다.

속담 : 양지가 음지되고 음지가 양지된다.

한자성어 : 塞翁之馬 (새옹지마)

3급	3급	3급Ⅱ	5급

⇨ 塞 변방 새 翁 늙은이 옹 之 갈 지 馬 말 마
　새옹의 말. 옛날 한 노인이 말을 얻고 잃으면서 겪은 고사에서 온 말이다.

● 인생의 길흉화복은 항상 바뀌어 미리 헤아릴 수 없음.

🐰 단어익히기

· **名勝**(명승)　경관이 뛰어난 이름난 곳.

· **一等**(일등)　첫째 등급.

· **二世**(이세)　외국에서 낳은 자녀로 그 나라 시민권이 있는 사람. 다음 세대.

· **西海**(서해)　서쪽 바다.

· **醫藥**(의약)　의료에 쓰는 약품. 의술과 약품.

· **五音**(오음)　궁(宮), 상(商), 각(角), 치(緻), 우(羽)의 다섯 음률.

· **六親**(육친)　부(父), 모(母), 형(兄), 제(弟), 처(妻), 자(子).

· **七夕**(칠석)　명절의 하나. 음력 칠월 초이렛날의 밤.

· **分校**(분교)　본교 소재지 이외의 지역에 따로 분설한 학교.

· **十字**(십자)　'열십자'의 모양을 한 것.

한자로 써 보는 우리 나라의
주요 국경일(國慶日) 및 기념일(記念日)

✛ 一月 一日(1월 1일) : 新正(신정)	✛ 七月 十七日(7월 17일) : 制憲節(제헌절)
✛ 一月 一日(1월 1일-음력) : 舊正(구정)	✛ 八月 十五日(8월 15일) : 光復節(광복절)
✛ 三月 一日(3월 1일) : 三一節(삼일절)	✛ 八月 十五日(8월 15일-음력) : 秋夕(추석)
✛ 四月 五日(4월 5일) : 植木日(식목일)	✛ 十月 三日(10월 3일) : 開天節(개천절)
✛ 四月 八日(4월 8일-음력) : 釋迦誕辰日(석가탄신일)	✛ 十二月 二十五日(12월 25일) : 聖誕節(성탄절)
✛ 六月 六日(6월 6일) : 顯忠日(현충일)	

1 다음 漢字의 訓과 音을 쓰세요.

(1) 勝 [　　　　]　(2) 醫 [　　　　]　(3) 分 [　　　　]

(4) 一 [　　　　]　(5) 二 [　　　　]　(6) 三 [　　　　]

(7) 四 [　　　　]　(8) 五 [　　　　]　(9) 六 [　　　　]

(10) 七 [　　　　]　(11) 八 [　　　　]　(12) 九 [　　　　]

(13) 十 [　　　　]　(14) 語 [　　　　]　(15) 西 [　　　　]

2 다음 漢字語의 讀音을 쓰세요.

(1) 西方 [　　]　(2) 分家 [　　]　(3) 勝利 [　　]

(4) 名醫 [　　]　(5) 國語 [　　]　(6) 一生 [　　]

(7) 二世 [　　]　(8) 十里 [　　]　(9) 六書 [　　]

(10) 九重 [　　]　(11) 三月 [　　]　(12) 五色 [　　]

(13) 四書 [　　]　(14) 七夕 [　　]　(15) 八道 [　　]

3 다음 漢字와 뜻이 비슷한 漢字를 골라 그 번호를 쓰세요.

(1) 文 (　　) : ① 畫　　② 章　　③ 答　　④ 形

(2) 安 (　　) : ① 全　　② 間　　③ 和　　④ 氣

4 다음의 記念日을 例와 예와 같이 音을 쓰세요.

例
(예)　4월 5일(植木日) ⇨ [식목일]

(1) 8월 15일(光復節) ⇨ [　　　]

(2) 7월 17일(制憲節) ⇨ [　　　]

5 다음 訓과 音에 맞는 漢字를 쓰세요.

(1) 서녘 서 ☐   (2) 이길 승 ☐   (3) 의원 의 ☐

(4) 말씀 어 ☐   (5) 나눌 분 ☐   (6) 한 일 ☐

(7) 두 이 ☐   (8) 석 삼 ☐   (9) 넉 사 ☐

(10) 다섯 오 ☐   (11) 여섯 륙 ☐   (12) 일곱 칠 ☐

(13) 여덟 팔 ☐   (14) 아홉 구 ☐   (15) 열 십 ☐

6 다음 밑줄 친 漢字語를 큰 소리로 읽고 漢字로 써 보세요. (17과 활용 단어)

(1) 내 친구 재식이는 재일 동포 <u>이세</u>입니다. ·················· ( )

(2) 가로등 없는 시골길은 <u>사방</u>이 칠흑같이 어둡습니다. ········· ( )

(3) <u>언어</u>는 의사 표현 수단의 하나입니다. ·················· ( )

(4) 음력 7월 7일은 <u>칠석</u>날입니다. ·················· ( )

(5) <u>십리</u> 정도 떨어진 곳에 학교가 있습니다. ·················· ( )

言語 七夕 二世 四方 十里

7 다음 四字成語의 ( )안에 알맞은 漢字를 쓰세요.

(1) ( )不成說   (2) 三三( )五

(3) ( )牛一毛   (4) ( )書三經

8 다음 漢字의 筆順을 밝히세요.

(1) 西자의 삐침(丿)은 몇 번째로 쓰는 지 번호로 답하세요.   ( )

(2) 四 자의 쓰는 순서가 올바른 것을 고르세요.   ( )

㉮ 1-2-4-5-3   ㉯ 1-3-2-4-5
㉰ 2-1-3-4-5   ㉭ 2-4-5-1-3

⊕ 사자성어

三三五五 (삼삼오오) 서너 사람 또는 대여섯 사람이 떼를 지어 다니거나 무슨 일을 함.

語不成說 (어불성설) 말이 되지 않음. 말이 조금도 사리에 맞지 않음.
　　　　　　　　　說(말씀 설)→5급

九牛一毛 (구우일모) 많은 가운데 섞인 아주 적은 것을 비유하는 말. 毛(털 모)→4급

四書三經 (사서삼경) 사서(논어, 맹자, 중용, 대학)와 삼경(시경, 서경, 역경)을 이르는
　　　　　　　　　말. 經(글/지날 경)→4급

⊕ 고사성어

泰山北斗 (태산북두) ▶▶▶ 泰(클 태) 山(메 산) 北(북녘 북) 斗(별이름 두)

태산과 북두칠성으로, 어떤 분야의 일인자나 최고 권위자를 가리킴.

중국 당나라 때의 문학가이자 사상가인 한유는 이백, 두보, 백거이와 함께 당나라를 대표하는 4대 시인 중의 한 사람이었다. 당송팔대가로 꼽히는 중국 제일의 문장가이기도 했다. 한유는 25세에 벼슬길에 올라 순탄치 못한 벼슬살이를 하고, 57세의 나이로 죽었다.

하지만 한유는 순탄치 못했던 벼슬살이와는 달리 학문적으로는 뚜렷한 업적을 남겼다. 그는 당시 절친한 친구인 유종원과 고문 부흥 운동을 제창하여, 중국 산문 문체의 표준을 만들었다. 또한 도교와 불교를 배격하고 유가의 사상을 존중하여 공자 이래의 유학을 왕성하게 하는 데 힘써 그 결과 후학들로부터 존경과 찬사를 받게 되었다.

당서(唐書)〈한유전(韓愈傳)〉에는 한유에 대해 이렇게 평하고 있다.

"당나라가 홍성한 이래 한유는 춘추시대의 여섯 가지 경서인 육경(六經)을 가지고 여러 학자들의 스승이 되었다. 한유가 죽은 뒤 그의 학문은 더욱 번성했으며, 학자들은 그를 태산북두처럼 우러러 보게 되었다."

출전 「당서(唐書)」

갑문	금문	소전

計

| 6급 / 言부 총9획 | 셀 계: | 甲문→金문→소전 | | 生計(생계) 大計(대계) 計算(계산) | 중국 计 / 일본 計 |

말(言)로 수를 완전히(十) 헤아리는 데서 '세다' '꾀'를 뜻한다.

南

진흥 6급 / 검정 8급

| 8급 / 十부 총9획 | 남녘 남 | | | 南部(남부) 正南(정남) 南風(남풍) | 중국 南 / 일본 南 |

남쪽에 두던 악기(甬·봉) 모양에서 '남쪽'을 뜻한다.

千

진흥 7급 / 검정 6급

| 7급 / 十부 총3획 | 일천 천 | | | 千年(천년) 千里(천리) 千代(천대) | 중국 千 / 일본 千 |

사람(亻)을 일(一)렬로 세운 많은 사람에서 '천'을 뜻한다.

不

| 7급 / 一부 총4획 | 아닐 불 / 아닐 부 | | | 不發(불발) 不足(부족) 不同(부동) | 중국 不 / 일본 不 |

땅(一) 아래 뿌리(小)에서 아직 싹이 트지 '아니함'을 뜻한다.

上

진흥 8급 / 검정 7급

| 7급 / 一부 총3획 | 윗 상: | | | 上席(상석) 上級(상급) 上空(상공) | 중국 上 / 일본 上 |

기준선(一) 보다 위(卜)에 있음에서 '위'를 나타낸다.

下

진흥 8급 / 검정 7급

| 7급 / 一부 총3획 | 아래 하: | | | 下山(하산) 下水(하수) 下人(하인) | 중국 下 / 일본 下 |

기준선(一) 보다 아래(卜)에 있음에서 '아래'를 나타낸다.

民

| 8급 / 氏부 총5획 | 백성 민 | | | 民生(민생) 民族(민족) 民間(민간) | 중국 民 / 일본 民 |

눈을 찔린(甲·민) '노예'에서 서민 '백성'을 뜻한다.

紙

| 7급 / 糸부 총10획 | 종이 지 | | | 休紙(휴지) 紙物(지물) 便紙(편지) | 중국 纸 / 일본 紙 |

천(糸)이나 나무뿌리(氏) 등으로 만들던 '종이'를 뜻한다.

			갑문 — 금문 — 소전			중국 / 일본
消	6급 水부 총10획	사라질 소			消失(소실) 消火(소화) 消日(소일)	중국 消 일본 消
	물(氵)이 줄어 **작아지듯**(肖) 물체가 점차 '**사라짐**'을 뜻한다.					
小	8급 小부 총3획	작을 소:	从 八 → ㆍㆍ 八 → 川		小人(소인) 小心(소심) 小生(소생)	중국 小 일본 小
	작은 물건(八)을 뜻하며, '**작고**' '**적음**'을 뜻한다.					
少	7급 小부 총4획	적을 소:	小 → 小 → 少		少女(소녀) 多少(다소) 少年(소년)	중국 少 일본 少
	작은 물건(小)이 흩어진 **모양**(小)에서, 少는 '**적다**'를 뜻한다.					
省	6급 目부 총9획	살필 성 덜 생	屮 → 古 → 省		自省(자성) 反省(반성) 省文(생문)	중국 省 일본 省
	작은 싹(屮=少)을 **눈**(目)으로 '**살핌**'에서 '**덜다**'를 뜻한다.					
飮	6급 食부 총13획	마실 음:	畱 → 畱 → 飮		米飮(미음) 飮食(음식) 飮用(음용)	중국 饮 일본 飮
	음식(食=畠)을 **입 벌려**(欠) 씹지 않고 먹는 데서 '**마심**'을 뜻한다.					
生	8급 生부 총5획	날 생	生 → 生 → 生		生命(생명) 生氣(생기) 生日(생일)	중국 生 일본 生
	초목(屮=牛)이 **땅**(一)에서 싹터 자람에서 '**낳다**' '**살다**'를 뜻한다.					
姓	7급 女부 총8획	성 성:	生 → 姓 → 姓		姓名(성명) 同姓(동성) 百姓(백성)	중국 姓 일본 姓
	모계사회 때, **여자**(女)가 **낳은**(生) 아이의 '**성씨**'를 뜻한다.					

🐑 **속담** : 우물 안 개구리.

🐑 **한자성어** : 井底之蛙 (정저지와)

　　　　3급Ⅱ　　　4급　　3급Ⅱ　　급외

⇨ 井 우물정 底 밑저 之 갈지 蛙 개구리 와
　우물 밑에 개구리.

🔹 견문이 좁아 넓은 세상
　의 사정을 모름을 비유
　함.

단어익히기

- 計算(계산) 셈을 헤아림.
- 南風(남풍) 남쪽에서 불어오는 바람.
- 不發(불발) 떠나지 않음. 탄환, 폭탄 등이 안 터짐.
- 民間(민간) 일반 국민의 사회.
- 紙物(지물) 종이의 총칭.
- 小人(소인) 나이 어린 사람.
- 少女(소녀) 아직 완전히 성숙하지 않은 여자 아이.
- 反省(반성) 자기의 언행·생각 따위의 옳고 그름을 깨닫기 위해 스스로를 돌이켜 살핌.
- 生命(생명) 목숨. 사물을 유지하는 기한.
- 同姓(동성) 같은 성. 성씨가 같음.

유의자

- 計算(계산) : 計(셀 계) = 算(셈 산)
- 消失(소실) : 消(사라질 소) = 失(잃을 실)

반대자

- 上下(상하) : 上(윗 상) ↔ 下(아래 하)
- 南北(남북) : 南(남녘 남) ↔ 北(북녘 북)
- 生死(생사) : 生(날 생) ↔ 死(죽을 사)

1 다음 漢字의 訓과 音을 쓰세요.

(1) 小 [　　　]　　(2) 少 [　　　]　　(3) 計 [　　　]

(4) 上 [　　　]　　(5) 下 [　　　]　　(6) 南 [　　　]

(7) 生 [　　　]　　(8) 姓 [　　　]　　(9) 省 [　　　]

(10) 千 [　　　]　　(11) 民 [　　　]　　(12) 飮 [　　　]

(13) 紙 [　　　]　　(14) 消 [　　　]　　(15) 不 [　　　]

2 다음 漢字語의 讀音을 쓰세요.

(1) 飮食 [　　]　　(2) 千代 [　　]　　(3) 姓名 [　　]

(4) 上空 [　　]　　(5) 正南 [　　]　　(6) 小心 [　　]

(7) 下山 [　　]　　(8) 反省 [　　]　　(9) 大計 [　　]

(10) 不同 [　　]　　(11) 民間 [　　]　　(12) 紙物 [　　]

(13) 生氣 [　　]　　(14) 消失 [　　]　　(15) 多少 [　　]

3 다음 漢字와 음이 같은 漢字를 골라 그 번호를 쓰세요.

(1) 下 (　　) : ① 花　　　② 夏　　　③ 江　　　④ 村

(2) 手 (　　) : ① 待　　　② 童　　　③ 樹　　　④ 有

4 다음 漢字語의 뜻을 쓰세요.

(1) 姓名 : (　　　　　　　　　　　　　　　　)

(2) 少女 : (　　　　　　　　　　　　　　　　)

(3) 消火 : (　　　　　　　　　　　　　　　　)

5 다음 訓과 音에 맞는 漢字를 쓰세요.

(1) 사라질 소 ☐ (2) 날 생 ☐ (3) 셀 계 ☐

(4) 종이 지 ☐ (5) 살필 성 ☐ (6) 윗 상 ☐

(7) 성 성 ☐ (8) 남녘 남 ☐ (9) 작을 소 ☐

(10) 마실 음 ☐ (11) 백성 민 ☐ (12) 아래 하 ☐

(13) 적을 소 ☐ (14) 아닐 불 ☐ (15) 일천 천 ☐

6 다음 밑줄 친 漢字語를 큰 소리로 읽고 漢字로 써 보세요. (18과 활용 단어)

(1) 남극은 지구 <u>남방</u>의 끝입니다. ··· ( )

(2) 자기의 잘못은 <u>반성</u>하고 꼭 고쳐야 합니다. ······················· ( )

(3) 눈을 뚫고 피어나는 풀꽃에서 강인한 <u>생명</u>력을 느낍니다. ····· ( )

(4) <u>천하</u>장사를 뽑는 씨름 경기는 재미 있습니다. ····················· ( )

(5) 답안지를 받으면 먼저 <u>성명</u>과 수험번호를 써야 합니다. ······· ( )

(6) 소년<u>소녀</u> 가장을 보면 새삼 부모님의 고마움을 느낍니다. ···· ( )

反省 姓名 生命 少女 南方 天下

7 다음 四字成語의 ( ) 안에 알맞은 漢字를 쓰세요.

(1) 男女老( ) (2) 不遠( )里

(3) 天( )第一 (4) 九死一( )

8 다음 漢字의 筆順을 밝히세요.

(1) 少자의 丿획은 몇 번째로 쓰는 지 번호로 답하세요. ( )

(2) ☐生☐ 자에서 3번 획은 몇 번째로 쓰는 지 번호로 답하세요.

( )

✚ 사자성어

九死一生 (구사일생)	여러 차례 죽을 고비를 넘기고 살아남.
男女老少 (남녀노소)	남자와 여자, 늙은이와 젊은이란 뜻으로, 모든 사람을 이르는 말.
天下第一 (천하제일)	세상에 견줄 만한 것이 없이 최고임.
不遠千里 (불원천리)	천리를 멀다 여기지 아니함.

✚ 고사성어

破竹之勢(파죽지세) ▶▶▶ 破(깨뜨릴 파) 竹(대나무 죽) 之(갈 지) 勢(형세 세)

대나무를 쪼개는 기세라는 뜻으로, 맹렬한 기세를 비유함.

진나라의 무제 때의 일이다. 당시 진나라와 오나라는 서로 대립하여 누가 중국을 통일할 것인지 다투고 있었다. 진나라에는 두예라는 사람이 있었는데, 그는 대장군이 되자마자 오나라를 치자고 건의했다. 몇몇 장수들은 무모한 계획이라며 두예의 의견에 반대했지만 결국 무제는 두예의 말대로 오나라를 쳐들어갔다.

진나라는 오나라의 무창땅을 빼앗고 오나라를 일격에 공략할 회의를 열었다.

이 때 한 장수가 이렇게 건의했다.

"지금 당장 오나라를 공격하는 것은 무리입니다. 이제 곧 우기가 닥쳐 강물이 넘칠 것이며, 강물이 넘치면 전염병이 언제 발생할지 모릅니다. 일단 철수한 후 다시 공격하는 것이 좋을 듯 싶습니다."

그러자 두예가 고개를 내저으며 단호하게 말했다.

"지금 우리 군대의 사기는 마치 대나무를 쪼개는 것과 같은 기세입니다. 대나무는 처음 두세 마디만 쪼개면 그 다음부터는 칼날이 닿기만 해도 저절로 쪼개지는 법입니다. 이 기회에 천하를 통일해야만 합니다."

결국 두예의 말에 따라 오나라를 공격하여 도읍인 건업을 함락시켰다.

출전 「진서(晉書)〈두예전(杜預傳)〉」

	갑문 → 금문 → 소전		

						중국
진흥 6급	正	7급 止부 총5획	바를 정(ː)	正直(정직) 正答(정답) 公正(공정)	正 / 일본 正
		잘못된 나라(口=一)를 발(止)로 나아가 '바르게' 함을 뜻한다.			
	定	6급 宀부 총8획	정할 정ː	定式(정식) 定時(정시) 安定(안정)	중국 定 / 일본 定
		물건이 집(宀)안에 바르게(正=疋) 정리되어 '정함'을 뜻한다.			
진흥 7급 / 검정 7급	足	7급 足부 총7획	발 족	足球(족구) 手足(수족) 四足(사족)	중국 足 / 일본 足
		무릎(口)부터 발(止)까지의 '발', 발이 머문 '만족'을 뜻한다.			
	題	6급 頁부 총18획	제목 제	題目(제목) 問題(문제) 出題(출제)	중국 題 / 일본 題
		사람의 바른(是) 머리(頁) 부분 '이마'나, 책의 이마인 '제목'.			
검정 6급	先	8급 儿부 총6획	먼저 선	先頭(선두) 先生(선생) 先天(선천)	중국 先 / 일본 先
		발(止=土)이 먼저 앞서간(之) 사람(儿)에서 '먼저'를 뜻한다.			
	登	7급 癶부 총12획	오를 등	登場(등장) 登用(등용) 登山(등산)	중국 登 / 일본 登
		두 발(癶)로 제기(豆)를 들고 제단에 '오름'을 뜻한다.			
	發	6급 癶부 총12획	필 발	發電(발전) 發生(발생) 出發(출발)	중국 发 / 일본 發
		두 발(癶=癶)로 딛고(發) 활(弓)이나 창(殳)을 '쏨'에서 '핌'을 뜻한다.			
	冬	7급 冫부 총5획	겨울 동(ː)	立冬(입동) 冬服(동복) 冬夜(동야)	중국 冬 / 일본 冬
		실의 양 끝으로, 끝에 뒤쳐오는(夂) 꽁꽁 어는(冫) '겨울'을 뜻한다.			

			갑문 — 금문 — 소전			중국
後	7급 彳부 총9획	뒤 후:	系系 → 後後 → 後		後門(후문) 後食(후식) 後孫(후손)	后
						일본
						後
	걷는(彳)데 발이 끈(糸=幺)에 묶여 뒤처짐(夊)에서 '뒤'를 뜻한다.					
室	8급 宀부 총9획	집 방 실	→ → 室		室內(실내) 敎室(교실) 畵室(화실)	중국 室 일본 室
	집(宀)안에 이르러(至) 쉬는 방에서 '집' '방' '아내'를 뜻한다.					
自	7급 自부 총6획	스스로 자	→ → 自		自然(자연) 自動(자동) 自信(자신)	중국 自 일본 自
	'코'의 모양이나, '스스로' 코를 가리키며 '자기'를 나타냄.					
祖	7급 示부 총10획	할아비 조	→ → 祖		祖國(조국) 祖上(조상) 祖父(조부)	중국 祖 일본 祖
	제단(示)에 고기를 쌓아(且) '조상' '할아버지'께 제사함.					
直	7급 目부 총8획	곧을 직	→ → 直		正直(정직) 直行(직행) 直球(직구)	중국 直 일본 直
	곧은(ㅣ=十) 도구를 눈(目)에 대고 직각(ㄴ)으로 '곧게' 그림.					
植	7급 木부 총12획	심을 식	→ 植		植物(식물) 植木(식목) 植樹(식수)	중국 植 일본 植
	나무(木)를 곧게(直) 세워두거나, 심는 데서 '심다'를 뜻한다.					
前	7급 刀부 총9획	앞 전	→ → 前		前面(전면) 前後(전후) 生前(생전)	중국 前 일본 前
	제사 전에 발(止=ㅛ)을 그릇(舟)에 '먼저' 씻음에서 '앞'을 뜻한다.					

🐑 **속담** : 팔은 안으로 굽는다.

🐑 **한자성어** : 臂不外曲 (비불외곡)

　　1급　　　　　　　　5급
⇨ 臂 팔 비　不 아닐 불　外 바깥 외　曲 굽을 곡
　팔은 밖으로 굽지 않는다.

○ 팔이 자기쪽으로 굽듯이 누구나 가까운 사람에게 정이 더 가는 것을 뜻함.

단어익히기

- 正答(정답) 옳은 답.
- 足球(족구) 발로 공을 차거나 다루는 놀이.
- 題目(제목) 겉장에 쓴 책의 이름. 글의 제목.
- 登場(등장) 무대나 연단 위에 나타남.
- 發生(발생) 어떤 현상이 일어남. 어떤 것이 새로 생겨남.
- 冬服(동복) 겨울옷.
- 室內(실내) 방안.
- 自動(자동) 스스로 움직임.
- 祖國(조국) 조상 때부터 대대로 살아온 나라.
- 直行(직행) 도중에서 지체하지 않고 목적지로 바로 감.

유의자

- 正直(정직) : 正(바를 정) = 直(곧을 직)
- 室堂(실당) : 室(집 실) = 堂(집 당)

반대자

- 前後(전후) : 前(앞 전) ↔ 後(뒤 후)
- 先後(선후) : 先(먼저 선) ↔ 後(뒤 후)
- 祖孫(조손) : 祖(할아비 조) ↔ 孫(손자 손)

1 다음 漢字의 訓과 음을 쓰세요.

(1) 前 [ ] (2) 正 [ ] (3) 後 [ ]

(4) 祖 [ ] (5) 足 [ ] (6) 室 [ ]

(7) 自 [ ] (8) 直 [ ] (9) 定 [ ]

(10) 植 [ ] (11) 先 [ ] (12) 冬 [ ]

(13) 登 [ ] (14) 發 [ ] (15) 題 [ ]

2 다음 漢字語의 讀音을 쓰세요.

(1) 冬服 [ ] (2) 手足 [ ] (3) 前面 [ ]

(4) 公正 [ ] (5) 後孫 [ ] (6) 自然 [ ]

(7) 直行 [ ] (8) 登山 [ ] (9) 問題 [ ]

(10) 畫室 [ ] (11) 定式 [ ] (12) 發生 [ ]

(13) 祖國 [ ] (14) 植物 [ ] (15) 先頭 [ ]

3 다음 漢字와 뜻이 반대되는 漢字를 골라 그 번호를 쓰세요.

(1) 前 ( ) : ① 朝   ② 後   ③ 永   ④ 安

(2) 生 ( ) : ① 王   ② 安   ③ 美   ④ 死

4 다음 뜻을 가진 漢字語를 쓰세요.

例
(예)   태어난 날 ⇨ [生日]

(1) 손과 발 ⇨ [ ]

(2) 옳은 답 ⇨ [ ]

5 다음 訓과 音에 맞는 漢字를 쓰세요.

(1) 오를 등 ☐　　(2) 할아비 조 ☐　　(3) 앞 전 ☐

(4) 바를 정 ☐　　(5) 겨울 동 ☐　　(6) 필 발 ☐

(7) 정할 정 ☐　　(8) 스스로 자 ☐　　(9) 집 실 ☐

(10) 곧을 직 ☐　　(11) 발 족 ☐　　(12) 뒤 후 ☐

(13) 심을 식 ☐　　(14) 먼저 선 ☐　　(15) 제목 제 ☐

6 다음 밑줄 친 漢字語를 큰 소리로 읽고 漢字로 써 보세요. (19과 활용 단어)

(1) <u>정직</u>이 최선의 방도입니다. ⋯⋯⋯⋯⋯⋯⋯ (　　　　)

(2) 방학 과제 논술 <u>제목</u>은 '자연 보호'입니다. ⋯⋯ (　　　　)

(3) 과학 <u>선생</u>님은 실험실에 계십니다. ⋯⋯⋯⋯⋯ (　　　　)

(4) 우리 가족은 이번 주말에 <u>등산</u>을 할 예정입니다. ⋯ (　　　　)

(5) 졸업은 끝이 아니라 새로운 <u>출발</u>입니다. ⋯⋯⋯ (　　　　)

(6) 빈 <u>교실</u>을 이용하여 휴게실을 만들었습니다. ⋯ (　　　　)

┌─────────────────────────────────┐
│ 先生　題目　出發　登山　教室　正直 │
└─────────────────────────────────┘

7 다음 四字成語의 (　) 안에 알맞은 漢字를 쓰세요.

(1) 會者(　　)離　　　　(2) (　　)高自卑

(3) 百(　　)百中　　　　(4) 公明(　　)大

8 다음 漢字의 筆順을 밝히세요.

(1) 先자의 위의 ㅣ획은 몇 번째로 쓰는 지 번호로 답하세요.

난이도 ▓▓▓▓

(　　　　)

(2) 足자의 삐침(ノ)은 몇 번째로 쓰는 지 번호로 답하세요. (　　　　)

난이도 ▓▓▓▓

한자성어 19

✚ 사자성어

百發百中 (백발백중)	백 번 쏘아 백 번 맞힌다는 뜻으로, 총이나 활 따위를 쏠 때마다 겨눈 곳에 다 맞음을 이르는 말.
會者定離 (회자정리)	만나면 언젠가는 헤어진다는 말. 離(떠날 리)→4급
公明正大 (공명정대)	하는 일이나 행동이 사사로움이 없이 떳떳하고 바름.
登高自卑 (등고자비)	'높이 오르려면 낮은 곳에서부터'라는 뜻으로, 일을 함에는 그 차례가 꼭 필요하다는 말. 卑(낮을 비)→3급

✚ 고사성어

狐假虎威 (호가호위) ▶▶▶ 狐(여우 호)¹급 假(빌릴 가)⁴급Ⅱ 虎(범 호)³급Ⅱ 威(위엄 위)⁴급

여우가 호랑이의 위엄을 빌린다는 뜻으로, 남의 권세를 빌려 허세 부리는 것을 일컬음.

초나라 선왕 때의 일이다. 위나라 강을이라는 사람은 초나라에 사신으로 왔다가 귀화한 사람이다. 하루는 초나라 선왕이 그에게 물었다.

"위나라는 우리 나라의 재상 소해휼을 겁낸다는데 사실이오?"

그러자 평소 소해휼을 시기하던 강을은 이렇게 말했다.

"아닙니다. 어찌 일개 재상에 불과한 소해휼을 두려워하겠습니까? 폐하, 혹시 호가호위란 말을 들어보셨습니까?"

선왕이 고개를 내젓자 강을은 말을 이었다.

"옛날에 호랑이에게 잡힌 여우가 이렇게 말했습니다. '나는 하늘나라 옥황상제께서 이 산속의 왕으로 만들었는데, 만약 나를 해치면 천벌을 받게 될 것이다. 만약 내 말이 믿기지 않는다면 내가 앞장설 테니 내 뒤를 따라와 보게. 나를 보고 달아나지 않는 짐승은 한 마리도 없을 것이다.' 그래서 호랑이는 여우 뒤를 따라가 보았습니다. 여우 말대로 모든 짐승들이 여우를 보고 달아났다고 합니다. 호랑이는 짐승들이 여우가 아닌 자기를 보고 달아난 줄을 몰랐던 것입니다. 이와 마찬가지로 북방의 여러 나라들이 두려워하는 것은 소해휼이 아니라 그 뒤에 있는 임금님의 강한 군사력입니다."

출전 「전국책(戰國策) 〈책초(楚策)〉」

			갑문	금문	소전				
진흥 6급 **검정 7급**	靑	8급 靑부 총8획	푸를 청		靑 → 靑		靑年(청년) 靑春(청춘) 靑色(청색)	중국 靑 일본 靑	
		푸르게 **자라는(生=生) 우물(井=円)**엽 초목에서 '**푸름**'을 뜻한다.							
	淸	6급 水부 총11획	맑을 청		淸 → 淸		淸音(청음) 淸明(청명) 淸江(청강)	중국 淸 일본 淸	
		물(氵)이 **푸르고(靑)** 깨끗함에서 '**맑다**'를 뜻한다.							
	讀	6급 言부 총22획	읽을 독 구절 두		讀		讀書(독서) 讀者(독자) 多讀(다독)	중국 读 일본 読	
		말(言)의 뜻이 **통하게(賣=賣)** '**읽음**'.							
	風	6급 風부 총9획	바람 풍		風 → 風 → 風		淸風(청풍) 風向(풍향) 海風(해풍)	중국 风 일본 風	
		바람에 민감한 배의 **돛(凡)**과 **벌레(虫)**에서 '**바람**'을 뜻한다.							
	算	7급 竹부 총14획	셈 산:		算 → 算		算數(산수) 算出(산출) 計算(계산)	중국 算 일본 算	
		댓가지(竹)로 **눈(目)**을 만들어 **두 손(廾)**으로 '**셈**'함을 뜻한다.							
	度	6급 广부 총9획	법도 도: 헤아릴 탁		度 → 度		角度(각도) 速度(속도) 度地(탁지)	중국 度 일본 度	
		집(广)에 **많은(廿) 여러(庶)** 사람이 **손(又)**으로 '**헤아린**' '**법도**'.							
	席	6급 巾부 총10획	자리 석		席 → 席 → 席		立席(입석) 合席(합석) 出席(출석)	중국 席 일본 席	
		집(广)에 **많은(廿)** 사람이 앉는 **천(巾)**으로 만든 '**자리**'를 뜻한다.							
진흥 8급 **검정 8급**	火	8급 火부 총4획	불 화(:)	火 → 火 → 火			火山(화산) 火急(화급) 火力(화력)	중국 火 일본 火	
		불이 타오르는 **모습(火·火·火)**으로 '**불**'을 뜻한다.							

		갑문	금문	소전			중국
心	7급 / 心부 총4획	마음 심	♡ → →			中心(중심) 孝心(효심) 心身(심신)	心
							일본 心
	심장 모양을 본떠 만든 글자로, '**마음**' '**생각**' 등을 뜻한다.						
號	6급 / 虍부 총13획	이름 호:				國號(국호) 番號(번호) 信號(신호)	중국 号
							일본 号
	입(口)을 크게(丂) 벌린 범(虎)처럼 '**이름**'을 크게 '**부름**'을 뜻함.						
萬	8급 / 艸부 총13획	일만 만:		→ →		萬物(만물) 萬里(만리) 萬民(만민)	중국 万
							일본 万
	'**전갈**'의 집게(艹)·몸통(田)·긴 꼬리(内)로 많은 수에서 '**만**'을 뜻함.						
山	8급 / 山부 총3획	메 산	山 → → 山			山水(산수) 山川(산천) 登山(등산)	중국 山
							일본 山
	세 개의 산봉우리가 뚜렷한 '**산**'(山·山)을 뜻한다.						
業	6급 / 木부 총13획	업 업	→ →			作業(작업) 本業(본업) 家業(가업)	중국 业
							일본 業
	요철을 복잡하게(丵) 만든 나무(木) 도구 여러 '**일**'을 함.						
對	6급 / 寸부 총14획	대할 대:	→ →			對話(대화) 對面(대면) 對答(대답)	중국 对
							일본 対
	도구(丵)를 땅(一)에서 손(寸)으로 안면에 '**대하고**' 듦을 뜻한다.						
數	7급 / 攴부 총15획	셈 수: 자주 삭 촘촘할 촉	→			數學(수학) 分數(분수) 多數(다수)	중국 数
							일본 数
	쌓인 여러(婁) 물건을 치며(攵) 수를 '**세는**' 데서 '**셈**'을 뜻한다.						

🦔 **속담** : 먼저 먹는 놈이 장땡이다.

🦔 **한자성어** : 先則制人 (선즉제인)
　　　　　　　　 준4급
　　　⇨ 先 먼저 선　則 곧 즉　制 누를 제　人 사람 인
　　　　남보다 먼저 일을 도모하면 능히 남을 누를 수 있다.

◐ 아무도 하지 않는 일을 남보다 앞서 하면 유리함을 이르는 말.

단어익히기

- 靑春(청춘)　　새싹이 돋는 봄철. 젊은 나이.
- 淸音(청음)　　맑고 깨끗한 음성.
- 讀書(독서)　　책을 읽음.
- 海風(해풍)　　해상에서 부는 바람.
- 角度(각도)　　각의 크기.
- 火山(화산)　　땅 속의 마그마가 땅 밖으로 나와 퇴적하여 이루어진 산.
- 萬物(만물)　　세상에 있는 모든 물건.
- 山水(산수)　　자연의 경치. 산에서 흘러내리는 물.
- 本業(본업)　　그 사람의 주된 직업.
- 對答(대답)　　묻는 말에 답함. 부름에 응함.

유의자

- 算數(산수) : 算(셈 산)　　＝　　數(셈 수)

반대자

- 心身(심신) : 心(마음 심)　　↔　　身(몸 신)
- 山川(신천) : 山(메 산)　　↔　　川(내 천)
- 山水(산수) : 山(메 산)　　↔　　水(물 수)

1 다음 漢字의 訓과 音을 쓰세요.

(1) 數 ［　　　］　(2) 火 ［　　　］　(3) 席 ［　　　］

(4) 靑 ［　　　］　(5) 心 ［　　　］　(6) 度 ［　　　］

(7) 業 ［　　　］　(8) 淸 ［　　　］　(9) 號 ［　　　］

(10) 山 ［　　　］　(11) 讀 ［　　　］　(12) 風 ［　　　］

(13) 算 ［　　　］　(14) 萬 ［　　　］　(15) 對 ［　　　］

2 다음 漢字語의 讀音을 쓰세요.

(1) 計算 ［　］　(2) 登山 ［　］　(3) 心身 ［　］

(4) 靑春 ［　］　(5) 國號 ［　］　(6) 對話 ［　］

(7) 讀書 ［　］　(8) 風向 ［　］　(9) 萬民 ［　］

(10) 火力 ［　］　(11) 本業 ［　］　(12) 數學 ［　］

(13) 出席 ［　］　(14) 角度 ［　］　(15) 淸音 ［　］

3 다음 漢字와 뜻이 비슷한 漢字를 골라 그 번호를 쓰세요.

(1) 正 (　　) : ① 本　　② 重　　③ 全　　④ 直

(2) 室 (　　) : ① 夜　　② 安　　③ 空　　④ 堂

(3) 算 (　　) : ① 級　　② 數　　③ 山　　④ 字

4 다음 漢字語의 뜻을 쓰세요.

(1) 靑年 : (　　　　　　　　　　)

(2) 讀書 : (　　　　　　　　　　)

(3) 孝心 : (　　　　　　　　　　)

5 다음 訓과 音에 맞는 漢字를 쓰세요.

(1) 셈 수 ☐   (2) 일만 만 ☐   (3) 법도 도 ☐

(4) 읽을 독 ☐   (5) 맑을 청 ☐   (6) 셈 산 ☐

(7) 이름 호 ☐   (8) 대할 대 ☐   (9) 업 업 ☐

(10) 마음 심 ☐   (11) 바람 풍 ☐   (12) 푸를 청 ☐

(13) 불 화 ☐   (14) 메 산 ☐   (15) 자리 석 ☐

6 다음 밑줄 친 漢字語를 큰 소리로 읽고 漢字로 써 보세요. (20과 활용 단어)

(1) 사격은 처음에 겨냥한 <u>각도</u>가 맞지 않으면 빗나갑니다. ……… (   )

(2) 날씨가 좋지 않은데도 예상외로 많이 <u>출석</u>하였습니다. ……… (   )

(3) 오해는 서로 <u>대면</u>하고 말하면 쉽게 풀리기 마련입니다. ……… (   )

(4) 심청이는 <u>효심</u>이 지극한 효녀입니다. ……………………… (   )

(5) 인간을 <u>만물</u>의 영장이라고 말합니다. ………………… (   )

(6) 도시를 벗어나면 <u>산천</u>의 아름다움을 느낄 수 있습니다. ……… (   )

> 山川   角度   孝心   對面   出席   萬物

7 다음 四字成語의 ( ) 안에 알맞은 漢字를 쓰세요.

(1) 子孫(   )代   (2) (   )高水長

(3) (   )風明月   (4) 風前燈(   )

8 다음 漢字의 筆順을 밝히세요.

(1) 風자의 중간의 ㅣ획은 몇 번째로 쓰는 지 번호로 답하세요. (   )

(2) 火자의 오른쪽의 丶은 몇 번째로 쓰는 지 번호로 답하세요. (   )

한자성어 20

➕ 사자성어

風前燈火 (풍전등화)　바람 앞에 등불처럼 아주 위험한 상황을 뜻함.
　　　　　　　　　燈(등불 등)→4급Ⅱ

山高水長 (산고수장)　높은 산이 솟고 큰 강이 흐른다는 뜻으로, 군자의 덕이 뛰어남을 비유함.

子孫萬代 (자손만대)　오래도록 내려오는 여러 대.

淸風明月 (청풍명월)　맑은 바람과 밝은 달.

➕ 고사성어

畫龍點睛 (화룡점정) ▶▶▶ 畫(그림 화) 龍(용 룡)⁴급 點(점 점)⁴급 睛(눈동자 정)¹급

용의 눈동자를 그리다라는 뜻으로, 사물의 가장 중요한 부분을 완성시켜 일을 마치는 것을 일컬음.

　남조인 양나라에 장승요라는 화가가 살았다. 이 화가는 모든 사물을 살아 있는 것같이 그려내는 탁월한 재주를 가지고 있었다. 어느 날 장승요는 금릉에 있는 안락사의 주지로부터 사찰의 벽에 용을 그려 달라는 부탁을 받았다.

　그는 절의 벽에다 구름을 헤치고 금방이라도 하늘로 날아오를 듯한 두 마리의 용을 생명력 넘치게 그렸다. 그런데 이상하게도 용의 눈동자를 그리지 않았다. 이를 본 한 사람이 궁금증을 참지 못하고 끈질기게 물어 보자, 장승요는 이렇게 대답했다.

　"용의 눈동자를 그려 넣으면, 용은 생명을 얻어 당장 벽을 박차고 하늘로 날아가 버릴 것이기 때문이오."

　사람들은 무슨 헛소리를 하냐며 그의 말을 믿지 않고, 당장 눈동자를 그려 넣어 그림을 완성시키라고 강요했다. 하는 수 없이 장승요는 우선 한 마리의 용에 눈동자를 그려 넣었다. 그 순간 벽 속에서 천둥소리가 울리고 번개가 치면서 한 마리의 용이 튀어나와 하늘로 올라가는 것이었다.

　잠시 후 사람들이 놀란 마음을 진정시키고 벽을 보니, 눈동자를 그려 넣지 않은 용 한 마리는 그대로 벽에 남아 있었다고 한다.

출전 「수형기(水衡記)」

20과 · |71|

附錄

진흥회, 검정회
추가 한자 익히기

21과 진흥회, 검정회 추가 한자 익히기

※ 진흥회 6급은 어문회 6급에 모두 포함됨.

				갑문 → 금문 → 소전			중국
검정 6급	犬	4급 / 犬부 총4획	개 견	견 → 견 → 견		犬馬(견마) 名犬(명견) 軍馬(군견)	犬 / 일본 犬
			개의 옆모습(犭·犬)을 나타낸 것으로 '**개**'를 뜻한다.				
검정 6급	馬	5급 / 馬부 총10획	말 마	마 → 마 → 마		白馬(백마) 馬力(마력) 出馬(출마)	马 / 일본 馬
			눈과 뒷목덜미 깃털과 다리를 강조한(馬) '**말**'을 뜻한다.				
검정 6급	牛	5급 / 牛부 총4획	소 우	우 → 우 → 우		農牛(농우) 牛耳(우이) 牛角(우각)	牛 / 일본 牛
			소뿔과 귀 등 **소머리**(牛)의 특징을 그려 '**소**'를 뜻한다.				
검정 6급	羊	4급 / 羊부 총6획	양 양	양 → 양 → 양		山羊(산양) 牛羊(우양) 羊角(양각)	羊 / 일본 羊
			두 뿔(羊)을 강조한 **희생 제물**로 많이 쓰이는 '**양**'을 뜻한다.				
검정 6급	魚	5급 / 魚부 총11획	물고기 어	어 → 어 → 어		大魚(대어) 活魚(활어) 長魚(장어)	鱼 / 일본 魚
			머리(ク)와 **몸통**(田) **꼬리**(灬)를 나타낸 '**물고기**'의 모양이다.				
검정 6급	玉	4급 / 玉부 총4획	구슬 옥	옥 → 옥 → 옥		玉石(옥석) 白玉(백옥) 玉水(옥수)	玉 / 일본 玉
			구슬(三)을 **줄**(丨)에 일정하게 꿴 모양(玉)으로, '**옥**'을 뜻한다.				
검정 6급	己	5급 / 己부 총3획	몸 기	기 → 기 → 기		自己(자기) 己身(기신) 己生(기생)	己 / 일본 己
			여러 실을 묶는 **벼리**가 되는 **중심** 몸인 실로, '**몸**' '**자기**'를 뜻한다.				
검정 6급	耳	5급 / 耳부 총4획	귀 이	이 → 이 → 이		耳目(이목) 木耳(목이) 馬耳(마이)	耳 / 일본 耳
			귀의 윤곽과 귓구멍 모양으로 **소리**와 관계있는 '**귀**'를 뜻한다.				

- 가열(加熱)[더할 가, 더울 열]: 어떤 물질에 열(熱)을 더함(加). 열이 더 나도록 함.

- 각(角)[뿔 각]: 뿔(角). 뿔로 만든 옛날 악기. 동양 음악에서, 오음(五音)계 가운데 궁에서 셋째 음.

- 거리(距離)[상거할/떨어질 거, 떠날/나눌 리]: 떨어져(距) 나누어진(離) 사이. 이것과 저것의 서로 떨어진 사이의 멀고 가까운 정도. 수학에서, 두 점을 잇는 직선의 거리. 인간관계에서, 서먹한 관계.

- 검소(儉素)[검소할 검, 본디/흴/꾸밈없을 소]: 검소하고(儉) 꾸밈없음(素). 치레하지 않고 순수함. 사치하지 아니하고 순수함.

- 결과(結果)[맺을 결, 실과/열매 과]: 열매(果)를 맺음(結). 어떤 원인으로 인하여 결말이 이루어짐.

- 계산(計算)[셀/헤아릴 계, 셈 산]: 셈(算)을 헤아림(計). 수량을 셈. 식을 세워 수치를 구하는 일. 어떤 일을 예상함. 지불해야 할 값을 치르는 일.

- 고민(苦悶)[쓸/괴로워할 고, 답답할/번민할 민]: 괴로워하며(苦) 번민함(悶). 괴롭고 답답하여 속을 태움.

- 공손(恭遜)[공손할 공, 겸손할 손]: 공손하고(恭) 겸손함(遜). 말이나 행동이 겸손하고 예의 바르다.

- 공통(共通)[한가지/함께 공, 통할 통]: 여럿이 함께(共) 통(通)함. 여러 곳에 두루 통용 되거나 관계가 같음.

- 관찰(觀察)[볼 관, 살필 찰]: 사물이나 현상을 자세히 보고(觀) 살핌(察). 일이나 물건을 주의하여 자세히 살펴봄.

- 구간(區間)[구분할/지경/구역 구, 사이 간]: 구역(區)의 사이(間). 어떤 지점과 다른 지점과의 사이.

- 기구(機具)[틀 기, 갖출 구]: 기계(機械)와 기구(器具). 구조나 조작 따위가 간단한 기계.

- 낭송(朗誦))[밝을 낭, 욀 송]: 밝게(朗) 소리 내어 글을 욈(誦). 소리 내어 읽음.

- 대화(對話)[대할 대, 말씀 화]: 서로 마주 대(對)하여 말(話) 함. 마주 대하여 서로 의견을 주고받으며 이야기 함.

- 도형(圖形)[그림 도, 모양 형]: 그림(圖)의 모양(形)이나 형태. 그림 꼴. 면·선·점 등이 모여서 이루어진 삼각형·사각형·구·원 모양.

- 무관심(無關心)[없을 무, 관계할 관, 마음 심]: 관심(關心)이 없음(無). 관심을 가지지 아니함. 거리끼는 마음이 없음.

- 문제(問題)[물을 문, 제목 제]: 물어서(問) 대답하게 하는 제목(題). 연구하거나 해결해야 할 사항. 세상의 이목이 쏠리는 것. 논쟁을 일으킨 사건. 귀찮은 일.

- 물체(物體)[물건/만물 물, 몸 체]: 물건(物件)의 형체(形體). 구체적인 형체를 가지고 존재하는 것.

- 반(半)[반 반]: 둘을 똑같이 반(半)으로 나눈 것 가운데 한 부분. 중간이 되는 부분. 중간정도.

- 반성(反省)[돌이킬/돌아올 반, 살필 성/덜 생][돌이킬 반, 살필 성]: 잘잘못을 돌이켜(反) 살핌(省). 자신의 언행이나 생각에 대하여 그 잘못이나 옳고 그름 따위를 스스로 돌이켜 생각함.

- 발명(發明)[필/드러낼 발, 밝을/밝힐 명]: (죄가 없음을) 드러내어(發) 밝힘(明). 전에 없었던 것이나 또는 방법을 새로 만들어 냄.

- 방법(方法)[모/방법 방, 법 법]: 어떤 일을 하기 위한 방법(方法)이나 수법(手法). 어떤 일을 하기 위한 수단.
- 배열(配列)[짝/나눌/늘어설 배, 벌일 렬]: 죽 늘어세워(排) 열(列)을 지음. 일정한 간격이나 차례로 나누어 벌려 놓음.
- 변(邊)[가 변]: 어떤 장소나 물건의 가(邊)장자리. 다각형을 이루는 하나하나의 직선.
- 분류(分類)[나눌 분, 무리 류]: 종류(種類)에 따라서 분리(分離)함. 사물을 공통되는 성질에 따라 종류별로 가름. 전체를 몇 가지로 구분하여 체계를 세움.
- 분리(分離)[나눌 분, 떠날/떨어질 리]: 따로 나뉘어(分) 떨어짐(離). 따로 떼어냄.
- 분수(分數)[나눌 분, 셈 수]: 어떤 수를 다른 수로 나누는(分) 것을 분자와 분모로 나타낸 수(數). 하나의 수 a를 다른 수 b로 나눈 몫을 a/b와 같이 나타냄. 자기의 처지에 마땅한 한도. 사물을 분별하는 슬기.
- 상품(賞品)[상줄/상 상, 물건 품]: 상(賞)으로 주는 물품(物品). 상으로 준 물건.
- 수직(垂直)[드리울 수, 곧을 직]: 곧게(直) 드리워진(垂). 평면과 직각을 이루는 상태.
- 순서(順序)[순할/차례 순, 차례 서]: 정해진 차례(順=序). 정해놓은 차례. 정하여진 기준에서 말하는 전후, 좌우, 상하 따위의 차례 관계.
- 시간(時間)[때 시, 사이 간]: 어떤 시각에서 어떤 시각(時刻)까지의 사이(間). 무슨 일을 하기 위하여 정한 일정한 시간.
- 식(式)[법 식]: 표준. 규칙. 정식(正式).
- 실천(實踐)[열매/실제 실, 밟을 천]: 실제(實際)로 발로 밟듯(踐) 뛰며 행동함. 실제로 행동함. 실제로 이행함.
- 실험(實驗)[열매/실제 실, 시험 험]: 실제(實際)로 경험하거나 시험(試驗)함. 일정한 조건을 인위적(人爲的)으로 설정하여 기대했던 현상이 일어나는지 조사하는 일.
- 안전(安全)[편안할 안, 온전 전]: 편안하고(安) 온전함(全). 위험하지 않음. 편안(便安)하여 탈이나 위험성(危險性)이 없음.
- 암송(暗誦)[어두울/보지 않을 암, 욀 송]: 적은 것을 보지 않고(暗) 외움(誦). 글을 보지 아니하고 입으로 욈.
- 역할(役割)[부릴/일 역, 벨/나눌 할]: 나누어(割) 맡은 일(役). 제가 하여야 할 제 앞의 일. 구실. 특별히 맡은 소임.
- 온도(溫度)[따뜻할 온, 법도/정도 도]: 따뜻한(溫) 정도(程度). 따뜻함과 차가움의 정도.
- 우애(友愛)[벗 우, 사랑 애]: 벗(友) 사이의 정과 사랑(愛). 형제 사이의 사랑.
- 이용(利用)[이할/이로울 리, 쓸 용]: 이롭게(利) 씀(用). 물건을 이롭게 쓰거나 쓸모 있게 씀. 편리(便利)하게 씀.
- 이유(理由)[다스릴/이치 리, 말미암을/까닭 유]: 어떤 이치(理)나 까닭(由). 까닭이나 사유. 어떠한 결론이나 결과에 이른 까닭이나 근거. 진리라고 할 수 있는 조건.

- 이해(理解)[다스릴/이치 리, 풀 해]: 이치(理致)를 분별하여 해석(解釋)함. 구별하여 깨달음. 사리를 분별하여 해석함.

- 일주(一周)[한 일, 두루/돌 주]: 한(一) 바퀴를 돎(周). 일정한 경로를 한 바퀴 돎.

- 점(點)[점 점]: 작고 둥글게 찍힌 표나 자리. 길이·넓이·두께는 없고 위치만 있는 것. 작은 얼룩. 바둑에서 바둑돌의 수효를 세는 말.

- 종류(種類)[씨/혈통 종, 무리 류]: 사물의 혈통(種)이나 특징에 따라 무리(類)지어 나눈 갈래. 물건(物件)을 부문(部門)에 따라 나눈 갈래. 일정한 특질에 따라 나누어지는 사물의 갈래.

- 주변(周邊)[두루/주위 주, 가 변]: 주위(周圍)의 가장자리(邊). 둘레의 언저리.

- 차(差)[다를 차]: 서로 다른(差) 정도. 수학에서 큰 수에서 작은 수를 뺀 나머지. 둘 이상의 사물을 견주었을 때에, 서로 다르게 나타나는 수준이나 정도. 어떤 수나 식에서 다른 수나 식을 뺀 나머지.

- 차이(差異)[다를 차, 다를 이]: 서로 차(差)가 있게 다름(異). 어긋나서 다름. 서로 일치하거나 같지 않고 틀려 다름.

- 착륙(着陸)[붙을 착, 뭍 륙]: 뭍(陸)에 붙음(着). 비행기 따위가 땅 위에 내림. 비행기 따위가 공중에서 활주로나 판판한 곳에 내림.

- 최선(最善)[가장 최, 착할/좋을 선]: 가장(最) 좋음(善). 가장 잘함. 가장 좋거나 훌륭함.

- 특징(特徵)[특별할 특, 부를 징]: 임금이 벼슬을 시키려고 특별히(特) 부르던(徵) 일. 다른 것에 비해서 특별히 눈에 뜨이는 점. 민요나 무악 따위에서, 지방에 따라 독특하게 구별되는 노래 투.

- 평가(評價)[평할 평, 값 가]: 물건의 가치(價値)를 평함(評). 어떤 대상의 가치를 논하여 정함. 선악·미추 등 가치를 논하여 정함. 물건 값을 헤아려 매김. 또는 그 값.

- 평소(平素)[평평할/보통 평, 본디/흴/바탕 소]: 보통(平) 때처럼 꾸밈없는 본바탕(素). 평상시. 생시.

- 표(表)[겉 표]: 위. 겉(表). 바깥쪽. 전체를 볼 수 있게 형식에 따라 그린 것.

- 표어(標語)[표할 표, 말씀 어]: 요구와 행동을 간결하게 표(標)하여 나타내 쓰는 짧은 말귀(語). 적은 말씀. 주의·주장·강령 등을 간명하게 표현한 짧은 어구.

- 표현(表現)[겉 표, 나타날 현]: 겉으로(表) 나타나다(現). 의견이나 감정 따위를 드러내어 나타냄. 생각이니 느낌 따위를 언어나 몸짓 따위의 형상으로 드러냄.

- 합(合)[합할 합]: 여럿을 한 데 합한(合) 수. 종합의 뜻.

- 혼합물(混合物)[섞을 혼, 합할 합, 물건/만물 물]: 여러 가지가 뒤섞여(混) 합쳐(合) 이루어진 물건(物件). 둘 이상의 물질이 화학적으로 결합하지 않고 각각의 성질을 지니면서 뒤섞이어 있는 것.

- 화목(和睦)[화할/화합할 화, 화목할/친할 목]: 화합되고(和) 친함(睦). 서로 뜻이 맞고 정다움.

- 화학(化學)[될 화, 배울/학문 학]: 물질의 성질이 바뀌게 되는(化) 성질을 연구하는 학문(學問). 물질의 조성과 구조, 성질과 작용 및 변화, 제법과 응용 따위를 연구하는 자연과학의 한 부문. 물질의 성질, 구조, 화학 변화 등을 연구하는 자연 과학의 한 부문.

- 활용(活用)[살 활, 쓸 용]: 사는데(活) 쓰임(用). 능력이나 기능을 잘 살려 씀. 충분히 잘 이용함.

- 효도(孝道)[효도 효, 길/도리 도]: 효행(孝行)의 도리(道理). 마땅히 부모님께 해야 할 효의 도리.

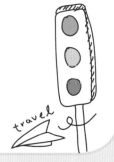

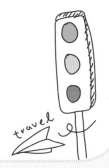

한자능력
검정시험

통합 급수 시험 대비
• 한국어문회 • 진흥회 • 검정회

책속의 책

✓ **쓰기 노트**

✓ **정답**

Ah 어시스트하모니(주)

6급

6^급 배정 한자 쓰기

■ 이과

歌	歌 歌			
노래 가				

필순 一 一 了 百 可 可 可 哥 哥 哥 歌 歌 歌

庭	庭 庭			
뜰 정				

필순 ` 一 广 广 庐 庐 庭 庭 庭

力	力 力			
힘 력				

필순 フ 力

活	活 活			
살 활				

필순 ` ` 氵 氵 浐 浐 活 活 活

別	別 別			
다를 별				

필순 ` 口 口 号 另 別 別

話	話 話			
말씀 화				

필순 ` 一 二 三 言 言 言 計 計 話 話 話

土	土 土			
흙 토				

필순 一 十 土

半	半 半			
반 반				

필순 ` ` ` ` 亽 半

社	社 社			
모일 사				

필순 一 亍 亓 亓 礻 礻 社 社

午	午 午			
낮 오				

필순 ' 一 七 午

年	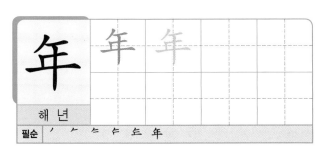
해 년	
필순 ノ ゝ ㇗ 乍 年	

夫	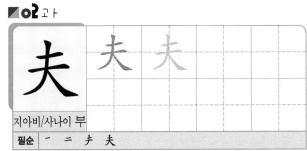
지아비/사나이 부	
필순 一 二 夫 夫	

高	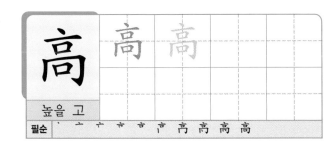
높을 고	
필순 丶 一 亠 亠 古 古 高 高 高 高	

失	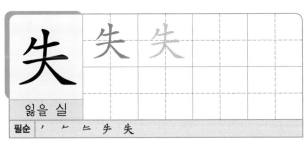
잃을 실	
필순 ノ ゝ ㇗ 牛 失	

大	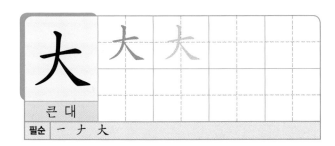
큰 대	
필순 一 ナ 大	

短	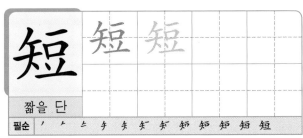
짧을 단	
필순 ノ ゝ ㇗ 矢 矢 知 知 短 短 短 短	

太	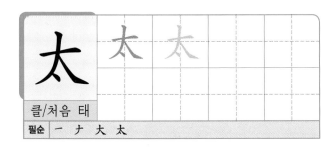
클/처음 태	
필순 一 ナ 大 太	

果	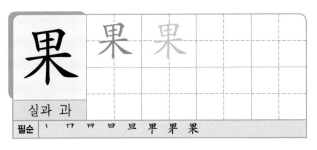
실과 과	
필순 丶 冂 曰 日 旦 旦 甲 果 果	

天	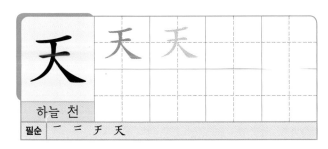
하늘 천	
필순 一 二 チ 天	

木	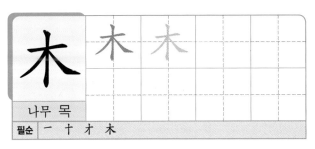
나무 목	
필순 一 十 才 木	

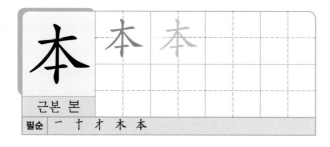

本
근본 본
필순 一 十 才 木 本

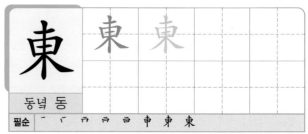

東
동녘 동
필순 一 厂 厂 亩 币 申 東 東

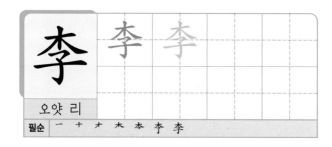

李
오얏 리
필순 一 十 才 木 本 李 李

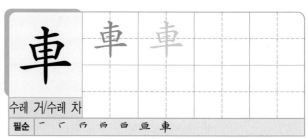

車
수레 거/수레 차
필순 一 厂 厂 亩 币 亘 車

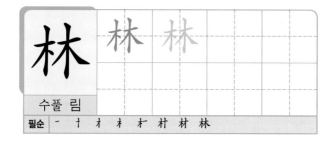

林
수풀 림
필순 一 十 才 ★ ★ ★ 杆 材 林

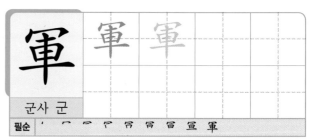

軍
군사 군
필순 ' 冖 冖 冖 冖 冎 宣 宣 宣 軍

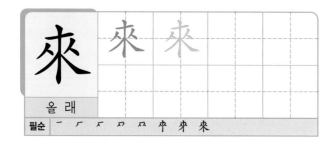

來
올 래
필순 一 厂 刀 刃 巫 來 來 來

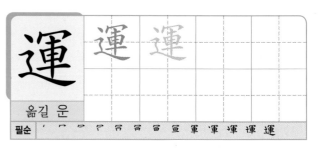

運
옮길 운
필순 ' 冖 冖 冖 冖 冎 宣 宣 宣 軍 軍 渾 運 運

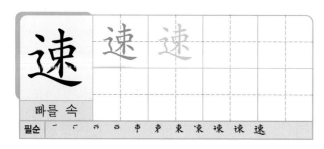

速
빠를 속
필순 一 厂 刀 亩 币 申 束 束 涑 涑 速

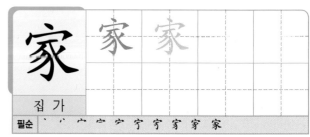

家
집 가
필순 ' 宀 宀 宀 宀 宇 宇 宇 宇 家 家

■03과

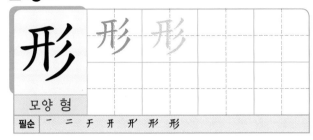

形 모양 형
필순 一 二 干 开 形 形 形

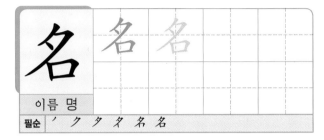

名 이름 명
필순 ノ ク タ タ 名 名

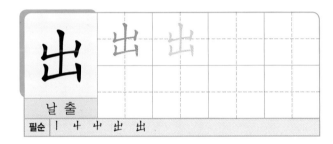

出 날 출
필순 ㅣ 十 屮 出 出

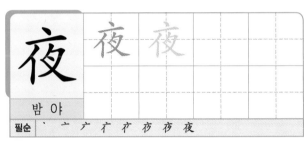

夜 밤 야
필순 ` 一 广 疒 疒 夜 夜 夜

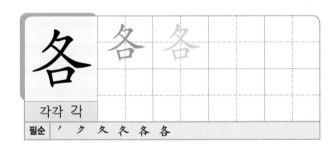

各 각각 각
필순 ノ ク タ 冬 各 各

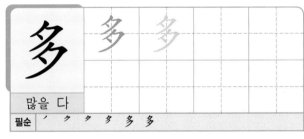

多 많을 다
필순 ノ ク タ タ 多 多

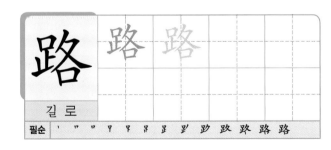

路 길 로
필순 ` 口 口 무 무 무 무 무 무 路 路 路 路 路

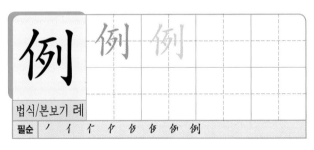

例 법식/본보기 례
필순 ノ イ 仁 佇 佇 佰 佰 例 例

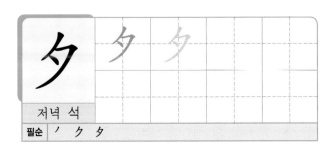

夕 저녁 석
필순 ノ ク タ

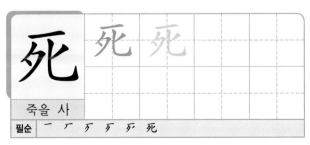

死 죽을 사
필순 一 厂 歹 歹 死 死

■04과

口	口 口		
입 구			
필순	ㅣ 冂 口		

兄	兄 兄		
형/맏 형			
필순	ㅣ 冂 口 尸 兄		

圖	圖 圖		
그림 도			
필순	ㅣ 冂 冂 冎 圕 圕 圖 圖 圖 圖 圖 圖 圖 圖		

育	育 育		
기를 육			
필순	ㆍ 亠 云 云 产 育 育 育		

溫	溫 溫		
따뜻할 온			
필순	ㆍ ㆍ ㆍ氵 氵 沪 沪 沪 沪 溫 溫 溫 溫		

世	世 世		
인간 세			
필순	一 十 卅 卅 世		

區	區 區		
구분할/지경 구			
필순	一 厂 厂 匠 后 匠 咠 區 區 區 區		

始	始 始		
비로소 시			
필순	ㄑ 女 女 女 好 妒 始 始		

光	光 光		
빛 광			
필순	ㅣ ㅆ ㅆ ㅆ 光 光		

古	古 古		
예 고			
필순	一 十 古 古 古		

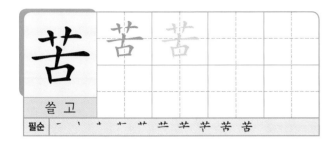

苦
쓸 고
필순　一 丶 十 卄 廾 艹 芢 苦 苦

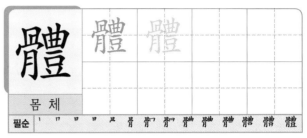

體
몸 체
필순　丨 冂 曰 曰 昌 骨 骨 骨 骨 體 體 體 體 體 體

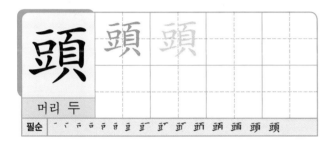

頭
머리 두
필순　一 丆 丆 豆 豆 豆 豆 豆 頭 頭 頭 頭 頭 頭 頭 頭

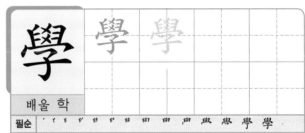

學
배울 학
필순　丨 ㇒ ㇒ 臼 臼 臼 臼 學 學 學 學 學 學 學 學 學

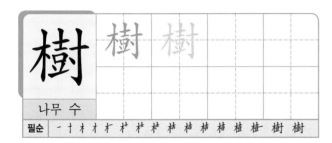

樹
나무 수
필순　一 十 才 木 杧 杧 柑 桂 桂 桂 桂 桂 桂 樹 樹

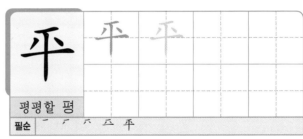

平
평평할 평
필순　一 ㇒ 丆 乒 平

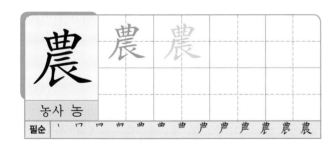

農
농사 농
필순　丨 冂 曲 曲 曲 曲 曲 芦 芦 芦 農 農 農

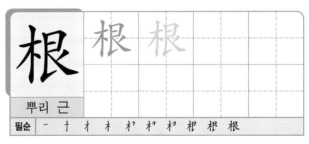

根
뿌리 근
필순　一 十 才 木 木 杧 杧 枏 根 根 根

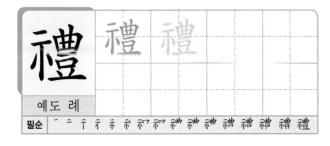

禮
예도 례
필순　一 二 干 亓 示 礻 礻 衤 祁 禮 禮 禮 禮 禮 禮

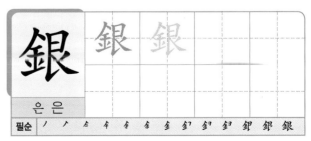

銀
은 은
필순　丿 ㇒ 스 수 兵 余 金 釒 釗 針 鈤 鈤 銀 銀

■o5과

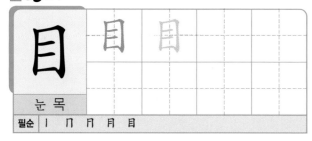

目

눈 목

필순 丨 冂 冂 月 目

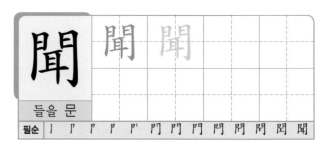

聞

들을 문

필순 丨 冂 冂 冃 冃 冃 門 門 門 門 門 門 門 閏 聞

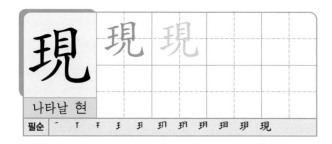

現

나타날 현

필순 一 T F 王 丑 玑 玑 玥 珇 玥 現

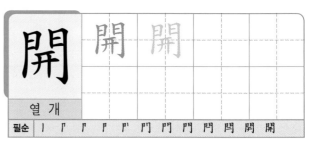

開

열 개

필순 丨 冂 冂 冃 冃 冃 門 門 門 門 門 閈 開

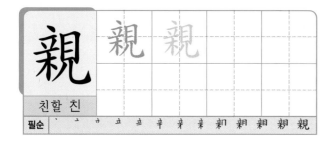

親

친할 친

필순 丶 亠 亠 立 立 辛 辛 亲 亲 釙 親 親 親 親 親

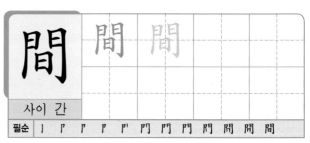

間

사이 간

필순 丨 冂 冂 冃 冃 冃 門 門 門 門 門 閂 間

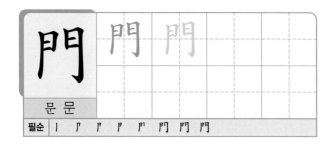

門

문 문

필순 丨 冂 冂 冃 冃 冃 門 門

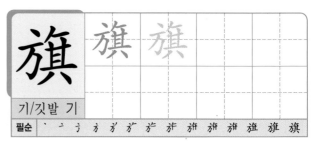

旗

기/깃발 기

필순 丶 亠 亍 方 方 扩 扩 扩 於 旂 旂 旌 旗 旗

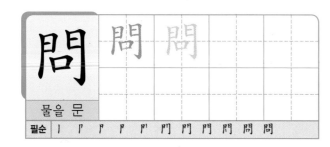

問

물을 문

필순 丨 冂 冂 冃 冃 冃 門 門 門 問 問

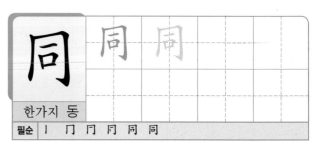

同

한가지 동

필순 丨 冂 冂 同 同 同

06과

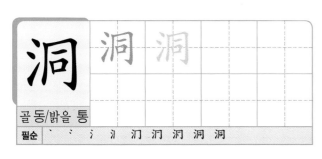

洞
골 동/밝을 통
필순 ` ` 氵 氵 汩 泀 洞 洞 洞

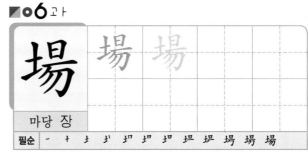

場
마당 장
필순 一 十 土 圹 圹 圬 垆 坦 垠 場 場 場

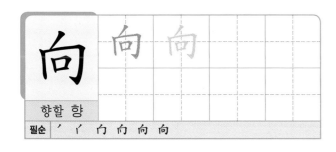

向
향할 향
필순 ` ` 门 门 向 向

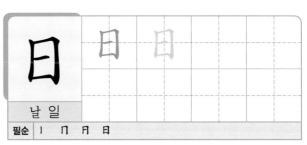

日
날 일
필순 ㅣ 冂 月 日

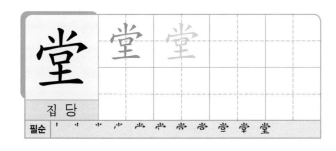

堂
집 당
필순 ` ` ` ` ` 一 凵 凵 屵 屵 屵 堂 堂 堂

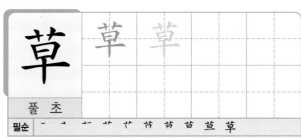

草
풀 초
필순 一 一 十 艹 艹 艹 苩 苩 草 草

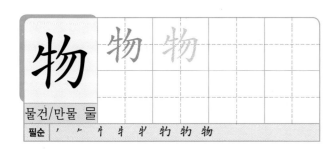

物
물건/만물 물
필순 ` ` ` 十 牛 牛 物 物 物

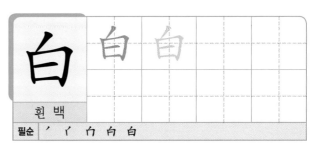

白
흰 백
필순 ` ` 门 白 白

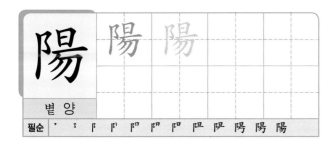

陽
볕 양
필순 ` ` 阝 阝 阝 旷 旷 昈 陽 陽 陽

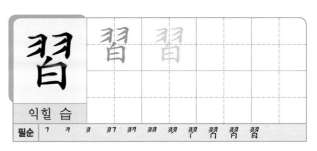

習
익힐 습
필순 丂 丂 习 羽 羽 羽 羿 羿 習 習 習

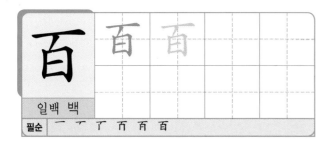

百	百	百			
일백 백					
필순	一 丆 丆 百 百 百				

明	明	明			
밝을 명					
필순	丨 冂 日 日 町 明 明 明				

線	線	線			
줄 선					
필순	幺 幺 幺 糸 糸 糸 糸 糸 約 綽 綽 綽 線 線 線				

花	花	花			
꽃 화					
필순	一 十 艹 艹 艹 芢 花 花				

韓	韓	韓			
한국/나라 한					
필순	一 十 十 古 古 卓 卓 卓 卓 卓 韓 韓 韓 韓				

北	北	北			
북녘 북/달아날 배					
필순	丨 丬 丬 北 北				

朝	朝	朝			
아침 조					
필순	一 十 十 古 古 古 直 卓 朝 朝 朝 朝				

代	代	代			
대신할 대					
필순	ノ 亻 亻 代 代				

月	月	月			
달 월					
필순	丿 刀 月 月				

式	式	式			
법 식					
필순	一 二 亍 𢀖 式 式				

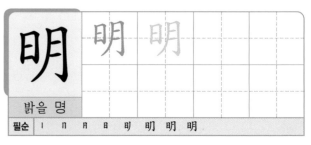

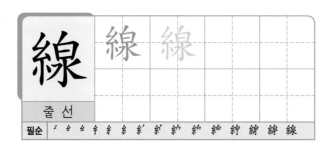

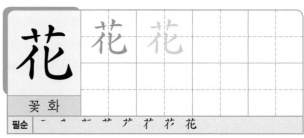

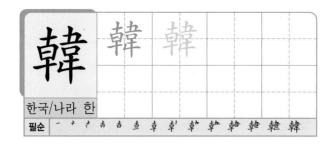

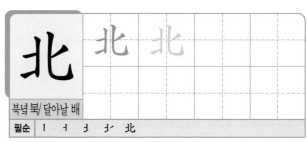

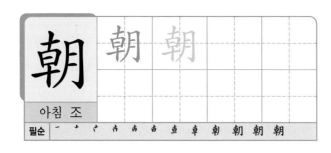

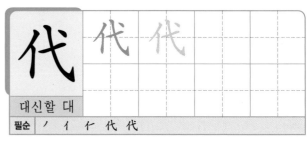

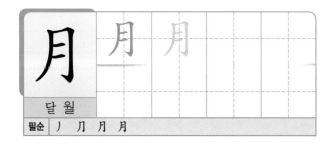

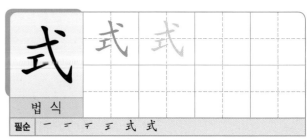

07과

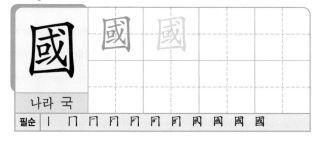

國 나라 국
필순 丨 冂 冂 冃 国 国 国 國 國 國 國

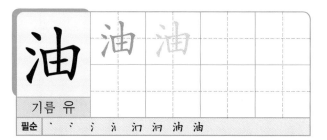

油 기름 유
필순 丶 丶 氵 氵 汋 汋 油 油

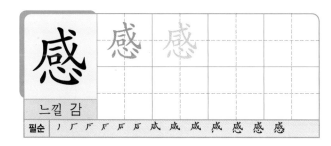

感 느낄 감
필순 丿 厂 厂 厂 咸 咸 咸 咸 咸 感 感 感

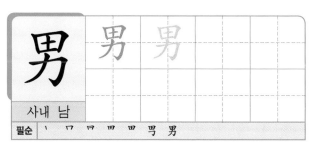

男 사내 남
필순 丨 冂 曱 田 田 田 男 男

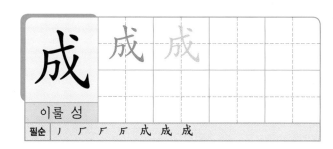

成 이룰 성
필순 丿 厂 厂 厅 成 成 成 成

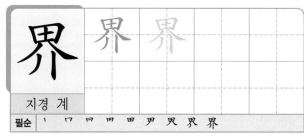

界 지경 계
필순 丨 冂 曱 田 田 男 界 界 界

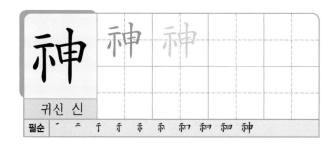

神 귀신 신
필순 丶 礻 礻 示 示 示 和 和 神

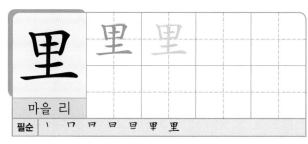

里 마을 리
필순 丨 冂 曱 日 旦 甲 里

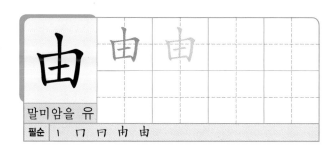

由 말미암을 유
필순 丨 冂 曱 由 由

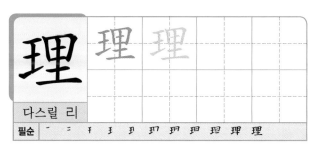

理 다스릴 리
필순 丶 一 Ŧ Ŧ Ŧ 玗 玾 玾 玾 玾 理 理

배정한자 쓰기

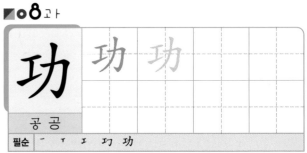
■08과

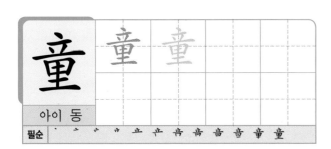

童
아이 동
필순 ᐟ ᐟ ᅥ ᅭ ᅭ ᅲ 产 音 音 音 童 童

功
공 공
필순 ᅳ ᅮ ᅮ 工 功 功

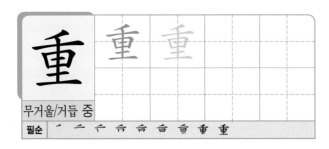

重
무거울/거듭 중
필순 ᐟ ᅮ ᅮ ᅲ 肓 肓 盲 重 重

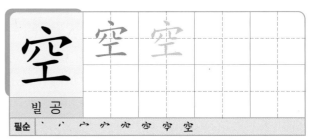

空
빌 공
필순 ᐟ ᐟ ᅳ 宀 宀 空 空 空

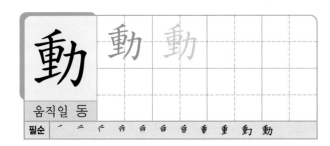

動
움직일 동
필순 ᐟ ᅮ ᅮ ᅲ 肓 肓 盲 重 重 動 動

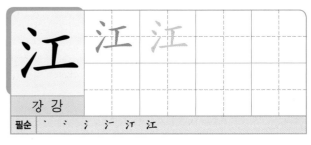

江
강 강
필순 ᐟ ᐟ ᅵ ᅰ 江 江

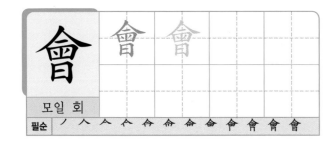

會
모일 회
필순 ᐟ ᐟ ᐢ ᅀ ᅀ ᅀ 今 命 命 命 命 會 會 會

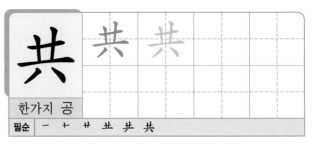

共
한가지 공
필순 ᅳ 十 ᄴ ᄴ 井 共

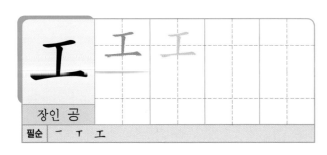

工
장인 공
필순 ᅳ ᅮ 工

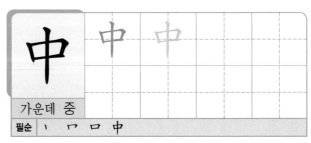

中
가운데 중
필순 ᐟ ᅟ 口 口 中

16 · 쓰기노트

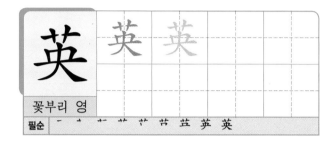

英 꽃부리 영
필순 一 十 卄 艸 艹 苎 苹 英 英

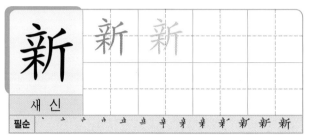

新 새 신
필순 ` 一 ㅗ 亍 亨 辛 亲 亲 刹 新 新 新

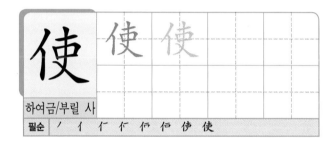

使 하여금/부릴 사
필순 ノ イ 亻 仁 乍 乍 使 使

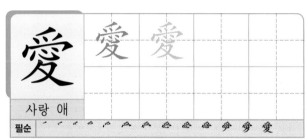

愛 사랑 애
필순 ´ ㅡ ㅜ ㅉ 丆 厈 厈 戽 愛 愛 愛

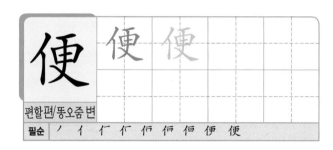

便 편할편/똥오줌 변
필순 ノ イ 亻 仁 仟 佰 佰 便 便

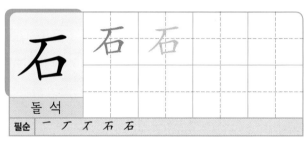

石 돌 석
필순 一 ナ 丆 石 石

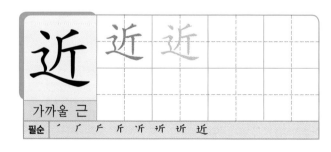

近 가까울 근
필순 ´ ㅜ �555 斤 斤 近 近 近

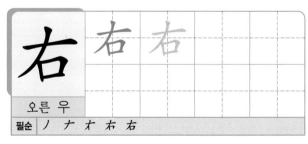

右 오른 우
필순 ノ ナ 才 右 右

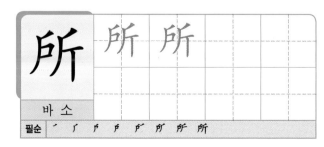

所 바 소
필순 ´ ㅜ ㅌ 戶 戶 所 所 所

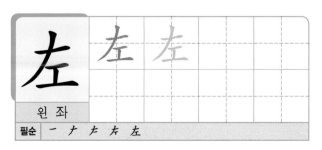

左 왼 좌
필순 一 ナ 左 左 左

■●9과

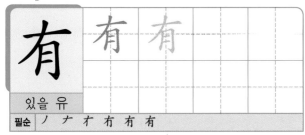

有
있을 유
필순 ノ ナ 才 有 有 有

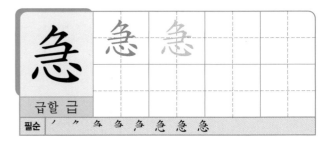

急
급할 급
필순 ノ ク 乌 乌 乌 急 急 急

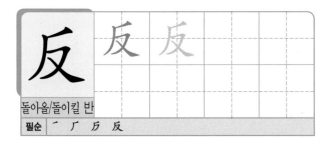

反
돌아올/돌이킬 반
필순 一 厂 反 反

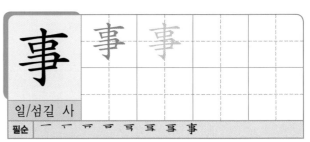

事
일/섬길 사
필순 一 一 一 一 一 一 事 事 事

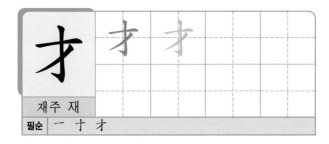

才
재주 재
필순 一 十 才

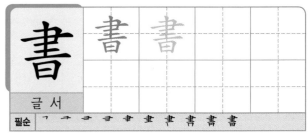

書
글 서
필순 一 一 一 一 聿 聿 書 書 書 書

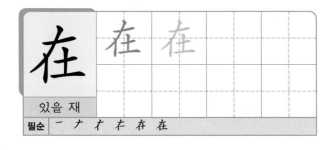

在
있을 재
필순 一 ナ 才 才 在 在

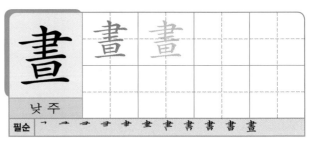

晝
낮 주
필순 一 一 一 一 聿 聿 書 書 書 晝

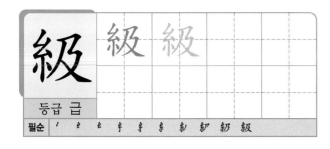

級
등급 급
필순 ' 幺 幺 幺 糸 糸 糸 紅 級 級

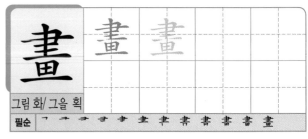

畫
그림 화/그을 획
필순 一 一 一 一 聿 聿 書 書 書 書 畫

18 · 쓰기 노트

■10과

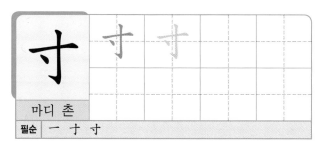

寸
마디 촌
필순 一 十 寸

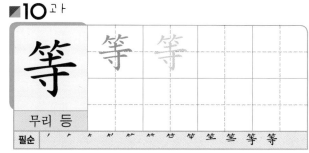

等
무리 등
필순 ノ ノ ォ ㅆ ㅆ ㅆ ㅆ 笘 笘 等 等

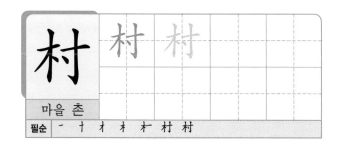

村
마을 촌
필순 一 十 ㅓ ㅓ 村 村 村

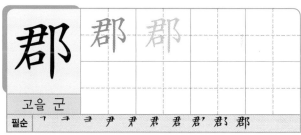

郡
고을 군
필순 ㄱ ㄱ ㅋ 尹 尹 尹 君 君' 君' 郡

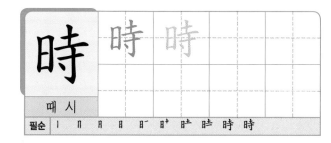

時
때 시
필순 ㅣ 刀 日 日 日' 旷 旷 旷 時 時

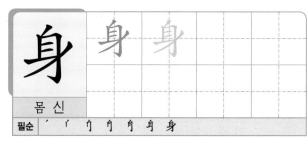

身
몸 신
필순 ノ ノ 刀 刀 月 身 身

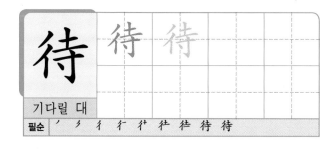

待
기다릴 대
필순 ノ ノ ㅓ ㅓ 彳 待 待 待 待

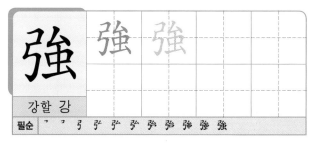

強
강할 강
필순 ㄱ ㄱ 弓 弘 弘 弘 弘 強 強 強

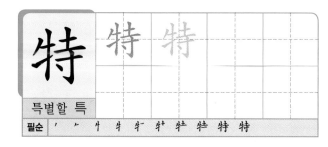

特
특별할 특
필순 ノ ノ ㅓ ㅓ 牛 牛 牜 特 特 特

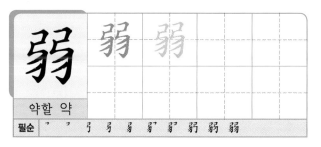

弱
약할 약
필순 ノ ㄱ 弓 弓 弱 弱 弱 弱 弱 弱

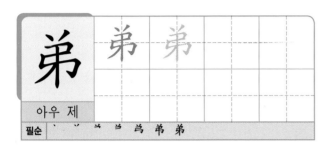

弟
아우 제
필순 `ヽ ヽ ゛ 当 当 弟 弟

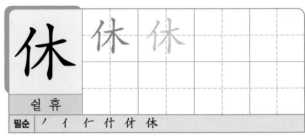

休
쉴 휴
필순 ノ イ イ 什 休 休

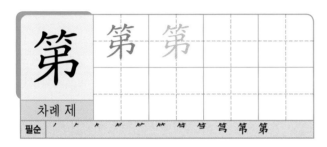

第
차례 제
필순 ノ ヽ ヽ ゛ 笋 笋 笋 笋 第 第

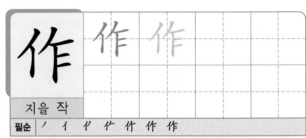

作
지을 작
필순 ノ イ イ 仁 作 作 作

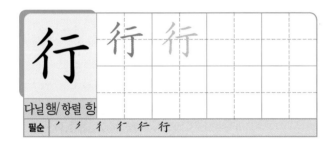

行
다닐행/항렬 항
필순 ノ ノ ヽ 彳 彳 行

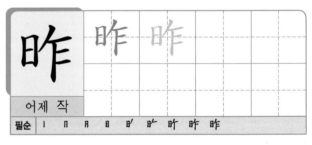

昨
어제 작
필순 l 冂 冈 日 旷 旷 昨 昨 昨

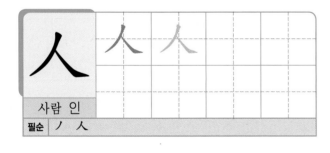

人
사람 인
필순 ノ 人

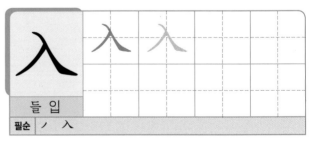

入
들 입
필순 ノ 入

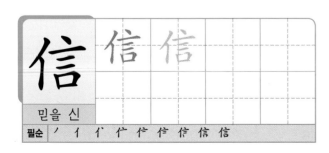

信
믿을 신
필순 ノ イ イ 仁 亡 产 信 信 信

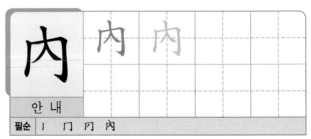

內
안 내
필순 l 冂 冂 內

■11과

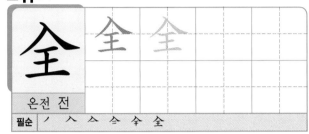

全
온전 전
필순 ノ 人 人 수 수 全

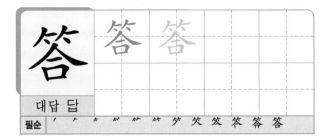

答
대답 답
필순 ノ ᅩ ᅩ ᅿ ᅿ ᅿ 竹 ᅟ答 ᅟ答 答

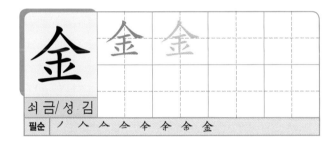

金
쇠 금/성 김
필순 ノ 人 人 人 수 수 余 金 金

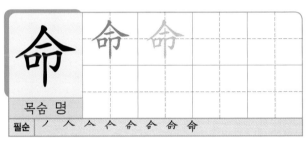

命
목숨 명
필순 ノ 人 人 人 合 合 合 命 命

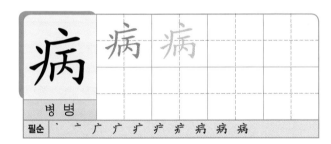

病
병 병
필순 ` 一 广 广 疒 疒 疒 病 病 病

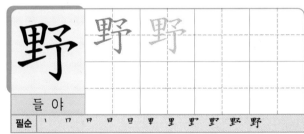

野
들 야
필순 ᅵ 口 曰 日 里 里 里 野 野 野 野

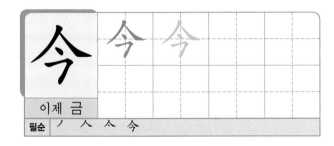

今
이제 금
필순 ノ 人 ᅩ 今

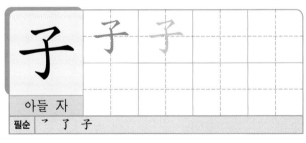

子
아들 자
필순 フ 了 子

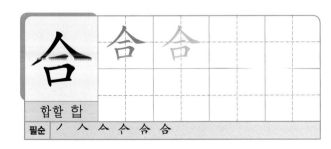

合
합할 합
필순 ノ 人 人 合 合 合

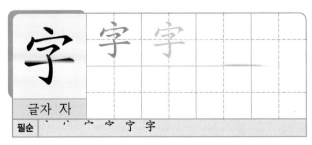

字
글자 자
필순 ` ` 广 宀 宀 字

■12과

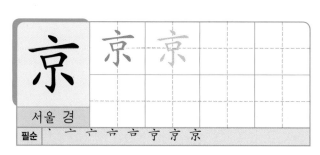

京
서울 경
필순 `丶一亠亢亢京京`

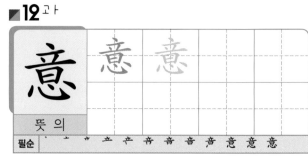

意
뜻 의
필순 `丶一亠立产音音音意意意`

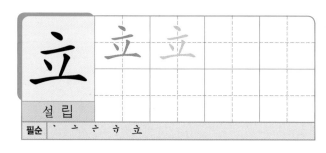

立
설 립
필순 `丶一亠立立`

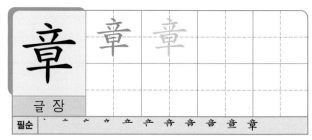

章
글 장
필순 `丶一亠立产音音音章章`

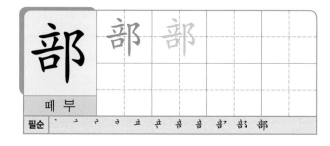

部
떼 부
필순 `丶一亠亠立亠咅咅部部`

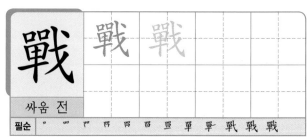

戰
싸움 전
필순 `丶丷丷甲甲甲胃單單戰戰戰`

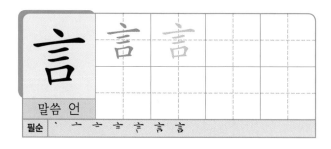

言
말씀 언
필순 `丶一亠言言言言`

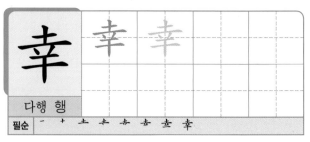

幸
다행 행
필순 `一十十生赤赤幸`

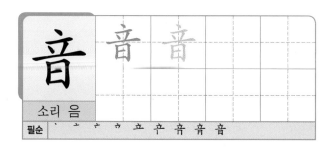

音
소리 음
필순 `丶一亠立产音音音`

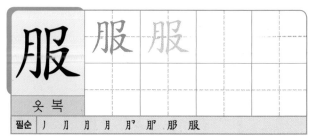

服
옷 복
필순 `丿刀月月月'朋朋服`

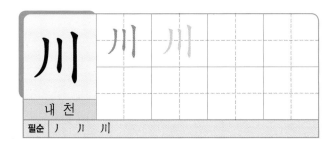

川
내 천
필순 丿 丿丨 川

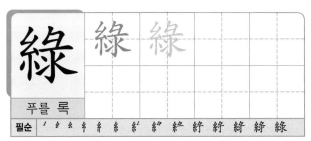

綠
푸를 록
필순 ⺯ ⺯ ⺯ 糸 糸 紒 紒 紒 紒 綠 綠 綠

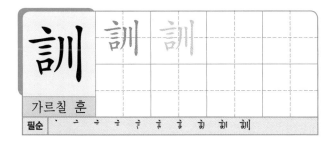

訓
가르칠 훈
필순 ⼂ 亠 言 言 言 言 言 訓 訓

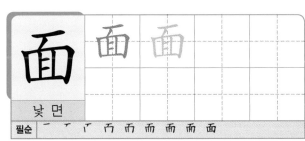

面
낯 면
필순 一 ㄱ 厂 厒 而 而 面 面

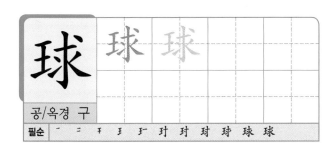

球
공/옥경 구
필순 一 ㄱ 王 王 王 玌 球 球 球 球 球

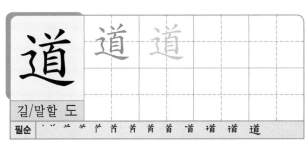

道
길/말할 도
필순 丷 丷 羊 首 首 首 首 道 道 道

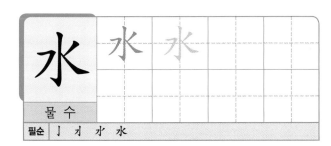

水
물 수
필순 丿 ㄣ 가 水

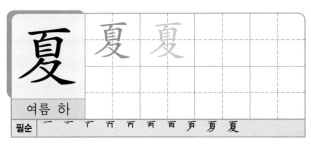

夏
여름 하
필순 一 ㄱ 厂 百 百 百 頁 頁 夏

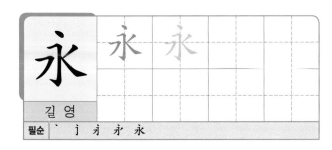

永
길 영
필순 丶 ㄱ 가 永 永

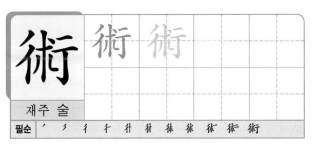

術
재주 술
필순 丿 彳 彳 行 行 桁 桁 術 術 術 術

■13과

和
화할 화
필순 ノ 二 千 禾 禾 禾 和 和

孝
효도 효
필순 一 + 土 耂 耂 孝 孝

利
이할 리
필순 ノ 二 千 禾 禾 利 利

敎
가르칠 교
필순 ノ メ ナ 孝 耂 孝 孝 孝 孝 敎

秋
가을 추
필순 ノ 二 千 禾 禾 禾 秒 秋 秋

者
놈/사람 자
필순 一 + 土 耂 尹 考 者 者 者

番
차례 번
필순 ノ ニ 一 平 平 采 采 番 番 番 番

公
공평할/공변될 공
필순 ノ 八 公 公

老
늙을 로
필순 一 + 土 耂 耂 老

氣
기운 기
필순 ノ ノ 厂 气 气 气 氧 氧 氣 氣

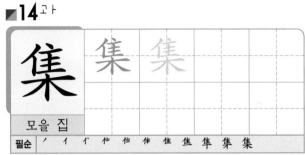

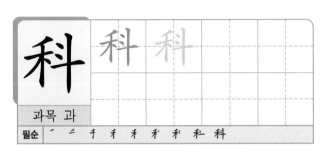

科
과목 과
필순 `´ ´ ´ 千 矛 矛 矛 矛 科 科

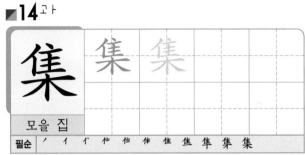

集
모을 집
필순 ´ ´ ´ ´ ´ ´ ´ ´ ´ 隹 隹 集 集

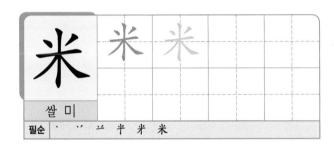

米
쌀 미
필순 ` ´ ´ 二 半 米 米

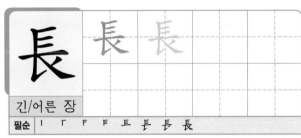

長
긴/어른 장
필순 I I´ F F´ F 乒 乒 長 長

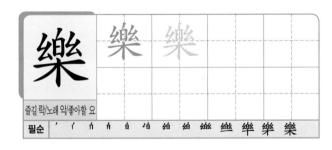

樂
즐길 락/노래 악/좋아할 요
필순 ´ ´ ´ ´ 白 白´ 绐 绐 樂 樂 樂 樂

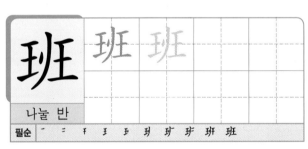

班
나눌 반
필순 ` ´ ´ I´ I´ I´ I´ I´ I´ 班 班

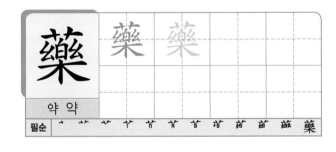

藥
약 약
필순 ´ ´ ´ ´ ´ ´ ´ ´ ´ ´ ´ ´ ´ 藥

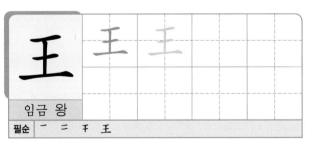

王
임금 왕
필순 ` ´ 二 千 王

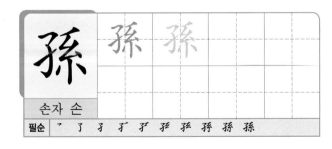

孫
손자 손
필순 ´ ´ ´ ´ ´ 孙 孙 孫 孫 孫

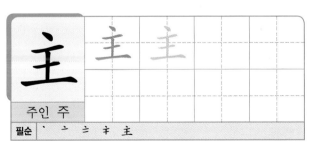

主
주인 주
필순 ` ´ ´ 二 千 主

住
살 주
필순 ノ イ イ 仁 仁 住 住

表
겉 표
필순 一 二 丰 主 声 表 表 表

注
부을/물댈 주
필순 ` ` 氵 氵 氵 注 注 注

園
동산 원
필순 丨 冂 門 門 門 門 周 周 周 周 園 園 園

黃
누를 황
필순 一 十 芏 艹 芏 芏 芐 莆 莆 黃 黃

遠
멀 원
필순 一 十 土 吉 吉 声 声 袁 袁 袁 遠 遠 遠

漢
한수/한나라 한
필순 ` ` 氵 氵 氵 沣 沣 漢 漢 漢 漢 漢 漢 漢

窓
창문 창
필순 ` ` 宀 宀 穴 空 空 空 窓 窓

衣
옷 의
필순 ` 亠 ナ 衣 衣 衣

然
그럴 연
필순 ノ ク タ タ タ 外 妖 狄 然 然 然 然

■15과

父	
아비/아버지 부	
필순 ⌒ ⌒ ⌒ 父	

雪	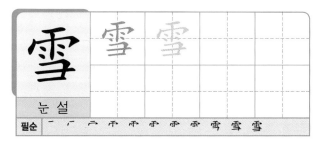
눈 설	
필순 一 ⌒ ⌒ ⌒ ⌒ ⌒ ⌒ ⌒ ⌒ 雪 雪	

交	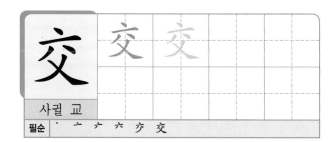
사귈 교	
필순 ⌒ 一 ⌒ ⌒ ⌒ 交	

記	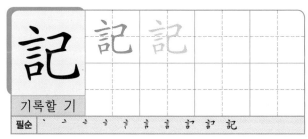
기록할 기	
필순 ⌒ ⌒ ⌒ ⌒ ⌒ ⌒ ⌒ 記 記	

校	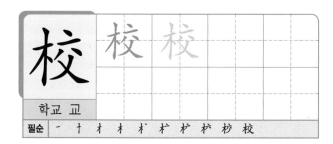
학교 교	
필순 一 十 ⌒ ⌒ ⌒ ⌒ ⌒ ⌒ ⌒ 校	

邑	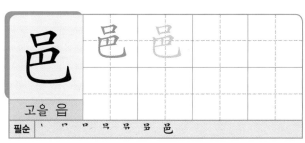
고을 읍	
필순 ⌒ ⌒ ⌒ ⌒ ⌒ ⌒ 邑	

文	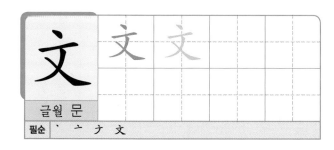
글월 문	
필순 ⌒ ⌒ ⌒ 文	

色	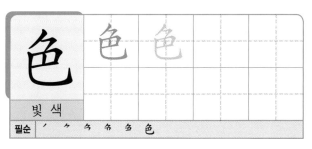
빛 색	
필순 ⌒ ⌒ ⌒ ⌒ ⌒ 色	

電	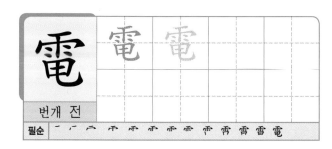
번개 전	
필순 ⌒ ⌒ ⌒ ⌒ ⌒ ⌒ ⌒ ⌒ ⌒ 雷 電	

地	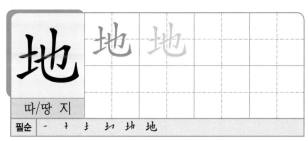
따/땅 지	
필순 一 十 ⌒ ⌒ 地 地	

■**16**과

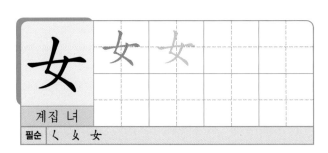

女
계집 녀
필순 〈 夕 女

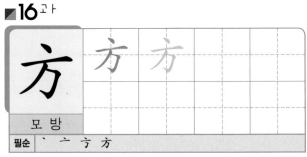

方
모 방
필순 ` 一 亇 方

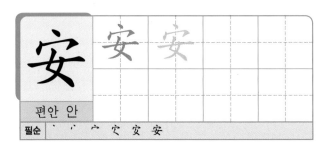

安
편안 안
필순 ` ` 宀 宀 安 安

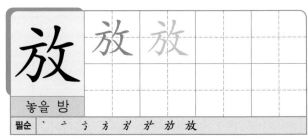

放
놓을 방
필순 ` 一 方 方 方 放 放 放

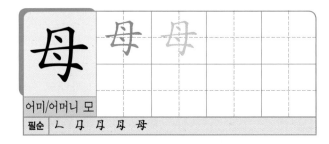

母
어미/어머니 모
필순 乙 母 母 母 母

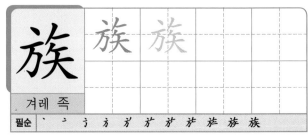

族
겨레 족
필순 ` 一 方 方 方 方 方 方 族 族

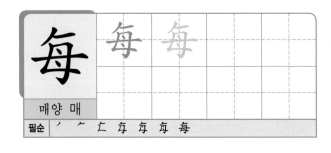

每
매양 매
필순 ノ 亠 仁 毎 毎 毎 每

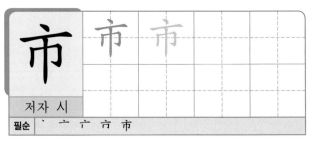

市
저자 시
필순 ` 亠 亠 亠 市

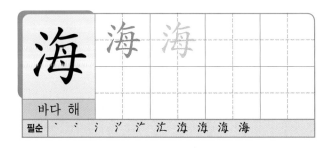

海
바다 해
필순 ` ` 氵 氵 汇 海 海 海 海

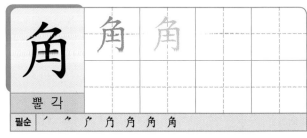

角
뿔 각
필순 ノ 夕 夕 角 角 角 角

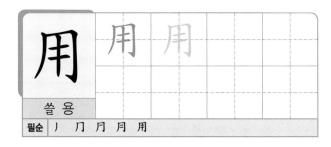

用
쓸 용
필순 丿 刀 月 月 用

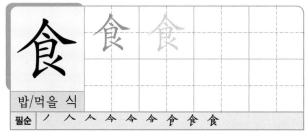

食
밥/먹을 식
필순 丿 人 人 今 今 今 食 食 食

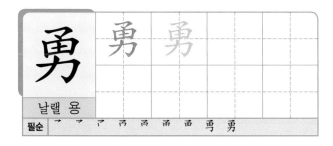

勇
날랠 용
필순 フ マ マ 丙 丙 丙 面 更 勇

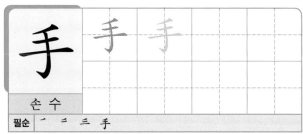

手
손 수
필순 一 二 三 手

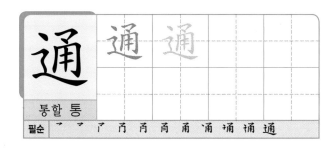

通
통할 통
필순 フ マ マ 丹 丹 吊 甬 诵 涌 涌 通

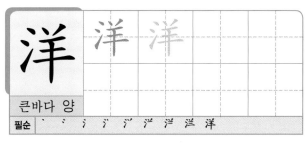

洋
큰바다 양
필순 丶 丶 氵 氵 氵 洋 洋 洋 洋

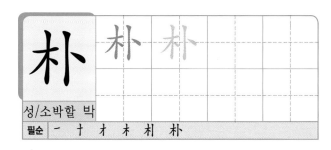

朴
성/소박할 박
필순 一 十 才 木 木 朴

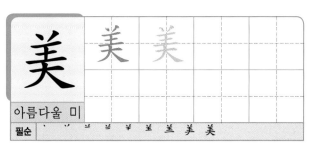

美
아름다울 미
필순 丶 丷 丷 半 美 美 美 美

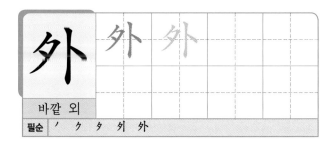

外
바깥 외
필순 丿 勹 夕 外 外

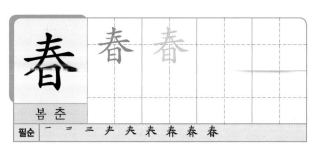

春
봄 춘
필순 一 一 三 声 夫 表 春 春 春

■**17**과

勝	勝 勝					
이길 승						

필순 丿 刀 月 月 月 月' 肝 肝 胖 胖 勝 勝

西	西 西				
서녘 서					

필순 一 兀 丌 丙 西 西

一	一 一		
하나 일			

필순 一

醫	醫 醫			
의원 의				

필순 殹 医 酉 酉 殹 殹 醫 醫 醫 醫 醫

二	二 二		
두 이			

필순 一 二

五	五 五		
다섯 오			

필순 一 丁 五 五

三	三 三		
석 삼			

필순 一 二 三

語	語 語			
말씀 어				

필순 ` 二 三 言 言 言 訂 訐 語 語 語 語

四	四 四		
넉 사			

필순 丨 冂 冂 四 四 四

六	六 六		
여섯 륙			

필순 ` 一 亠 六 六

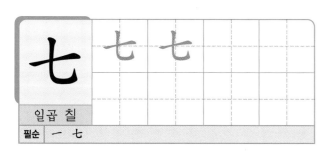

일곱 칠

필순 一 七

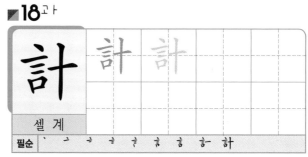

셀 계

필순 ` 亠 亠 言 言 言 言 計 計

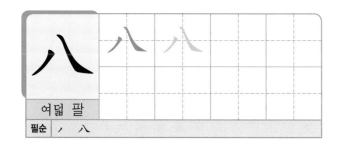

여덟 팔

필순 ノ 八

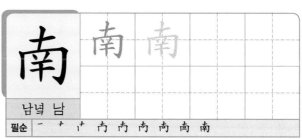

남녘 남

필순 一 十 十 內 內 南 南 南 南

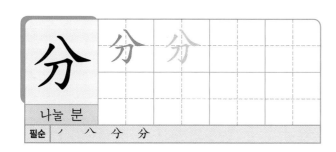

나눌 분

필순 ノ 八 分 分

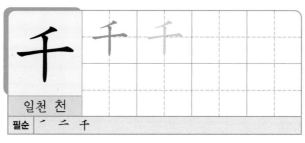

일천 천

필순 ノ 二 千

아홉 구

필순 ノ 九

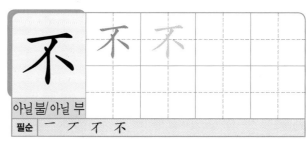

아닐 불/아닐 부

필순 一 プ 不 不

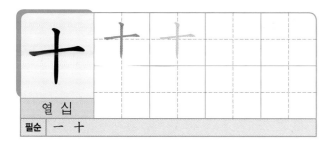

열 십

필순 一 十

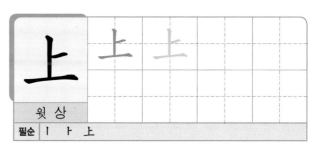

윗 상

필순 丨 卜 上

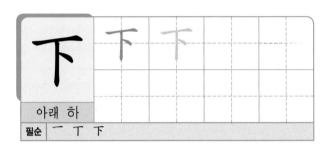

下 아래 하
필순 一 丁 下

少 적을 소
필순 亅 小 小 少

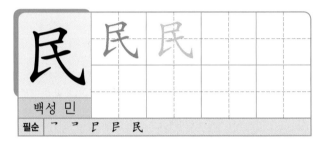

民 백성 민
필순 フ コ ヨ 戸 民 民

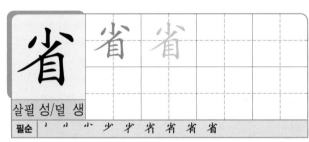

省 살필 성/덜 생
필순 ノ 小 小 少 少 省 省 省 省

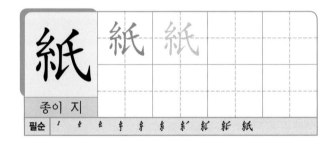

紙 종이 지
필순 ノ 幺 幺 幺 糸 糸 糺 紅 紙 紙

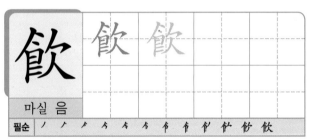

飮 마실 음
필순 ノ 人 人 今 今 今 今 食 食 食 飮 飮 飮

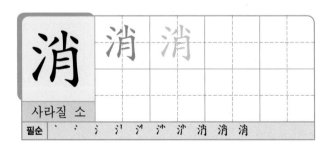

消 사라질 소
필순 丶 亠 氵 氵 汁 消 消 消 消 消

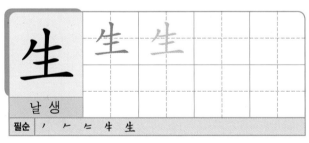

生 날 생
필순 ノ 一 一 牛 生

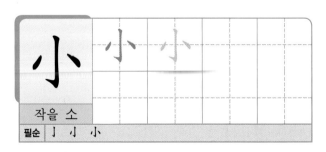

小 작을 소
필순 亅 小 小

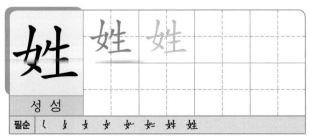

姓 성 성
필순 乚 乚 女 女 女 如 姓 姓

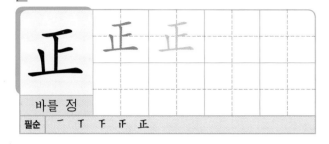

正 바를 정
필순 一 丁 下 下 正 正

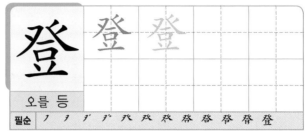

登 오를 등
필순 ⁊ ⁊ ⌐ ⌐ 癶 癶 癶 啓 啓 啓 登

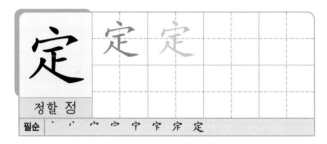

定 정할 정
필순 ⺀ ⺀ 宀 宀 宀 宁 宁 定

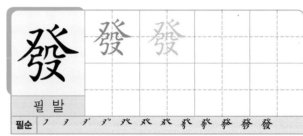

發 필 발
필순 ⁊ ⁊ ⌐ ⌐ 癶 癶 癶 発 発 發 發 發

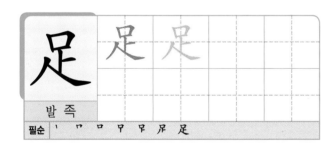

足 발 족
필순 ⺀ ⼝ ⼝ 무 무 尸 足

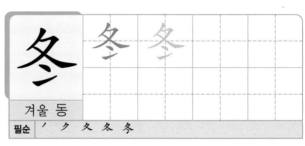

冬 겨울 동
필순 ⺀ ⼎ 久 冬 冬

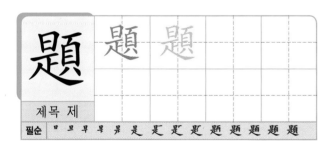

題 제목 제
필순 口 旦 무 무 류 是 是 是 題 題 題 題 題

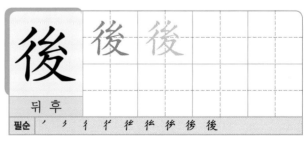

後 뒤 후
필순 ⼃ ⁊ ⼻ ⼻ 伫 伫 後 後 後

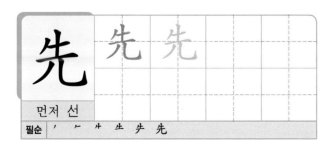

先 먼저 선
필순 ⼃ ⼃ ⼧ 生 步 先

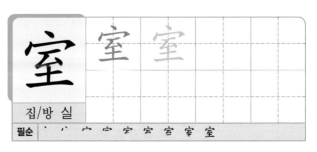

室 집/방 실
필순 ⺀ ⺀ 宀 宀 宀 宏 宏 室 室

19과

b 급

쓰기 노트 · 33

■20과

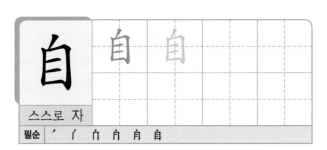

自

스스로 자

필순 ' ｲ ｲ 自 自 自

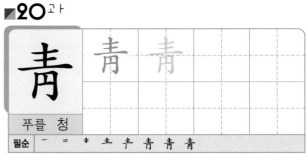

靑

푸를 청

필순 一 二 ≠ 主 丰 靑 靑 靑

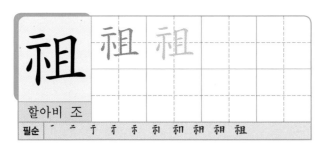

祖

할아비 조

필순 ｀ ﾌ ｪ ｪ ﾈ 和 和 和 袓 祖

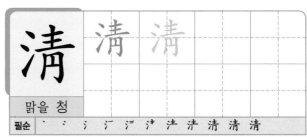

淸

맑을 청

필순 ｀ ｀ ｆ ｆ ｆ 沣 泔 清 清 清

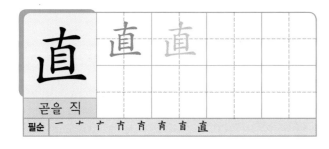

直

곧을 직

필순 一 十 ゥ ゥ 古 有 有 直 直

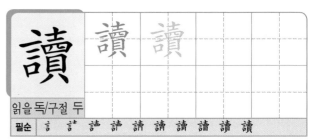

讀

읽을 독/구절 두

필순 言 計 計 請 讀 讀 讀 讀 讀 讀 讀

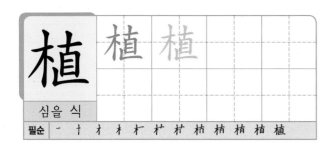

植

심을 식

필순 一 十 ｆ ｆ ｆ 朽 杧 柿 枯 植 植 植

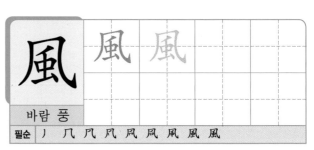

風

바람 풍

필순 ﾉ 几 凡 凡 凮 風 風 風 風

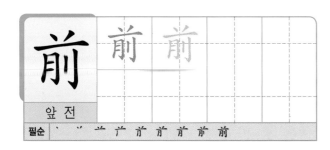

前

앞 전

필순 ｀ ｀ ｙ ｙ ｙ 广 前 前 前 前

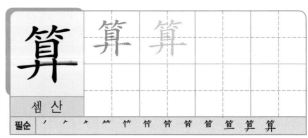

算

셈 산

필순 ﾉ ｾ ｾ ｾ ｾ 竹 笪 笪 筲 筲 算 算

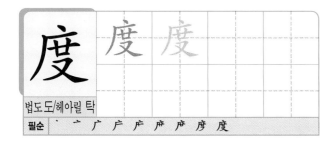

度 법도 도/헤아릴 탁
필순 `丶 广 广 户 户 庐 庐 度 度`

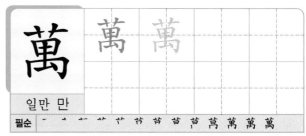

萬 일만 만
필순 `一 十 十 艹 芇 苧 苩 苩 萬 萬 萬 萬`

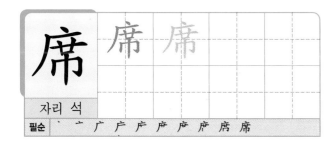

席 자리 석
필순 `丶 一 广 广 户 庐 庐 庐 席 席`

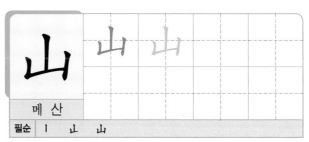

山 메 산
필순 `丨 山 山`

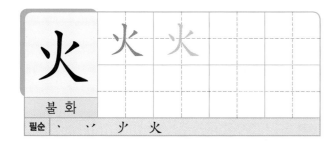

火 불 화
필순 `丶 丷 少 火`

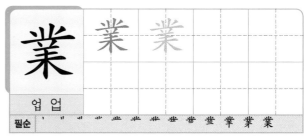

業 업 업
필순 `丷 丷 丷 业 业 业 业 堂 業 業 業`

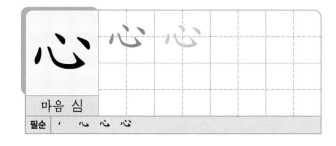

心 마음 심
필순 `丶 心 心 心`

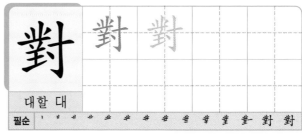

對 대할 대
필순 `丨 丨 丨 业 业 业 业 业 堂 堂 對 對`

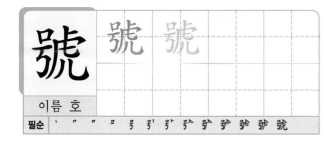

號 이름 호
필순 `丨 口 口 号 号 号 号 号 號 號 號 號`

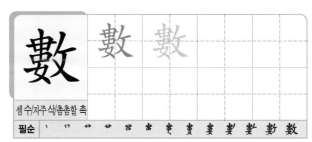

數 셈 수/자주 삭/촘촘할 촉
필순 `丶 口 曰 曰 咅 咅 婁 婁 婁 婁 數 數`

■21과

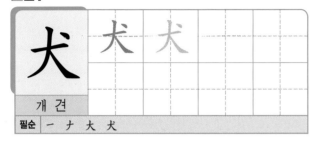

犬
개 견
필순 一 ナ 大 犬

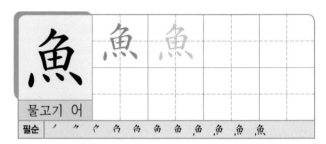

魚
물고기 어
필순 ' ク ' ク ' ク ' ク ' ク ' ク 魚 魚 魚 魚 魚

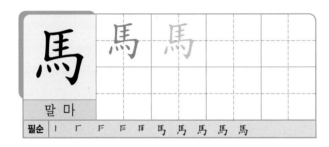

馬
말 마
필순 丨 厂 厂 F F F 馬 馬 馬 馬 馬

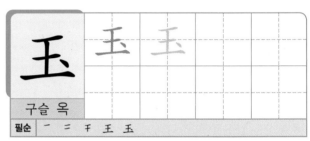

玉
구슬 옥
필순 一 二 干 王 玉

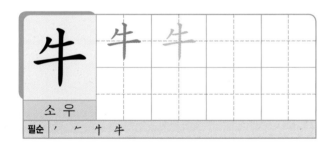

牛
소 우
필순 ' ' ' 牛 牛

己
몸 기
필순 フ コ 己

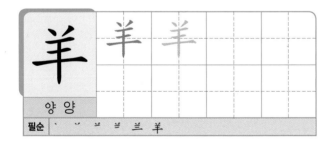

羊
양 양
필순 ' ' ' ' 兰 羊

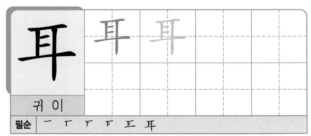

耳
귀 이
필순 一 丁 厂 F 王 耳

MEMO

6^급

한자 기본 익히기

한자의 3요소

한자는 우리말과 달리 글자마다 고유한 모양(形)과 소리(音)와 뜻(義)을 가지고 있는데, 이를 한자의 3요소라고 한다. 따라서, 한자를 익힐 때는 3요소를 함께 익혀야 한다.

육서 (六書)

육서란 한자가 어떻게 만들어졌고 어떤 짜임새를 갖고 있는가에 대한 이론이다. 즉 한자가 만들어진 여섯 가지 원리를 말한다.

① 상형문자(象形文字) : 사물의 모양을 있는 그대로 본떠 만든 글자이다.

② 지사문자(指事文字) : 무형(無形)의 추상적인 개념을 상징적인 부호로 표시하여 일종의 약속으로 사용하는 글자이다.

③ 회의문자(會意文字) : 두 개 이상의 상형문자나 지사문자가 합쳐져, 완전히 새로운 의미를 만들어 내는 글자이다.

明 (밝을 명) 해〔日〕와 달〔月〕이 합쳐져 '밝다'를 나타낸 한자

信 (믿을 신) 사람〔人〕의 말〔言〕은 믿음이 있어야 한다는 데서 '믿음'을 나타낸 한자

④ 형성문자(形聲文字) : 뜻을 나타내는 부분과 음을 나타내는 부분이 합쳐져 만들어진 글자이다.

村 (마을 촌) 木이 뜻을 나타내고, 寸이 음이 되어 '마을'을 나타낸 한자

問 (물을 문) 口가 뜻을 나타내고, 門이 음이 되어 '묻다'를 나타낸 한자

⑤ 전주문자(轉注文字) : 본래의 의미가 확대되어 완전히 새로운 뜻과 음으로 만들어진 글자이다.

한자	본래의 의미		새로운 의미	
	뜻	음	뜻	음
樂	풍류	악	즐길 / 좋아할	락 / 요
度	법도	도	헤아릴	탁
道	길	도	도리	도

⑥ 가차문자(假借文字) : 뜻을 나타내는 한자가 없을 때, 뜻과 관계없이 비슷한 음이나 모양을 가진 글자를 빌려 쓰는 글자이다.

Asia	➡	亞細亞 (아세아)	비슷한 음역을 빌려 쓴 한자
Dollar($)	➡	弗 (불)	달러 화폐 모양과 비슷해서 빌려 쓴 한자
India	➡	印度 (인도)	비슷한 음역을 빌려 쓴 한자

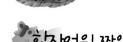

한자어의 짜임

1 **주술관계 (主述關係)** | 주어와 서술어로 이루어진 짜임

□ ‖ □   月 ‖ 明   (월명 : 달이 밝다.)
　　　　 春 ‖ 來   (춘래 : 봄이 오다.)

2 **술목관계 (述目關係)** | 서술어와 목적어로 이루어진 짜임

□ | □   立 | 志   (입지 : 뜻을 세우다.)
　　　　 植 | 木   (식목 : 나무를 심다.)

3 **술보관계 (述補關係)** | 서술어와 보어로 이루어진 짜임

□ / □   入 / 學   (입학 : 학교에 들어가다.)
　　　　 有 / 益   (유익 : 이익이 있다.)

4 **수식관계 (修飾關係)** | 앞의 한자가 뒤의 한자를 꾸며 주는 짜임

□ □   忠 臣 (충신 : 충성스런 신하)　　　青 山 (청산 : 푸른 산)

5 **병렬관계 (竝列關係)** | 같은 성분의 한자끼리 연이어 결합한 짜임

(1) 유사관계 : 서로 뜻이 같거나 비슷한 글자끼리 이루어진 한자어
□ = □   土 = 地 (토지 : 땅)　　　家 = 屋 (가옥 : 집)

(2) 대립관계 : 서로 의미가 반대되는 한자로 이루어진 한자어
□ ↔ □   上 ↔ 下 (상하 : 위아래)　　　内 ↔ 外 (내외 : 안과 밖)

(3) 대등관계 : 서로 의미가 대등한 한자로 이루어진 한자어
□ — □   草 — 木 (초목 : 풀과 나무)　　　日 — 月 (일월 : 해와 달)

한자의 필순

한자는 점과 획이 다양하게 교차하여 하나의 글자가 만들어져 쓰기가 까다롭다.
그래서 한자를 쓰는 기본적인 순서를 익히면 한자의 구조를 이해할 수 있어 좀 더 쉽게
한자를 쓸 수 있다.

1 위에서 아래로 쓴다.

2 왼쪽에서 오른쪽으로 쓴다.

3 가로획을 먼저 쓰고, 세로획은 나중에 쓴다.

4 좌우가 대칭일 때는 가운데를 먼저 쓴다.

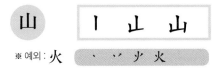

5 꿰뚫는 획은 나중에 쓴다.

(1) 세로로 뚫는 경우

(2) 가로로 뚫는 경우

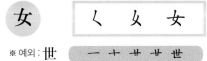

6 가로획과 세로획이 교차할 때에는 가로획을 먼저 쓴다.

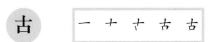

7 삐침(ノ)은 파임(ㄟ)보다 먼저 쓴다.

8 몸과 안으로 이루어진 글자는 몸을 먼저 쓴다.

9 오른쪽 위에 있는 점은 나중에 찍는다.

10 辵(辶)과 廴 받침은 맨 나중에 한다.

부수의 위치와 명칭

★ 머리·두(頭·冠) : 부수가 글자 윗부분에 위치한다.

亠	돼지해머리	亡(망할 망)	交(사귈 교)	京(서울 경)
宀	갓머리(집 면)	守(지킬 수)	室(집 실)	官(벼슬 관)
艹(艸)	초두머리(풀 초)	花(꽃 화)	苦(쓸 고)	英(꽃부리 영)
竹	대나무 죽	第(차례 제)	筆(붓 필)	答(대답할 답)
冖	민갓머리	冠(갓 관)	冥(어두울 명)	冤(원통할 원)
癶	필발머리	登(오를 등)	發(필 발)	癸(열째천간 계)

★ 변(邊) : 부수가 글자 왼 부분에 위치한다.

亻	사람인변	仁(어질 인)	代(대신할 대)	件(물건 건)
彳	두인변(자축거릴 척, 걸을 척)	往(갈 왕)	役(부릴 역)	後(뒤 후)
忄	심방변(마음 심)	忙(바쁠 망)	性(성품 성)	快(쾌할 쾌)
禾	벼 화	科(과목 과)	秋(가을 추)	私(사사로울 사)
冫	이수변(얼음 빙)	冷(찰 랭)	凍(얼 동)	冰(얼음 빙)
扌	재방변(손 수)	技(재주 기)	打(칠 타)	推(옮길 추)
犭	개사슴록(개 견)	狐(여우 호)	獨(홀로 독)	猛(사나울 맹)
氵	삼수변(물 수)	江(강 강)	法(법 법)	決(결정할 결)

★ 방(傍) : 부수가 글자 오른 부분에 위치한다.

刂(刀)	선칼도방(칼 도)	利(이할 리)	刊(새길 간)	初(처음 초)
阝	우부방(고을 읍)	都(도읍 도)	邦(나라 방)	郡(고을 군)
卩	병부절	卯(토끼 묘)	印(도장 인)	卵(알 란)
欠	하품 흠	次(버금 차)	歌(노래 가)	欺(속일 기)

★ 발·다리(脚) : 부수가 글자 아랫부분에 위치한다.

儿	어진사람 인	光(빛 광)	元(으뜸 원)	兄(형 형)
廾	스무입발(받들 공)	弁(고깔 변)	弄(희롱한 롱)	弊(페인 페)
灬	연화발(불 화)	無(없을 무)	烏(까마귀 오)	熱(더울 열)
皿	그릇 명	益(유익할 익)	盛(성할 성)	盡(다할 진)

★ **엄**: 부수가 글자의 위와 왼쪽 부분에 위치한다.

厂	민엄호(굴바위 엄)	原(근원 원)	厄(재앙 액)	厚(두터울 후)
尸	주검 시	尺(자 척)	局(판 국)	屋(집 옥)
广	엄호(집 엄)	府(마을 부)	序(차례 서)	度(법도 도)
疒	병질엄(병들 녁)	痛(아플 통)	病(병 병)	疲(피곤할 피)

★ **받침** : 부수가 글자의 왼쪽과 아랫부분에 위치한다.

廴	민책받침(길게걸을 인)	建(세울 건)	延(늘일 연)	廷(조정 정)
辶	책받침(쉬엄쉬엄갈 착)	近(가까울 근)	逆(거스를 역)	連(이을 련)
走	달아날 주	赴(다다를 부)	起(일어날 기)	超(뛰어넘을 초)

★ **몸** : 부수가 글자 둘레를 에워싸고 있는 부분에 위치한다.

囗	큰입구몸(에운 담)	四(넉 사)	囚(가둘 수)	國(나라 국)
匚	감출 혜	匹(짝 필)	區(지경 구)	匿(숨길 닉)
凵	위튼입구몸(그릇/입버릴 감)	凶(흉할 흉)	出(날 출)	凹(오목할 요)
門	문 문	開(열 개)	間(사이 간)	閉(닫을 폐)
行	다닐 행	術(재주 술)	街(거리 가)	衛(막을 위)

★ **제부수** : 부수가 한 글자 전체를 구성한다.

木	나무 목		金	쇠 금		火	불 화
水	물 수		女	계집 녀		山	메 산

기본 부수와 변형된 부수

기본자		변형자	기본자		변형자
人 (사람 인)	➡	亻(仁)	犬 (개 견)	➡	犭(狗)
刀 (칼 도)	➡	刂(別)	玉 (구슬 옥)	➡	王(珠)
川 (내 천)	➡	巛(巠)	示 (보일 시)	➡	礻(礼)
心 (마음 심)	➡	忄·⺗(性·慕)	老 (늙을 로)	➡	耂(考)
手 (손 수)	➡	扌(打)	肉 (고기 육)	➡	月(肝)
攴 (칠 복)	➡	攵(改)	艸 (풀 초)	➡	⺿(花)
水 (물 수)	➡	氵·氺(江·泰)	衣 (옷 의)	➡	衤(被)
火 (불 화)	➡	灬(烈)	辵(쉬엄쉬엄갈 착)	➡	辶(近)
爪 (손톱 조)	➡	⺥(爭)	邑 (고을 읍)	➡	阝(우부방)(郡)
歹 (앙상한뼈 알)	➡	歺(死)	阜 (언덕 부)	➡	阝(좌부방)(防)

6급 유의자

江河(강하) : 江(강   강) = 河(물/강   하)

計算(계산) : 計(셀   계) = 算(셈   산)

高大(고대) : 高(높을   고) = 大(큰   대)

空間(공간) : 空(빌   공) = 間(사이   간)

共同(공동) : 共(한가지 공) = 同(한가지 동)

公平(공평) : 公(공평할 공) = 平(평평할 평)

科目(과목) : 科(과목   과) = 目(눈   목)

光明(광명) : 光(빛   광) = 明(밝을   명)

敎訓(교훈) : 敎(가르칠 교) = 訓(가르칠 훈)

區別(구별) : 區(구분할 구) = 別(나눌   별)

區分(구분) : 區(구분할 구) = 分(나눌   분)

根本(근본) : 根(뿌리   근) = 本(근본   본)

急速(급속) : 急(급할   급) = 速(빠를   속)

道路(도로) : 道(길   도) = 路(길   로)

圖畫(도화) : 圖(그림   도) = 畫(그림   화)

洞里(동리) : 洞(골   동) = 里(마을   리)

等級(등급) : 等(무리   등) = 級(등급   급)

明白(명백) : 明(밝을   명) = 白(흰   백)

名號(명호) : 名(이름   명) = 號(이름   호)

文章(문장) : 文(글월   문) = 章(글   장)

方向(방향) : 方(모   방) = 向(향할   향)

事業(사업) : 事(일   사) = 業(일   업)

算數(산수) : 算(셈   산) = 數(셈   수)

成長(성장) : 成(이룰   성) = 長(긴   장)

消失(소실) : 消(사라질 소) = 失(잃을   실)

樹木(수목) : 樹(나무   수) = 木(나무   목)

身體(신체) : 身(몸   신) = 體(몸   체)

室堂(실당) : 室(집   실) = 堂(집   당)

安全(안전) : 安(편안   안) = 全(온전   전)

言語(언어) : 言(말씀   언) = 語(말씀   어)

永遠(영원) : 永(길   영) = 遠(멀   원)

溫和(온화) : 溫(따뜻할 온) = 和(화할   화)

運動(운동) : 運(움직일 운) = 動(움직일 동)

育成(육성) : 育(기를   육) = 成(이룰   성)

衣服(의복) : 衣(옷   의) = 服(옷   복)

入口(입구) : 入(들   입) = 口(입   구)

作成(작성) : 作(지을   작) = 成(이룰   성)

正直(정직) : 正(바를   정) = 直(곧을   직)

中心(중심) : 中(가운데 중) = 心(마음   심)

集合(집합) : 集(모을   집) = 合(합할   합)

集會(집회) : 集(모을   집) = 會(모일   회)

特別(특별) : 特(특별할 특) = 別(다를   별)

便安(편안) : 便(편할   편) = 安(편안   안)

平和(평화) : 平(평평할 평) = 和(화할   화)

學習(학습) : 學(배울   학) = 習(익힐   습)

合同(합동) : 合(합할   합) = 同(한가지 동)

海洋(해양) : 海(바다   해) = 洋(큰바다 양)

和合(화합) : 和(화할   화) = 合(합할   합)

江山(강산) : 江(강　　강)↔山(메　　산)	山川(산천) : 山(메　　산)↔川(내　　천)
強弱(강약) : 強(강할　강)↔弱(약할　약)	上下(상하) : 上(윗　　상)↔下(아래　하)
古今(고금) : 古(예　　고)↔今(이제　금)	生死(생사) : 生(날　　생)↔死(죽을　사)
苦樂(고락) : 苦(쓸/괴로울고)↔樂(즐길　락)	先後(선후) : 先(먼저　선)↔後(뒤　　후)
敎學(교학) : 敎(가르칠 교)↔學(배울　학)	手足(수족) : 手(손　　수)↔足(발　　족)
國家(국가) : 國(나라　국)↔家(집　　가)	水火(수화) : 水(물　　수)↔火(불　　화)
男女(남녀) : 男(사내　남)↔女(계집　녀)	心身(심신) : 心(마음　심)↔身(몸　　신)
南北(남북) : 南(남녘　남)↔北(북녘　북)	言行(언행) : 言(말씀　언)↔行(다닐　행)
內外(내외) : 內(안　　내)↔外(바깥　외)	遠近(원근) : 遠(멀　　원)↔近(가까울 근)
老少(노소) : 老(늙을　로)↔少(젊을　소)	日月(일월) : 日(날/해　일)↔月(달　　월)
多少(다소) : 多(많을　다)↔少(적을　소)	子女(자녀) : 子(아들　자)↔女(계집　녀)
大小(대소) : 大(큰　　대)↔小(작을　소)	昨今(작금) : 昨(어제　작)↔今(이제　금)
東西(동서) : 東(동녘　동)↔西(서녘　서)	長短(장단) : 長(긴　　장)↔短(짧을　단)
登下(등하) : 登(오를　등)↔下(아래　하)	前後(전후) : 前(앞　　전)↔後(뒤　　후)
母子(모자) : 母(어미　모)↔子(아들　자)	朝夕(조석) : 朝(아침　조)↔夕(저녁　석)
母女(모녀) : 母(어미　모)↔女(계집　녀)	祖孫(조손) : 祖(할아비 조)↔孫(손자　손)
問答(문답) : 問(물을　문)↔答(대답　답)	左右(좌우) : 左(왼　　좌)↔右(오른　우)
物心(물심) : 物(물건　물)↔心(마음　심)	晝夜(주야) : 晝(낮　　주)↔夜(밤　　야)
父母(부모) : 父(아비　부)↔母(어미　모)	天地(천지) : 天(하늘　천)↔地(따/땅　지)
父子(부자) : 父(아비　부)↔子(아들　자)	草木(초목) : 草(풀　　초)↔木(나무　목)
分合(분합) : 分(나눌　분)↔合(합할　합)	春秋(춘추) : 春(봄　　춘)↔秋(가을　추)
死活(사활) : 死(죽을　사)↔活(살　　활)	出入(출입) : 出(날　　출)↔入(들　　입)
山水(산수) : 山(메　　산)↔水(물　　수)	兄弟(형제) : 兄(형　　형)↔弟(아우　제)

6급 읽기 어려운 한자

1 두음 법칙(頭音法則) : 우리말에서, 단어의 첫소리에 어떤 소리가 오는 것을 꺼리는 현상.

❋ 한자음 '녀, 뇨, 뉴, 니'가 단어 첫머리에 올 때는 두음 법칙에 따라 '여, 요, 유, 이'로 씀.

女(계집　녀) 女子(여자)	年(해　　년) 年金(연금)

❋ 한자음 '라, 래, 로, 뢰, 루, 르'가 단어 첫머리에 올 때는 두음 법칙에 따라 '나, 내, 노, 뇌, 누, 느'로 씀.

來(올　　래) 來日(내일)	路(길　　로) 路上(노상)	綠(푸를　록) 綠色(녹색)
雷(우레　뢰) 雷聲(뇌성)	樂(즐길　락) 樂天(낙천)	陵(언덕　릉) 陵墓(능묘)

❋ 한자음 '랴, 려, 례, 료, 류, 리'가 단어 첫머리에 올 때는 두음 법칙에 따라 '야, 여, 예, 요, 유, 이'로 씀.

力(힘　　력) 力道(역도)	禮(예도　례) 禮物(예물)
例(법식　례) 例外(예외)	六(여섯　륙) 六二五(육이오)
里(마을　리) 里長(이장)	林(수풀　림) 林野(임야)
良(어질　량) 良心(양심)	龍(용　　룡) 龍宮(용궁)

2 동자이음어(同字異音語)

金	쇠　　금 : 入金(입금)	
	성　　김 : 金九(김구)	
	*성씨로 쓰일 때는 '김'으로 읽는다.	
度	법도　도 : 高度(고도)	
	헤아릴 탁 : 度地(탁지)	
樂	즐길　락 : 苦樂(고락)	
	풍류　악 : 音樂(음악)	
	좋아할 요 : 樂山(요산)	
車	수레　차 : 車內(차내)	
	수레　거 : 車馬(거마)	
省	살필　성 : 自省(자성)	
	덜　　생 : 省略(생략)	

不	아닐　불 : 不安(불안)	
	아닐　부 : 不正(부정)	
	❋ '不'뒤에 'ㄷ' 'ㅈ'이 오면 '부'로 읽는다.	
便	편할　편 : 便安(편안)	
	똥오줌 변 : 便所(변소)	
	❋ '똥오줌'으로 쓰일 때만 '변'으로 읽는다.	
行	다닐　행 : 行動(행동)	
	항렬　항 : 行列(항렬)	
十	열　　십 : 十月(시월)	
六	여섯　륙 : 六月(유월)	
		五六月(오뉴월)

6급 낱말 사전

歌手 (가수) ··· 노래 부르는 것을 업으로 삼는 사람.

歌樂 (가악) ··· 노래와 풍악.

家長 (가장) ··· 한 가정을 이끌어 나가는 사람.

家業 (가업) ··· 대대로 물려받은 집안의 직업.

家庭 (가정) ··· 한 가족이 살림하고 있는 집안.

家族 (가족) ··· 부부를 기초로 하여 한 가정을 이루는 사람들.

家風 (가풍) ··· 한 집안의 기율과 풍습.

各界 (각계) ··· 사회의 각 분야.

各自 (각자) ··· 각각의 자기 자신.

角度 (각도) ··· 각의 크기.

間食 (간식) ··· 군음식. 군음식을 먹음. 샛밥을 먹음.

感動 (감동) ··· 깊이 느껴 마음이 움직임.

強國 (강국) ··· 강한 나라. 군사력, 경제력이 뛰어나 국제 사회에서 인정받는 나라.

強弱 (강약) ··· 강하고 약함.

強者 (강자) ··· 힘이나 세력이 강한 사람, 혹은 그 집단.

江村 (강촌) ··· 강가에 있는 마을.

強行 (강행) ··· 어려움을 무릅쓰고 행함.

開校 (개교) ··· 새로 세운 학교에서 수업을 시작함.

開學 (개학) ··· 학교에서 방학으로 한동안 수업을 쉬었다가 다시 수업을 시작함.

開放 (개방) ··· 문을 열어 놓음.

開業 (개업) ··· 영업을 시작함.

計算 (계산) ··· 셈을 헤아림.

高空 (고공) ··· 높은 공중.

古今 (고금) ··· 옛날과 지금을 아울러 이르는 말.

古木 (고목) ··· 오래 묵은 나무.

苦待 (고대) ··· 몹시 기다림.

苦樂 (고락) ··· 괴로움과 즐거움.

苦生 (고생) ··· 어렵고 괴로운 생활.

高級 (고급) ··· 높은 등급.

高速 (고속) ··· 높고 빠른 속도.

工業 (공업) ··· 원료를 가공하여 그 성질과 형상을 변경하는 생산업의 부문.

空軍 (공군) ··· 항공기로써 공중 전투 및 대지상 대함선 공격을 임무로 하는 군대.

空氣 (공기) ··· 지구를 둘러싼 대기의 기체.

公立 (공립) ··· 지방 자치 단체가 설립하여 운영하는 일, 또는 그 시설.

公共 (공공) ··· 국가, 사회의 구성원에게 서로 관계되는 일.

公式 (공식) ··· 국가, 사회적으로 인정된 공적인 방식.

公正 (공정) ··· 공평하고 올바름.

公表 (공표) ··· 세상에 널리 알림.

共同 (공동) ··· 두 사람 이상이 일을 같이 함.

共生 (공생) ··· 서로 같은 장소에서 도우며 생활함.

公園 (공원) ··· 공중의 보건, 휴양 등을 위하여 시설된 정원, 유원지 등의 사회 시설.

科目 (과목) ··· 분야별로 나눈 학문의 구분.

果樹 (과수) ··· 과실나무.

科學 (과학) ··· 보편적인 진리나 법칙의 발견을 목적으로 한 체계적 지식.

光明 (광명) ··· 밝고 환함.

光線 (광선) ··· 빛의 줄기.

交感 (교감) ··· 서로 접촉하여 따라 움직이는 느낌.

校服 (교복) ··· 학교의 제복.

校庭 (교정) ··· 학교 운동장.

敎育 (교육) ··· 가르치어 기름. 가르치어 지식을 줌.

交通 (교통) ··· 자동차, 비행기, 배 등 탈것을 이용하여 오고가는 일.

敎訓 (교훈) ··· 가르치고 이끌어 줌.

區別 (구별) ··· 종류에 따라 갈라놓음.

區分 (구분) ··· 일정한 기준에 따라 전체를 몇 개로 갈라 나눔.

口語 (구어) ··· 일상적인 대화에서 쓰는 말.

九天 (구천)	가장 높은 하늘.	多幸 (다행)	운수가 좋음. 일이 좋게 됨.
國旗 (국기)	한 나라를 상징하기 위하여 그 나라의 표지로 정한 깃발.	短命 (단명)	목숨이 짧음.
國民 (국민)	한 나라의 통치권 밑에 같은 국적을 가진 사람들.	答禮 (답례)	남의 인사에 답하여 인사를 함.
國運 (국운)	나라의 운명.	答信 (답신)	회답의 통신이나 서신.
國會 (국회)	국민의 대표로 구성한 입법 기관.	對答 (대답)	묻는 말에 답함. 부름에 응함.
軍旗 (군기)	군의 각 단위 부대를 표시하는 깃발.	大路 (대로)	폭이 넓고 큰 길.
軍人 (군인)	군대에서 복무하는 사람. 육해공군의 장교·부사관·병졸을 통칭.	對面 (대면)	얼굴을 마주 보고 대함.
		對話 (대화)	서로 마주 대하여 이야기함.
群民 (군민)	행정구역의 하나인 郡(군) 안에 사는 사람.	代表 (대표)	개인이나 단체를 대신하여 그의 의사를 외부에 나타냄.
近來 (근래)	요즈음.	道路 (도로)	사람이나 차들이 다니는 비교적 큰 길.
近親 (근친)	성이 같은 가까운 겨레. 흔히 팔촌 이내의 일가.	道理 (도리)	사람이 마땅히 행하여야 할 바른 길.
根本 (근본)	초목의 뿌리. 사물이 발생하는 근원. 기초.	讀音 (독음)	글을 읽는 소리. 한자의 음.
急所 (급소)	신체 중에서 그곳을 해치면 생명에 관계되는 부분.	同感 (동감)	어떤 견해나 의견에 생각이 같음.
		動力 (동력)	어떠한 물체를 움직이게 하는 힘.
急速 (급속)	몹시 급함. 빠름.	東方 (동방)	동쪽. 동쪽 지방.
級數 (급수)	우열에 따라 매기는 등급.	同席 (동석)	같은 석차. 자리를 같이 함.
級訓 (급훈)	학급의 교육 목표로 정한 교훈.	同姓 (동성)	같은 성. 성씨가 같음. * 同姓同本(동성동본) : 성과 본관이 모두 같음.
記者 (기자)	신문, 방송 등에서 기사를 취재하여 쓰거나 편집 하는 사람.		
		童心 (동심)	어린이의 마음. 어린이처럼 순진한 마음.
氣分 (기분)	유쾌함이나 불쾌함 등의 감정.		
		洞長 (동장)	한 동네의 우두머리. 동사무소의 장.
		登校 (등교)	학교에 나감.
樂園 (낙원)	안락하게 살 수 있는 즐거운 곳.	等級 (등급)	높고 낮음의 차이를 분별한 층수.
內科 (내과)	내장의 기관에 생긴 병을 고치는 의술의 한 부분.	登記 (등기)	등기부에 일정한 권리 관계를 적는 것.
內部 (내부)	안쪽의 부분.	登場 (등장)	무대 같은 데서 나옴.
來年 (내년)	올해의 다음해.		
老人 (노인)	나이가 많은 사람.		
路面 (노면)	도로의 겉면.		
農夫 (농부)	농사로 업을 삼는 사람.	萬感 (만감)	여러 가지 느낌. 온갖 생각.
農場 (농장)	농사에 필요한 설비를 갖추고 농업을 경영하는 장소.	萬物 (만물)	세상에 있는 모든 것.
		萬一 (만일)	만약.
農村 (농촌)	주민의 대부분이 농업을 생업으로 삼는 마을.	每年 (매년)	해마다
		面目 (면목)	얼굴. 얼굴의 생김새. 사물의 상태, 또는 그 모양.
多讀 (다독)	많이 읽음.		
		面會 (면회)	만나 봄.

名言 (명언)	이치에 들어맞는 훌륭한 말.
名人 (명인)	어떤 기예에 뛰어난 유명한 사람.
名畫 (명화)	아주 잘 그린 그림, 또는 유명한 그림.
母親 (모친)	어머니.
文明 (문명)	사람의 지혜가 깨서 자연을 정복하여 사회가 정신적·물질적으로 진보된 상태.
問病 (문병)	앓는 사람을 찾아보고 위로함.
問安 (문안)	웃어른께 안부를 여쭘.
問題 (문제)	해답을 필요로 하는 물음.
文集 (문집)	시나 문장을 모아 엮은 책.
物理 (물리)	모든 사물의 이치.
物體 (물체)	구체적인 형태를 가지고 존재하는 것.
美人 (미인)	용모가 아름다운 여자.
民間 (민간)	일반 국민의 사회.

半球 (반구)	구의 절반.
反對 (반대)	등지거나 서로 맞섬.
反問 (반문)	자기 과거의 행위에 대하여 그 선악(善惡), 가부(可否)를 살핌.
班長 (반장)	한 반의 통솔자 또는 책임자.
發光 (발광)	빛을 냄.
發明 (발명)	전에 없던 것을 새로 생각해 내게 만들어 냄.
發生 (발생)	생겨남. 태어남. 일이 비롯하여 일어남.
發電 (발전)	전기를 일으킴.
方今 (방금)	바로 조금 전이나 후.
方式 (방식)	어떤 일정한 형식이나 방법.
放心 (방심)	마음을 다잡지 않고 놓아버림. 정신을 차리지 않음.
放學 (방학)	학교에서 학기가 끝난 뒤에 수업을 일정기간 중지하는 것.
白米 (백미)	흰 쌀.
白雪 (백설)	흰 눈.
番地 (번지)	땅을 나누어 매겨놓은 땅의 번호.

番號 (번호)	차례를 나타내는 호수.
別名 (별명)	본이름 말고 남들이 지어서 부르는 이름.
病弱 (병약)	병에 시달려 몸이 약함.
病者 (병자)	병을 앓는 사람.
本業 (본업)	그 사람의 주된 직업.
部分 (부분)	전체를 몇 개로 나눈 것의 하나.
不正 (부정)	올바르지 아니하거나 옳지 못함.
部下 (부하)	직책상 자기보다 더 낮은 자리에 있는 사람.
北部 (북부)	어떤 지역에서의 북쪽 부분.
分校 (분교)	본교 소재지 이외의 지역에 따로 분설한 학교.
分野 (분야)	사물을 어떤 기준에 따라 구분한 각각의 영역, 혹은 범위.
不發 (불발)	떠나지 않음. 탄환, 폭탄 등이 안 터짐.
不平 (불평)	마음에 들지 않아 못마땅하게 여김.
不幸 (불행)	행복하지 않음.

事物 (사물)	일과 물건을 아울러 이르는 말.
四方 (사방)	동서남북, 네 방위를 통틀어 나타내는 말.
死別 (사별)	죽어서 이별함.
使用 (사용)	사람이나 물건을 쓰거나 부림.
社長 (사장)	회사의 책임자.
社會 (사회)	같은 무리끼리 모여 이루는 집단.
山林 (산림)	산과 숲. 산에 있는 나무.
山村 (산촌)	산속에 있는 마을.
上京 (상경)	서울로 올라옴.
生計 (생계)	살림을 살아나갈 방도.
生命 (생명)	목숨. 사물을 유지하는 기한.
書記 (서기)	단체나 회의에서 기록을 맡은 사람.
書堂 (서당)	글방.
書面 (서면)	글씨를 쓴 지면.

書體 (서체)	•••	글씨체. 붓글씨의 격식이나 양식.
書畫 (서화)	•••	글씨와 그림.
夕陽 (석양)	•••	저녁 때의 해.
石油 (석유)	•••	천연으로 지하에서 산출되는 가연성 광물성 기름.
先頭 (선두)	•••	첫 머리.
先祖 (선조)	•••	먼 윗대의 조상.
先親 (선친)	•••	남에게 돌아가신 자기 아버지를 일컫는 말.
成功 (성공)	•••	목적을 이룸. 뜻을 이룸.
成果 (성과)	•••	이루어진 결과.
成人 (성인)	•••	자라서 어른이 된 사람.
成形 (성형)	•••	일정한 형태를 만듦.
世界 (세계)	•••	지구 위의 모든 지역.
世代 (세대)	•••	어떤 연대를 갈라서 나눈 층.
少女 (소녀)	•••	아직 완전히 성숙하지 않은 여자 아이.
所有 (소유)	•••	가지고 있음, 또는 그 물건.
小人 (소인)	•••	나이 어린 사람.
消火 (소화)	•••	불을 끔.
速度 (속도)	•••	물체가 나아가거나 일이 진행되는 빠르기.
速讀 (속독)	•••	빨리 읽음.
速成 (속성)	•••	빨리 이룸. 속히 됨.
速戰 (속전)	•••	운동 경기나 싸움에서 재빨리 몰아쳐 싸움.
孫子 (손자)	•••	아들 또는 딸의 아들.
手工 (수공)	•••	손으로 하는 공예.
數理 (수리)	•••	수학의 이론이나 이치.
樹木 (수목)	•••	살아 있는 나무.
水溫 (수온)	•••	물의 온도.
手話 (수화)	••	청각 장애우들이 구화(口話)를 대신하여 손짓으로 하는 말.
習作 (습작)	••	연습삼아 짓거나 그려봄, 또는 그런 작품.
勝利 (승리)	•••	겨루어 이김.
勝算 (승산)	•••	이길 가망성.

勝者 (승자)	•••	(어떤 경기에서) 이긴 사람.
時間 (시간)	•••	어떤 시각에서 다른 시각까지의 사이.
始作 (시작)	•••	처음으로 함.
市場 (시장)	•••	매일 또는 정기적으로 상인들이 모여 상품을 매매하는 장소.
食堂 (식당)	•••	건물안에 식사를 할 수 있게 시설을 갖춘 장소
食水 (식수)	•••	먹는 물.
式場 (식장)	•••	식을 거행하는 곳.
神童 (신동)	•••	재주와 지혜가 남달리 뛰어난 아이.
新聞 (신문)	•••	새로운 소식.
信用 (신용)	•••	믿고 씀. 믿고 의심하지 않음.
信者 (신자)	•••	종교를 믿는 사람.
新車 (신차)	•••	새 차.
身體 (신체)	•••	사람의 몸.
室內 (실내)	••	방이나 건물 따위의 안.
失明 (실명)	•••	눈이 어두워짐. 시력을 잃음.
失手 (실수)	•••	잘못해 그르침.
失神 (실신)	•••	정신을 잃음.
心理 (심리)	•••	마음의 작용과 의식의 상태.
心身 (심신)	•••	마음과 몸을 이르는 말.
心弱 (심약)	•••	마음이 약함.

安樂 (안락)	•	몸과 마음이 편안하고 즐거움.
安全 (안전)	•	평안하여 위험이 없음.
愛國 (애국)	•	자기 나라를 사랑함.
夜間 (야간)	•	해가 져서 뜰 때까지.
野山 (야산)	•	들 근처의 나지막한 산.
夜食 (야식)	•	밤에 음식을 먹음, 또는 그 음식.
藥物 (약물)	•	약제가 되는 물질. 약품.
弱小 (약소)	•	약하고 작음.
弱風 (약풍)	•	약하게 부는 바람.

陽地 (양지)	•	볕이 바로 드는 곳.
言語 (언어)	•	음성, 문자를 수단으로 하여 사람의 시상, 감정을 표현하여 전달하는 활동.
言行 (언행)	•	말과 행동.
業主 (업주)	•	영업소의 주인
業體 (업체)	•	사업체나 기업체의 준말.
年間 (연간)	•	한 해 동안.
年代 (연대)	•	역사상의 시대. 지나온 햇수나 시대.
永生 (영생)	•	영원히 삶. 영원한 생명.
永遠 (영원)	•	어떤 상태가 끝없이 이어짐.
英才 (영재)	•	탁월한 재주, 또는 그런 사람.
例年 (예년)	•	여느 해.
禮物 (예물)	•	사례의 뜻을 표하여 주는 물건.
例外 (예외)	•	일반 규칙이나 통례를 벗어나는 일.
五音 (오음)	•	궁(宮), 상(商), 각(角), 치(徵), 우(羽)의 다섯 음률.
溫氣 (온기)	•	따뜻한 기운.
溫度 (온도)	•	덥고 찬 정도, 또는 그 도수.
溫水 (온수)	•	따뜻한 물.
王道 (왕도)	•	어떤 어려운 일을 하기 위한 쉬운 방법.
王室 (왕실)	•	왕의 집안. 왕가.
外界 (외계)	•	바깥 세계.
外交 (외교)	•	다른 나라와 정치적, 경제적, 문화적 관계를 맺는 일.
外出 (외출)	•	밖에 나감. 나들이함.
用語 (용어)	•	어떤 분야에서 주로 쓰는 말.
用紙 (용지)	•	어떤 일에 쓰는 일정한 양식의 종이.
遠近 (원근)	•	멀고 가까움. 먼 곳과 가까운 곳.
遠大 (원대)	•	규모가 큼. 뜻이 큼.
遠洋 (원양)	•	멀리 떨어진 큰 바다.
月光 (월광)	•	달빛.
有感 (유감)	•	느끼는 바가 있음.
有利 (유리)	•	이익이 있음.
有名 (유명)	•	세상에 이름이 알려져 있음.

育成 (육성)	•	길러서 자라게 함.
六親 (육친)	•	부(父), 모(母), 형(兄), 제(弟), 처(妻), 자(子).
音感 (음감)	•	음에 대한 감수성.
音色 (음색)	•	발음체가 소리를 낼 때 그 음의 높낮이가 같아도 악기 또는 사람에 따라 달리 들리는 소리의 특성.
音樂 (음악)	•	목소리나 악기를 통하여 사상, 감정을 나타내는 예술.
邑內 (읍내)	•	읍의 구역 안.
醫書 (의서)	•	의학에 관한 책.
醫藥 (의약)	•	의료에 쓰는 약품. 의술과 약품.
意向 (의향)	•	어떻게 할 것인가에 대한 생각.
二世 (이세)	•	외국에서 낳은 자녀로 그 나라 시민권이 있는 사람. 다음 세대.
理由 (이유)	•	까닭. 사유.
人命 (인명)	•	사람의 목숨.
人生 (인생)	•	사람의 목숨. 사람이 이 세상에 살아 있는 동안.
人體 (인체)	•	사람의 몸.
日記 (일기)	•	날마다 생긴 일, 느낌 등을 적은 기록. 일지.
日出 (일출)	•	해가 뜸.
林野 (임야)	•	삼림과 원야.
入學 (입학)	•	학교에 들어가 학생이 됨.

自省 (자성)	•	스스로 반성함.
子孫 (자손)	•	아들과 손자. 후손.
自習 (자습)	•	스스로 배워 익힘.
自愛 (자애)	•	자기 자신을 스스로 아끼고 사랑함.
自然 (자연)	•	사람의 힘을 더하지 않은 천연 그대로의 상태.
字形 (자형)	•	글자의 모양. 글자의 생김새.
作別 (작별)	•	인사를 나누고 헤어짐.
作業 (작업)	•	어떤 일터에서 일을 함, 또는 그 일.

昨夜 (작야)	어젯밤.
長短 (장단)	길고 짧음. 좋고 나쁨.
長身 (장신)	키가 큰 몸, 또는 그런 몸을 가진 사람.
場所 (장소)	어떤 일이 이루어지거나 일어나는 곳.
在野 (재야)	벼슬길에 오르지 않고 민간에 있음.
電球 (전구)	전기를 통하여 밝게 하는 기구.
戰死 (전사)	전쟁에서 싸우다 죽음.
戰術 (전술)	작전의 수행 방법이나 기술.
全體 (전체)	전부.
定立 (정립)	정하여 세움.
正面 (정면)	바로 마주 보이는 쪽.
正式 (정식)	규정대로의 바른 방식. 정당한 방식.
定式 (정식)	방식이나 격식을 일정하게 정함.
庭園 (정원)	잘 가꾸어 놓은 넓은 뜰.
正直 (정직)	마음에 거짓이나 꾸밈이 없이 바르고 곧음.
題目 (제목)	겉장에 쓴 책의 이름. 글제.
第一 (제일)	여럿 중 첫째가는 것.
題號 (제호)	책자 따위의 제목.
祖國 (조국)	조상 때부터 대대로 살아온 나라.
朝夕 (조석)	아침과 저녁을 아울러 이르는 말.
足球 (족구)	발로 공을 차거나 다루는 놀이.
晝間 (주간)	낮. 낮 동안.
住民 (주민)	일정한 곳에 자리를 잡고 사는 사람.
住所 (주소)	거주지. 생활의 본거인 장소.
晝夜 (주야)	밤낮.
注油 (주유)	기름을 넣음.
主人 (주인)	한 집안의 주장이 되는 사람. 물건의 임자.
中間 (중간)	두 사물이나 현상의 사이.
中立 (중립)	어느 편에도 치우침이 없이 그 중간에 서는 일.
中部 (중부)	어떤 지역의 가운데 부분.

重病 (중병)	위중한 병.
地圖 (지도)	지구 표면의 일부나 전부를 일정한 축척에 의해 평면상에 나타낸 그림.
紙物 (지물)	종이의 총칭.
地方 (지방)	어느 한 방면의 땅.
地形 (지형)	땅의 생긴 모양.
直角 (직각)	두 직선이 만나서 이루는 90도의 각.
直立 (직립)	똑바로 섬.
直行 (직행)	도중에서 지체하지 않고 목적지로 바로 감.
集中 (집중)	한 곳으로 모임.

天使 (천사)	인간의 기원을 신에게 전하는 사자.
天地 (천지)	하늘과 땅. 우주.
淸音 (청음)	맑고 깨끗한 음성.
靑春 (청춘)	새싹이 돋는 봄철. 젊은 나이.
淸風 (청풍)	부드럽고 맑은 바람.
體力 (체력)	육체적 활동을 할 수 있는 몸의 힘.
體溫 (체온)	동물체가 가지고 있는 온도.
草家 (초가)	볏짚, 밀짚, 갈대 등으로 지붕을 인 집. 초가집.
草木 (초목)	풀과 나무.
草地 (초지)	풀이 나 있는 땅.
寸數 (촌수)	겨레붙이 사이의 멀고 가까운 정도가 얼마라는 수.
秋夕 (추석)	한가위. 음력 8월 15일.
春秋 (춘추)	봄과 가을.
出動 (출동)	활동하기 위하여 목적지로 떠남.
出發 (출발)	목적지를 향하여 나아감.
出席 (출석)	자리에 나감. 어떤 모임에 나감.
出題 (출제)	문제나 제목을 냄.
親近 (친근)	사귀어 지내는 사이가 매우 가까움.
親書 (친서)	몸소 씀. 또는 그 편지.

七夕 (칠석) ·· 명절의 하나. 음력 7월 7일.

太陽 (태양) ··· 태양계의 중심에 있는 거대한 가스덩어리인 해.

土地 (토지) ·· 땅. 흙.

通路 (통로) ·· 통하여 다니는 길. 의사소통이나 거래의 길.

通信 (통신) ·· 소식을 전함.

通用 (통용) ·· 세상에 두루 쓰임.

通風 (통풍) ·· 바람을 잘 통하게 함.

通話 (통화) ·· 전화로 말을 주고 받음.

特級 (특급) ·· 특별한 계급.

特待 (특대) ·· 특별한 대우.

特命 (특명) ·· 특별한 명령.

特定 (특정) ·· 특별히 지정함.

平面 (평면) ··· 평평한 표면.

平野 (평야) ·· 들판.

表面 (표면) ··· 사물의 가장 바깥 .

表現 (표현) ··· 의사, 감정 등을 드러내어 나타냄.

風習 (풍습) ·· 풍속과 습관.

風車 (풍차) ·· 바람의 힘을 동력으로 이용해 쓰는 장치.

風向 (풍향) ··· 바람이 불어오는 방향.

下校 (하교) ·· 학교에서 공부를 마치고 돌아옴.

夏服 (하복) ·· 여름철의 옷.

學科 (학과) ·· 학문을 전문 분야별로 나누었을 때의 과목.

學界 (학계) ·· 학문의 세계. 학자들의 사회.

學習 (학습) ·· 배워서 익힘.

韓醫 (한의) ·· 숭국에서 선해셔 우리 나라에서 발달한 의술.

合同 (합동) ·· 둘 이상을 하나로 함. 둘 이상이 하나가 됨.

合理 (합리) ·· 이론이나 이치에 합당함.

合成 (합성) ·· 둘 이상이 합해 하나를 만듦.

海軍 (해군) ·· 바다에서 전투를 맡아하는 군대.

海水 (해수) ·· 바닷물.

海洋 (해양) ·· 넓은 바다.

行軍 (행군) ·· 많은 인원이 줄을 지어 걸어감.

行動 (행동) ·· 몸을 움직임. 어떤 일을 함.

行事 (행사) ·· 일을 거행함. 또는 그 일.

幸運 (행운) ·· 행복한 운수.

現金 (현금) ·· 현재 가지고 있는 돈.

現代 (현대) ·· 현 시대.

形成 (형성) ·· 어떤 모양을 이룸.

形式 (형식) ·· 겉모습. 격식.

形體 (형체) ·· 사물의 모양과 바탕.

畫家 (화가) ·· 그림 그리는 것을 직업으로 하는 사람.

和答 (화답) ·· 시나 노래에 대해 응답함.

火山 (화산) ·· 땅 속 깊은 곳의 마그마가 땅 밖으로 터져 나와 된 산.

和色 (화색) ·· 온화한 얼굴빛. 얼굴에 드러나는 환한 빛.

花園 (화원) ·· 꽃을 심은 동산. 꽃밭.

花草 (화초) ·· 꽃이 피는 풀과 나무.

和合 (화합) ·· 화목하게 어울림.

活動 (활동) ·· 몸을 움직여 행동함.

黃土 (황토) ·· 누르고 거무스름한 흙.

會社 (회사) ·· 영리 행위를 목적으로 하는 사단법인.

會話 (회화) ·· 서로 만나서 이야기를 나눔.

孝道 (효도) ·· 부모를 정성껏 잘 섬기는 도리와 일.

孝親 (효친) ·· 부모에게 효도함.

孝行 (효행) ·· 부모를 잘 섬기는 행실.

後面 (후면) ·· 뒤쪽의 면.

後孫 (후손) ·· 몇 대가 지난 뒤의 자손.

訓育 (훈육) ·· 품성이나 도덕 따위를 가르쳐 기름.

訓長 (훈장) ·· 글방의 선생님.

休日 (휴일) ·· 일을 하지 않고 쉬는 날.

8급 배정 한자

教 (가르칠 교)	白 (흰 백)	二 (두 이)
校 (학교 교)	父 (아비 부)	人 (사람 인)
九 (아홉 구)	北 (북녘 북)	日 (날 일)
國 (나라 국)	四 (녁 사)	一 (한 일)
軍 (군사 군)	山 (메 산)	長 (긴 장)
金 (쇠 금)	三 (석 삼)	弟 (아우 제)
南 (남녘 남)	生 (날 생)	中 (가운데 중)
女 (계집 녀)	西 (서녘 서)	靑 (푸를 청)
年 (해 년)	先 (먼저 선)	寸 (마디 촌)
大 (큰 대)	小 (작을 소)	七 (일곱 칠)
東 (동녘 동)	水 (물 수)	土 (흙 토)
六 (여섯 륙)	室 (집 실)	八 (여덟 팔)
萬 (일만 만)	十 (열 십)	學 (배울 학)
母 (어미 모)	五 (다섯 오)	韓 (한국 한)
木 (나무 목)	王 (임금 왕)	兄 (형 형)
門 (문 문)	外 (바깥 외)	火 (불 화)
民 (백성 민)	月 (달 월)	

男 (사내 남)	子 (아들 자)	上 (위 상)
下 (아래 하)	口 (입 구)	

7급 배정 한자

歌 (노래 가)	同 (한가지 동)	山 (메 산)	外 (바깥 외)	直 (곧을 직)
家 (집 가)	登 (오를 등)	算 (셈 산)	右 (오른 우)	川 (내 천)
間 (사이 간)	來 (올 래)	三 (석 삼)	月 (달 월)	千 (일천 천)
江 (강 강)	力 (힘 력)	上 (윗 상)	有 (있을 유)	天 (하늘 천)
車 (수레 거)	老 (늙을 로)	色 (빛 색)	育 (기를 육)	靑 (푸를 청)
空 (빌 공)	六 (여섯 륙)	生 (날 생)	邑 (고을 읍)	草 (풀 초)
工 (장인 공)	里 (마을 리)	西 (서녘 서)	二 (두 이)	寸 (마디 촌)
敎 (가르칠 교)	林 (수풀 림)	夕 (저녁 석)	人 (사람 인)	村 (마을 촌)
校 (학교 교)	立 (설 립)	先 (먼저 선)	日 (날 일)	秋 (가을 추)
九 (아홉 구)	萬 (일만 만)	姓 (성 성)	一 (한 일)	春 (봄 춘)
口 (입 구)	每 (매양 매)	世 (인간 세)	入 (들 입)	出 (날 출)
國 (나라 국)	面 (낯 면)	所 (바 소)	字 (글자 자)	七 (일곱 칠)
軍 (군사 군)	命 (목숨 명)	小 (작을 소)	自 (스스로 자)	土 (흙 토)
金 (쇠 금)	名 (이름 명)	少 (적을 소)	子 (아들 자)	八 (여덟 팔)
記 (기록할 기)	母 (어미 모)	水 (물 수)	長 (긴 장)	便 (편할 편)
旗 (기 기)	木 (나무 목)	數 (셈 수)	場 (마당 장)	平 (평평할 평)
氣 (기운 기)	文 (글월 문)	手 (손 수)	電 (번개 전)	下 (아래 하)
南 (남녘 남)	門 (문 문)	時 (때 시)	前 (앞 전)	夏 (여름 하)
男 (사내 남)	問 (물을 문)	市 (저자 시)	全 (온전 전)	學 (배울 학)
內 (안 내)	物 (물건 물)	食 (밥 식)	正 (바를 정)	韓 (한국 한)
女 (계집 녀)	民 (백성 민)	植 (심을 식)	弟 (아우 제)	漢 (한수 한)
年 (해 년)	方 (모 방)	室 (집 실)	祖 (할아비 조)	海 (바다 해)
農 (농사 농)	百 (일백 백)	心 (마음 심)	足 (발 족)	兄 (형 형)
答 (대답 답)	白 (흰 백)	十 (열 십)	左 (왼 좌)	話 (말씀 화)
大 (큰 대)	夫 (사나이 부)	安 (편안 안)	住 (살 주)	火 (불 화)
道 (길 도)	父 (아비 부)	語 (말씀 어)	主 (주인 주)	活 (살 활)
冬 (겨울 동)	北 (북녘 북)	然 (그럴 연)	中 (가운데 중)	花 (꽃 화)
洞 (골 동)	不 (아닐 불)	午 (낮 오)	重 (무거울 중)	孝 (효도 효)
東 (동녘 동)	四 (넉 사)	五 (다섯 오)	地 (땅 지)	後 (뒤 후)
動 (움직일 동)	事 (일 사)	王 (임금 왕)	紙 (종이 지)	休 (쉴 휴)

犬 (개 견)	馬 (말 마)	牛 (소 우)	羊 (양 양)	魚 (물고기 어)
己 (몸 기)	玉 (구슬 옥)	石 (돌 석)	耳 (귀 이)	目 (눈 목)

6급 배정 한자

ㄱ	歌	家	各	角	間	感	江	強
	노래 가	집 가	각각 각	뿔 각	사이 간	느낄 감	강 강	강할 강
開	車	京	計	界	高	苦	古	功
열 개	수레 거/차	서울 경	셀 계	지경 계	높을 고	쓸 고	예 고	공 공
公	空	工	共	科	果	光	教	交
공평할 공	빌 공	장인 공	한가지 공	과목 과	실과 과	빛 광	가르칠 교	사귈 교
校	球	區	九	口	國	軍	郡	近
학교 교	공 구	구분할 구	아홉 구	입 구	나라 국	군사 군	고을 군	가까울 근
根	金	今	急	級	旗	記	氣	ㄴ
뿌리 근	쇠 금/성 김	이제 금	급할 급	등급 급	기 기	기록할 기	기운 기	
南	男	內	女	年	農	ㄷ	多	短
남녘 남	사내 남	안 내	계집 녀	해 년	농사 농		많을 다	짧을 단
答	堂	待	代	對	大	圖	道	度
대답 답	집 당	기다릴 대	대신할 대	대할 대	큰 대	그림 도	길 도	법도 도
讀	冬	洞	東	童	動	同	頭	等
읽을 독	겨울 동	골 동	동녘 동	아이 동	움직일 동	한가지 동	머리 두	무리 등
登	ㄹ	樂	來	力	例	禮	路	老
오를 등		즐길 락/노래 악	올 래	힘 력	법식 례	예도 례	길 로	늙을 로

綠	六	理	里	李	利	林	立	口
푸를 록	여섯 륙	다스릴 리	마을 리	오얏/성 리	이할 리	수풀 림	설 립	
萬	每	面	命	明	名	母	木	目
일만 만	매양 매	낯 면	목숨 명	밝을 명	이름 명	어미 모	나무 목	눈 목
文	聞	門	問	物	米	美	民	日
글월 문	들을 문	문 문	물을 문	물건 물	쌀 미	아름다울 미	백성 민	
朴	班	反	半	發	放	方	百	白
성/소박할 박	나눌 반	돌이킬 반	반 반	필 발	놓을 방	모 방	일백 백	흰 백
番	別	病	服	本	部	夫	父	北
차례 번	다를/나눌 별	병 병	옷 복	근본 본	떼 부	사나이 부	아비 부	북녘 북
分	不	入	四	社	事	死	使	山
나눌 분	아닐 불		넉 사	모일 사	일 사	죽을 사	하여금/부릴 사	메 산
算	三	上	色	生	書	西	石	席
셈 산	석 삼	윗 상	빛 색	날 생	글 서	서녘 서	돌 석	자리 석
夕	先	線	雪	省	姓	成	世	所
저녁 석	먼저 선	줄 선	눈 설	살필 성/덜 생	성 성	이룰 성	인간 세	바 소
消	小	少	速	孫	樹	水	數	手
사라질 소	작을 소	적을 소	빠를 속	손자 손	나무 수	물 수	셈 수	손 수
術	習	勝	時	始	市	食	式	植
재주 술	익힐 습	이길 승	때 시	비로소 시	저자 시	밥 식	법 식	심을 식

神	身	信	新	失	室	心	十	ㅇ
귀신 신	몸 신	믿을 신	새 신	잃을 실	집 실	마음 심	열 십	
安	愛	野	夜	藥	弱	陽	洋	語
편안 안	사랑 애	들 야	밤 야	약 약	약할 약	볕 양	큰바다 양	말씀 어
言	業	然	永	英	午	五	溫	王
말씀 언	업 업	그럴 연	길 영	꽃부리 영	낮 오	다섯 오	따뜻할 온	임금 왕
外	勇	用	右	運	園	遠	月	油
바깥 외	날랠 용	쓸 용	오른 우	옮길 운	동산 원	멀 원	달 월	기름 유
由	有	育	銀	飮	音	邑	意	衣
말미암을유	있을 유	기를 육	은 은	마실 음	소리 음	고을 읍	뜻 의	옷 의
醫	二	人	日	一	入	ㅈ	字	者
의원 의	두 이	사람 인	날 일	한 일	들 입		글자 자	놈 자
自	子	昨	作	章	長	場	在	才
스스로 자	아들 자	어제 작	지을 작	글 장	긴 장	마당 장	있을 재	재주 재
電	戰	前	全	庭	正	定	弟	題
번개 전	싸움 전	앞 전	온전 전	뜰 정	바를 정	정할 정	아우 제	제목 제
第	朝	祖	族	足	左	晝	注	住
차례 제	아침 조	할아비 조	겨레 족	발 족	왼 좌	낮 주	부을/물댈주	살 주
主	中	重	地	紙	直	集	ㅊ	窓
주인 주	가운데 중	무거울 중	땅 지	종이 지	곧을 직	모을 집		창문 창

川	千	天	淸	靑	體	草	寸	村
내 천	일천 천	하늘 천	맑을 청	푸를 청	몸 체	풀 초	마디 촌	마을 촌
秋	春	出	親	七	ㅌ	太	土	通
가을 추	봄 춘	날 출	친할 친	일곱 칠		클 태	흙 토	통할 통
特	ㅍ	八	便	平	表	風	ㅎ	下
특별할 특		여덟 팔	편할 편	평평할 평	겉 표	바람 풍		아래 하
夏	學	韓	漢	合	海	行	幸	向
여름 하	배울 학	한국 한	한수 한	합할 합	바다 해	다닐 행	다행 행	향할 향
現	形	兄	號	畫	花	話	火	和
나타날 현	모양 형	형 형	이름 호	그림 화	꽃 화	말씀 화	불 화	화할 화
活	黃	會	孝	後	訓	休		
살 활	누를 황	모일 회	효도 효	뒤 후	가르칠 훈	쉴 휴		

진흥회, 검정회

犬	馬	牛	羊	魚	玉	己	耳
개 견	말 마	소 우	양 양	물고기 어	구슬 옥	몸 기	귀 이

6급

실전예상모의고사

1 다음 漢字語의 讀音을 쓰세요. (1~32)

[例 : 讀音 ➡ 독 음]

(1) 家門 (   )

(2) 直角 (   )

(3) 向上 (   )

(4) 名畫 (   )

(5) 地圖 (   )

(6) 發表 (   )

(7) 白紙 (   )

(8) 題目 (   )

(9) 下級 (   )

(10) 本社 (   )

(11) 使命 (   )

(12) 訓放 (   )

(13) 通路 (   )

(14) 計數 (   )

(15) 體育 (   )

(16) 石油 (   )

(17) 後年 (   )

(18) 速度 (   )

(19) 運用 (   )

(20) 正式 (   )

(21) 場所 (   )

(22) 部分 (   )

(23) 活氣 (   )

(24) 英才 (   )

(25) 藥草 (   )

(26) 自省 (   )

(27) 林業 (   )

(28) 樹木 (   )

(29) 衣服 (   )

(30) 形便 (   )

(31) 銀行 (   )

(32) 神童 (   )

② 다음 漢字語의 訓과 音을 쓰세요. (33~61)

[例 : 天 → 하늘 천]

(33) 和 (   )   (34) 界 (   )

(35) 旗 (   )   (36) 朴 (   )

(37) 章 (   )   (38) 夜 (   )

(39) 事 (   )   (40) 始 (   )

(41) 術 (   )   (42) 京 (   )

(43) 永 (   )   (44) 綠 (   )

(45) 待 (   )   (46) 黃 (   )

(47) 村 (   )   (48) 愛 (   )

(49) 果 (   )   (50) 休 (   )

(51) 住 (   )   (52) 等 (   )

(53) 病 (   )   (54) 急 (   )

(55) 半 (   )   (56) 第 (   )

(57) 弱 (   )   (58) 洋 (   )

(59) 意 (   )   (60) 昨 (   )

(61) 集 (   )

③ 다음 밑줄 친 漢字語를 漢字로 쓰세요. (62~71)

[例 : 한자 ➡ 漢字]

(62) 많은 <u>학생</u>들이 도서관에서 공부를 합니다. ⋯⋯⋯⋯ (   )

(63) <u>사촌</u> 형은 농구 선수입니다. ⋯⋯⋯⋯⋯⋯⋯⋯ (   )

(64) 방학을 맞아 이민 간 친구가 <u>외국</u>에서 왔습니다. ⋯ (   )

(65) 비가 오면 <u>교실</u>에서 체육 수업을 합니다. ⋯⋯⋯⋯ (   )

(66) <u>부모</u>님께서는 매일 아침 운동을 하십니다. ⋯⋯⋯ (   )

(67) 우리 큰 <u>형</u>은 중학교 2학년입니다. ⋯⋯⋯⋯⋯⋯ (   )

(68) <u>만일</u>을 대비하여 비상약을 챙겨가는 게 좋습니다. ⋯ (   )

(69) 여자 임금을 <u>여왕</u>이라고 합니다. ⋯⋯⋯⋯⋯⋯⋯ (   )

(70) <u>군인</u> 아저씨는 씩씩하고 용감합니다. ⋯⋯⋯⋯⋯ (   )

(71) 봄이 되면 겨울 철새는 <u>북</u>쪽으로 날아갑니다. ⋯⋯ (   )

④ 다음 漢字와 뜻이 상대 또는 반대되는 漢字를 例에서 골라 그 번호를 쓰세요. (72~73)

[例 : ① 短   ② 答   ③ 大   ④ 心   ⑤ 聞]

(72) 問 ↔ (   )   (73) (   ) ↔ 身

5 다음 ( ) 안에 들어갈 漢字를 例에서 골라 그 번호를 쓰세요. (74~75)

[例 : ① 內 ② 人 ③ 時 ④ 堂 ⑤ 場]

(74) 점심시간에 食(　　)에 가서 밥을 먹습니다.

(75) 그는 (　　)間이 날 때마다 책을 읽습니다.

6 다음 漢字語의 뜻을 쓰세요. (76~77)

(76) 空席 : (　　　　　　　　　　　　　　　　　　)

(77) 消火 : (　　　　　　　　　　　　　　　　　　)

7 다음 漢字의 筆順을 밝히세요. (78~80)

(78) 者자의 삐침(ノ)은 몇 번째에 쓰는 지 번호로 답하세요.

                                                        (　　　　　)

(79) 合자의 一획은 몇 번째로 쓰는 지 번호로 답하세요.

                                                        (　　　　　)

(80) 土자를 필순대로 구별하여 쓰세요.

                                                        (　　　　　)

1 다음 漢字語의 讀音을 쓰세요. (1~32)

[例 : 讀音 → 독 음]

(1) 庭園 (　　　)　　　(2) 登山 (　　　)

(3) 面前 (　　　)　　　(4) 海運 (　　　)

(5) 花草 (　　　)　　　(6) 米飮 (　　　)

(7) 童畫 (　　　)　　　(8) 半角 (　　　)

(9) 書體 (　　　)　　　(10) 韓族 (　　　)

(11) 風速 (　　　)　　　(12) 黃土 (　　　)

(13) 感動 (　　　)　　　(14) 全身 (　　　)

(15) 重油 (　　　)　　　(16) 開發 (　　　)

(17) 苦戰 (　　　)　　　(18) 作家 (　　　)

(19) 醫科 (　　　)　　　(20) 交通 (　　　)

(21) 級數 (　　　)　　　(22) 溫度 (　　　)

(23) 失禮 (　　　)　　　(24) 男便 (　　　)

(25) 來世 (　　　)　　　(26) 線路 (　　　)

(27) 勝利 (　　　)　　　(28) 農藥 (　　　)

(29) 對等 (　　　)　　　(30) 服用 (　　　)

(31) 番地 (　　　)　　　(32) 本形 (　　　)

② 다음 밑줄 친 漢字語를 漢字로 쓰세요. (33~42)

[例 : 한자 ➡ 漢字]

(33) 초등학교는 <u>육년</u>이 지나야 졸업을 합니다. ┄┄┄┄ (　　　　)

(34) <u>만일</u>을 모르니 사전에 준비해 두어야 합니다. ┄┄ (　　　　)

(35) 강가에 있는 시골 <u>학교</u>가 너무 아름답습니다. ┄┄ (　　　　)

(36) 이번 운동회 때는 <u>청군</u>이 백군을 이겼습니다. ┄┄ (　　　　)

(37) 예전에는 시골 마을의 <u>대문</u>이 항상 열려 있었습니다. ┄ (　　　　)

(38) 옆집의 <u>모녀</u>는 매일 아침 운동을 함께 합니다. ┄┄ (　　　　)

(39) 해는 <u>동</u>쪽에서 떠서 서쪽으로 집니다. ┄┄┄┄ (　　　　)

(40) 친구의 <u>형</u>은 고시 공부를 하고 있습니다. ┄┄┄ (　　　　)

(41) <u>오월</u> 팔일은 어버이 날입니다. ┄┄┄┄┄┄┄ (　　　　)

(42) 지난 겨울방학 때 <u>삼촌</u>댁에 놀러갔었습니다. ┄┄ (　　　　)

③ 다음 漢字의 訓과 音을 쓰세요. (43~71)

[例 : 地 ➡ 땅 지]

(43) 銀 (　　　　)　　　(44) 出 (　　　　)

(45) 直 (　　　　)　　　(46) 題 (　　　　)

(47) 由 (　　　　) (48) 植 (　　　　)

(49) 西 (　　　　) (50) 太 (　　　　)

(51) 式 (　　　　) (52) 死 (　　　　)

(53) 野 (　　　　) (54) 習 (　　　　)

(55) 雪 (　　　　) (56) 方 (　　　　)

(57) 冬 (　　　　) (58) 郡 (　　　　)

(59) 球 (　　　　) (60) 氣 (　　　　)

(61) 足 (　　　　) (62) 各 (　　　　)

(63) 間 (　　　　) (64) 命 (　　　　)

(65) 孫 (　　　　) (66) 放 (　　　　)

(67) 部 (　　　　) (68) 病 (　　　　)

(69) 邑 (　　　　) (70) 愛 (　　　　)

(71) 綠 (　　　　)

④ 다음 漢字와 뜻이 상대 또는 반대되는 漢字를 例에서 골라 그 번호를 쓰세요. (72~73)

[例 : ①近 ②後 ③登 ④合 ⑤夜]

(72) 先 ↔ (　　　　) (73) 遠 ↔ (　　　　)

5 다음 ( ) 안에 들어갈 漢字를 例에서 골라 그 번호를 쓰세요. (74~75)

[例 : ① 生   ② 別   ③ 木   ④ 向   ⑤ 多]

(74) 매주 수요일은 特(   )활동이 있습니다.

(75) 친구가 (   )急하게 뛰어갑니다.

6 다음 漢字語에 알맞은 뜻을 쓰세요. (76~77)

(76) 食水 : (   )

(77) 言行 : (   )

7 다음 漢字의 筆順을 밝히세요. (78~80)

(78) 火자의 삐침(ノ)은 몇 번째로 쓰는 지 번호로 답하세요.

            .... (   )

(79) 下자의 점(㇏)은 몇 번째로 쓰는 지 번호로 답하세요.

            .... (   )

(80) 자에서 1번 획은 몇 번째로 쓰는 지 번호로 답하세요.

            .... (   )

① 다음 漢字語의 讀音을 쓰세요. (1~33)

[例 : 讀音 ➡ 독음]

(1) 親庭 (   )   (2) 石油 (   )

(3) 高地 (   )   (4) 農業 (   )

(5) 孫子 (   )   (6) 失手 (   )

(7) 弱小 (   )   (8) 運動 (   )

(9) 美術 (   )   (10) 本色 (   )

(11) 愛重 (   )   (12) 道理 (   )

(13) 由來 (   )   (14) 英特 (   )

(15) 育成 (   )   (16) 夕陽 (   )

(17) 空席 (   )   (18) 綠林 (   )

(19) 公園 (   )   (20) 時速 (   )

(21) 病室 (   )   (22) 淸明 (   )

(23) 夜間 (   )   (24) 等式 (   )

(25) 反省 (   )   (26) 會同 (   )

(27) 體溫 (   )   (28) 發電 (   )

(29) 交信 (   )   (30) 身上 (   )

(31) 苦待 (   )   (32) 所聞 (   )

(33) 用度 (   )

② 다음 밑줄 친 漢字語를 漢字로 쓰세요. (34~53)

[例 : 한자 ➡ 漢字]

(34) 청년은 이 나라를 이끌어갈 미래의 주역입니다. ────────── (   )

(35) 정오는 낮 열두 시를 가리키는 말입니다. ────────────── (   )

(36) 이 마을은 예로부터 인심이 좋기로 유명한 곳입니다. ──────── (   )

(37) 봄이 오면 초목이 무럭무럭 자랄 것입니다. ───────────── (   )

(38) 철이는 언제나 활력이 넘칩니다. ──────────────────── (   )

(39) 건널목을 건널 때는 좌우를 잘 살피면서 건너가야 합니다. ──── (   )

(40) 환경오염으로 인해 사라져 가는 생물들이 늘고 있습니다. ───── (   )

(41) 같은 반 친구인 철이와 훈이는 쌍둥이 형제입니다. ──────── (   )

(42) 춘추는 어른의 나이를 높여 이르는 말입니다. ──────────── (   )

(43) 스스로 공부하는 습관을 기르는 것이 무엇보다 중요합니다. ── (   )

(44) 어제 영이는 등교 시간보다 30분 일찍 학교에 갔습니다. ───── (   )

(45) 경남 진해는 벚꽃 관광지로 유명합니다. ────────────── (   )

(46) 많은 사람들은 일출을 바라보며 새해 새희망을 설계합니다. ── (   )

(47) 천연동굴에 가보면 희귀한 종유석을 많이 볼 수 있습니다. ──── (   )

(48) 아버지께서는 회사에 가실 때 시내버스를 이용하십니다. ───── (   )

(49) 식구들이 한자리에 모여 식사를 하였습니다. ──────────── (   )

(50) 오늘 놀이동산의 입장료는 무료입니다. ────────────── (   )

(51) 훈이기 좋아하는 과목은 산수입니다. ─────────────── (   )

(52) 몸이 불편한 사람들을 위해 자리를 양보합시다. ────────── (   )

(53) 우리 나라는 삼면이 바다로 둘러싸인 반도국입니다. ──────── (   )

3 다음 漢字의 訓과 音을 쓰세요. (54~75)

[例 : 地 ➡ 따/땅 지]

(54) 勝 (　　　　　)　　　(55) 通 (　　　　　　　)

(56) 幸 (　　　　　)　　　(57) 冬 (　　　　　　　)

(58) 定 (　　　　　)　　　(59) 京 (　　　　　　　)

(60) 頭 (　　　　　)　　　(61) 今 (　　　　　　　)

(62) 死 (　　　　　)　　　(63) 李 (　　　　　　　)

(64) 勇 (　　　　　)　　　(65) 戰 (　　　　　　　)

(66) 畫 (　　　　　)　　　(67) 花 (　　　　　　　)

(68) 球 (　　　　　)　　　(69) 野 (　　　　　　　)

(70) 線 (　　　　　)　　　(71) 科 (　　　　　　　)

(72) 半 (　　　　　)　　　(73) 表 (　　　　　　　)

(74) 洞 (　　　　　)　　　(75) 夏 (　　　　　　　)

4 다음 漢字의 뜻이 상대 또는 반대되는 漢字를 골라 그 번호를 쓰세요. (76~78)

(76) (　　　　　)近 : ① 強 ② 遠 ③ 在 ④ 月

(77) (　　　　　)合 : ① 海 ② 始 ③ 分 ④ 社

(78) 前(　　　　　) : ① 後 ② 直 ③ 計 ④ 外

5 다음 漢字와 소리는 같으나 뜻이 다른 漢字를 골라 그 번호를 쓰세요. (79~80)

(79) 新 － (　　　　　) : ① 集 ② 十 ③ 對 ④ 神

(80) (　　　　　) － 足 : ① 族 ② 畫 ③ 銀 ④ 才

6 다음 漢字와 뜻이 같거나 비슷한 漢字를 골라 그 번호를 쓰세요. (81~82)

(81) (   )服 : ① 和 ② 感 ③ 區 ④ 衣

(82) 文(   ) : ① 朴 ② 章 ③ 題 ④ 雪

7 다음 ( ) 안에 들어갈 漢字를 例에서 골라 그 번호를 쓰세요. (83~85)

[例 : ① 家   ② 言   ③ 目   ④ 第   ⑤ 問   ⑥ 明]

(83) 東(   )西答   (84) 空山(   )月

(85) 一口二(   )

8 다음 뜻을 가진 漢字語를 쓰세요. (86~87)

[例 : 하늘과 땅 ➡ 天地]

(86) 길고 짧음. 좋고 나쁨. — (   )

(87) 부모를 잘 섬기는 행실. — (   )

9 다음 漢字의 筆順을 밝히세요. (88~90)

(88) 界자의 삐침(ノ)은 몇 번째에 쓰는 지 번호로 답하세요.

                                     (   )

(89) 中 자에서 1번 획은 몇 번째에 쓰는 지 번호로 답하세요.

                                     (   )

(90) 住자에서 중간의 점(ヽ)은 몇 번째에 쓰는 지 번호로 답하세요.

                                     (   )

1 다음 漢字語의 讀音을 쓰세요. (1~33)

例：天地 ➡ 천지

(1) 集會 (   )   (2) 上席 (   )

(3) 電線 (   )   (4) 先頭 (   )

(5) 理科 (   )   (6) 古代 (   )

(7) 風速 (   )   (8) 果樹 (   )

(9) 農村 (   )   (10) 幸運 (   )

(11) 力道 (   )   (12) 公同 (   )

(13) 話題 (   )   (14) 校旗 (   )

(15) 作別 (   )   (16) 班長 (   )

(17) 育成 (   )   (18) 表現 (   )

(19) 部分 (   )   (20) 洋式 (   )

(21) 特命 (   )   (22) 等外 (   )

(23) 圖畫 (   )   (24) 明堂 (   )

(25) 記號 (   )   (26) 反省 (   )

(27) 始祖 (   )   (28) 韓藥 (   )

(29) 通路 (   )   (30) 野球 (   )

(31) 注意 (   )   (32) 各自 (   )

(33) 交感 (   )

2 다음 漢字의 訓과 音을 쓰세요. (34~55)

[例 : 地 ➡ 땅 지]

(34) 淸 (   )   (35) 苦 (   )

(36) 消 (   )   (37) 童 (   )

(38) 級 (   )   (39) 合 (   )

(40) 飮 (   )   (41) 陽 (   )

(42) 太 (   )   (43) 窓 (   )

(44) 新 (   )   (45) 功 (   )

(46) 姓 (   )   (47) 庭 (   )

(48) 活 (   )   (49) 晝 (   )

(50) 服 (   )   (51) 親 (   )

(52) 利 (   )   (53) 才 (   )

(54) 科 (   )   (55) 朝 (   )

3 다음 밑줄 친 漢字語를 漢字로 쓰세요. (56~75)

[例 : 천지 ➡ 天地]

(56) 청춘은 한 번 가면 다시 오지 않습니다. ⋯⋯⋯⋯⋯⋯⋯⋯ (   )

(57) 반장의 책임이 중대 합니다. ⋯⋯⋯⋯⋯⋯⋯⋯ (   )

(58) 군인들이 우렁차게 군가를 부르며 행진합니다. ⋯⋯⋯ (   )

(59) 봄이 되면 만물이 다시 살아납니다. ⋯⋯⋯⋯⋯⋯⋯⋯ (   )

(60) 토끼는 초식동물입니다. ⋯⋯⋯⋯⋯⋯⋯⋯ (   )

(61) 토요일에는 수업이 오전에 끝납니다. ⋯⋯⋯⋯⋯⋯⋯⋯ (   )

(62) 잔잔한 <u>수면</u>에 얼굴을 비춰 보았습니다. ──────── (   )

(63) 사람은 <u>정직</u>해야 합니다. ──────── (   )

(64) 외삼촌의 직업은 <u>목수</u>입니다. ──────── (   )

(65) 시골 학교는 학생수가 적어 <u>교실</u>이 남고 있습니다. ─── (   )

(66) 무분별한 공사로 인해 <u>산림</u>이 점점 훼손되고 있습니다. ── (   )

(67) <u>시내</u> 서점에 들러 책 한 권을 샀습니다. ──────── (   )

(68) 길 잃은 산속에서 불빛을 보자 <u>안심</u>이 되었습니다. ──── (   )

(69) 아버지께서는 지방으로 <u>출장</u>을 가셨습니다. ────── (   )

(70) 영화관 <u>입구</u>는 사람들로 붐볐습니다. ──────── (   )

(71) 바닷속에는 <u>천연</u> 자원이 많습니다. ──────── (   )

(72) 시골에 계신 할아버지께 <u>편지</u>를 썼습니다. ────── (   )

(73) 마을 행사에 많은 <u>주민</u>이 참석했습니다. ─────── (   )

(74) <u>휴일</u>에 가족과 함께 낚시를 갔습니다. ──────── (   )

(75) 독도는 <u>동해</u>의 끝에 있는 섬입니다. ──────── (   )

◆ 4 다음 漢字와 뜻이 상대 또는 반대되는 漢字를 골라 그 번호를 쓰세요. (76~78)

(76) (   )弟 : ① 右 ② 今 ③ 兄 ④ 急

(77) (   )戰 : ① 和 ② 夜 ③ 字 ④ 堂

(78) 冬(   ) : ① 夏 ② 半 ③ 火 ④ 秋

◆ 5 다음 (   ) 안에 들어갈 漢字를 例에서 골라 그 번호를 쓰세요. (79~81)

[例 : ① 形 ② 死 ③ 百 ④ 美 ⑤ 醫 ⑥ 共]

(79) 百發(   )中   (80) 九(   )一生

(81) 八方(   )人

6 다음 漢字와 뜻이 같거나 비슷한 漢字를 골라 그 번호를 쓰세요. (82~83)

(82) (　　　　)體：① 米 ② 夕 ③ 習 ④ 身

(83) 事(　　　　)：① 使 ② 業 ③ 多 ④ 行

7 다음 漢字와 소리는 같으나 뜻이 다른 漢字를 골라 그 번호를 쓰세요. (84~85)

(84) 千 － (　　　　)：① 萬 ② 川 ③ 時 ④ 石

(85) 永 － (　　　　)：① 英 ② 江 ③ 河 ④ 李

8 다음 뜻을 가진 漢字語를 쓰세요. (86~87)

[例：하늘과 땅 ➡ 天地]

(86) 짧은 글. － (　　　　　　　　)

(87) 나라를 사랑함. － (　　　　　　　　)

9 다음 漢字의 筆順을 밝히세요. (88~90)

(88) 千자의 중간의 ㅣ획은 몇 번째에 쓰는 지 번호로 답하세요.
　　　　　　　　　　　　　　　　　　　　　　　 (　　　　　)

(89) 右자의 삐침(ノ)은 몇 번째에 쓰는 지 번호로 답하세요.
　　　　　　　　　　　　　　　　　　　　　　　 (　　　　　)

(90) 못자의 중간의 ㅣ획은 몇 번째에 쓰는 지 번호로 답하세요.
　　　　　　　　　　　　　　　　　　　　　　　 (　　　　　)

6_급

정답

정답

1과

1
(1) 노래 가 (2) 힘 력 (3) 다를 별 (4) 흙 토 (5) 모일 사 (6) 뜰 정 (7) 살 활
(8) 말씀 화 (9) 반 반 (10) 낮 오 (11) 해 년 (12) 높을 고 (13) 큰 대
(14) 클/처음 태 (15) 하늘 천

2
(1) 교가 (2) 풍력 (3) 별명 (4) 토지 (5) 사훈 (6) 친정 (7) 활자
(8) 회화 (9) 반신 (10) 오전 (11) 연금 (12) 고급 (13) 대학 (14) 태양
(15) 천운

3
(1) ③ (2) ④

4
(1) 天運(천운) (2) 社長(사장)

5
(1) 歌 (2) 力 (3) 別 (4) 土 (5) 社 (6) 庭 (7) 活
(8) 話 (9) 半 (10) 午 (11) 年 (12) 高 (13) 大 (14) 太
(15) 天

6
(1) 力道 (2) 校歌 (3) 社長 (4) 午後 (5) 今年

7
(1) 年 (2) 百 (3) 天 (4) 土

8
(1) 3 (2) ㉯

2과

1
(1) 지아비/사나이 부 (2) 잃을 실 (3) 짧을 단 (4) 실과 과 (5) 나무 목 (6) 근본 본
(7) 오얏 리 (8) 수풀 림 (9) 올 래 (10) 빠를 속 (11) 동녘 동 (12) 수레 거/ 수레 차
(13) 군사 군 (14) 옮길 운 (15) 집 가

2
(1) 농부 (2) 실수 (3) 장단 (4) 성과 (5) 목공 (6) 본인 (7) 이화
(8) 임야 (9) 내일 (10) 속도 (11) 동해 (12) 풍차 (13) 군인 (14) 운동
(15) 가정

3
(1) ③ (2) ②

4
(1) 농사로 업을 삼는 사람. (2) 동쪽 바다. 우리 나라의 동쪽 바다. (3) 과실나무.

5
(1) 夫 (2) 失 (3) 短 (4) 果 (5) 木 (6) 本 (7) 李
(8) 林 (9) 來 (10) 速 (11) 東 (12) 車 (13) 軍 (14) 運
(15) 家

6
(1) 失手 (2) 成果 (3) 木手 (4) 來日 (5) 家訓 (6) 失業

7
(1) 東 (2) 風 (3) 家 (4) 軍

8
(1) 一 十 才 木 (2) 7

3과

1
(1) 모양 형　(2) 날 출　(3) 각각 각　(4) 길 로　(5) 저녁 석　(6) 이름 명　(7) 밤 야
(8) 많을 다　(9) 법식/본보기 례　(10) 죽을 사　(11) 입 구　(12) 그림 도
(13) 따뜻할 온　(14) 구분할/지경 구　(15) 빛 광

2
(1) 형식　(2) 출동　(3) 각자　(4) 노선　(5) 추석　(6) 명물　(7) 야학
(8) 다소　(9) 예외　(10) 전사　(11) 입구　(12) 도면　(13) 온화　(14) 구분
(15) 광명

3
(1) ④　(2) ③

4
(1) 地形(지형)　(2) 名言(명언)

5
(1) 形　(2) 出　(3) 各　(4) 路　(5) 夕　(6) 名　(7) 夜
(8) 多　(9) 例　(10) 死　(11) 口　(12) 圖　(13) 溫　(14) 區
(15) 光

6
(1) 形式　(2) 出入　(3) 秋夕　(4) 名門　(5) 夜間　(6) 入口

7
(1) 夕　(2) 口　(3) 月　(4) 多

8
(1) 3　(2) 2

4과

1
(1) 형/맏 형　(2) 기를 육　(3) 인간 세　(4) 비로소 시　(5) 예 고　(6) 쓸 고　(7) 머리 두
(8) 나무 수　(9) 농사 농　(10) 예도 례　(11) 몸 체　(12) 배울 학　(13) 평평할 평　(14) 뿌리 근
(15) 은 은

2
(1) 형제　(2) 육성　(3) 세계　(4) 시동　(5) 고물　(6) 고행　(7) 두목
(8) 수림　(9) 농사　(10) 예식　(11) 체중　(12) 학교　(13) 공평　(14) 근본
(15) 은행

3
(1) ②　(2) ①　(3) ④

4
(1) 오래 묵은 나무.　(2) 몸무게.　(3) 가르치어 기름. 가르치어 지식을 줌.

5
(1) 兄　(2) 育　(3) 世　(4) 始　(5) 古　(6) 苦　(7) 頭
(8) 樹　(9) 農　(10) 禮　(11) 體　(12) 學　(13) 平　(14) 根
(15) 銀

6
(1) 兄弟　(2) 世界　(3) 始作　(4) 古物　(5) 學校

7
(1) 苦　(2) 體　(3) 世　(4) 平

8
(1) 4　(2) ㉰

◉5과

1
(1) 눈 목　(2) 나타날 현　(3) 친할 친　(4) 문 문　(5) 물을 문　(6) 들을 문　(7) 열 개
(8) 사이 간　(9) 기/깃발 기　(10) 한가지 동　(11) 골 동/ 밝을 통　(12) 향할 향　(13) 집 당
(14) 물건/만물 물　(15) 볕 양

2
(1) 제목　(2) 현금　(3) 부친　(4) 문전　(5) 문병　(6) 신문　(7) 개방
(8) 시간　(9) 군기　(10) 합동　(11) 동장　(12) 향상　(13) 식당　(14) 물체
(15) 양지

3
(1) ④　(2) ①

4
(1) 門前(문전)　(2) 書堂(서당)

5
(1) 目　(2) 現　(3) 親　(4) 門　(5) 問　(6) 聞　(7) 開
(8) 間　(9) 旗　(10) 同　(11) 洞　(12) 向　(13) 堂　(14) 物
(15) 陽

6
(1) 現代　(2) 大門　(3) 間說　(4) 國旗　(5) 洞長　(6) 向上

7
(1) 聞　(2) 門　(3) 同　(4) 物

8
(1) 3　(2) 1

◉6과

1
(1) 풀 초　(2) 달 월　(3) 법 식　(4) 마당 장　(5) 꽃 화　(6) 줄 선　(7) 흰 백
(8) 대신 대　(9) 일백 백　(10) 밝을 명　(11) 한국/나라 한　(12) 북녘 북/ 달아날 배　(13) 날 일
(14) 아침 조　(15) 익힐 습

2
(1) 개장　(2) 자백　(3) 대신　(4) 월광　(5) 전선　(6) 화초　(7) 매일
(8) 초가　(9) 북부　(10) 자습　(11) 방식　(12) 백성　(13) 분명　(14) 조회
(15) 한복

3
(1) ②　(2) ③　(3) ①

4
(1) 자기의 비밀을 털어 놓음.　(2) 달빛.　(3) 꽃이 핌. '문화의 발달'을 비유하여 이르는 말.

5
(1) 代　(2) 場　(3) 朝　(4) 韓　(5) 花　(6) 日　(7) 草
(8) 式　(9) 月　(10) 北　(11) 線　(12) 明　(13) 習　(14) 百
(15) 白

6
(1) 白習　(2) 日記　(3) 代身　(4) 草家　(5) 百姓　(6) 方式

7
(1) 白　(2) 草　(3) 朝　(4) 白

8
(1) 2　(2) 6

●7과

1
(1) 모일 회 　(2) 나라 국 　(3) 아이 동 　(4) 장인 공 　(5) 이룰 성 　(6) 사내 남
(7) 움직일 동 　(8) 느낄 감 　(9) 귀신 신 　(10) 지경 계 　(11) 무거울/거듭 중
(12) 말미암을 유 　(13) 기름 유 　(14) 마을 리 　(15) 다스릴 리

2
(1) 성장 　(2) 동리 　(3) 신화 　(4) 남편 　(5) 국가 　(6) 공장 　(7) 체중
(8) 이유 　(9) 감기 　(10) 유물 　(11) 동심 　(12) 세계 　(13) 회장 　(14) 동력
(15) 도리

3
(1) ④ 　(2) ① 　(3) ②

4
(1) 童心(동심) 　(2) 動力(동력)

5
(1) 會 　(2) 神 　(3) 國 　(4) 界 　(5) 里 　(6) 工 　(7) 成
(8) 油 　(9) 由 　(10) 感 　(11) 童 　(12) 重 　(13) 男 　(14) 動
(15) 理

6
(1) 國 　(2) 成長 　(3) 石油 　(4) 動物 　(5) 工事

7
(1) 成 　(2) 男 　(3) 由 　(4) 工

8
(1) ㉮ 　(2) 一 丁 工

●8과

1
(1) 왼 좌 　(2) 공 공 　(3) 편할 편 / 똥오줌 변 　(4) 꽃부리 영 　(5) 강 강 　(6) 돌 석
(7) 오른 우 　(8) 가까울 근 　(9) 한가지 공 　(10) 바 소 　(11) 가운데 중 　(12) 하여금/부릴 사
(13) 사랑 애 　(14) 새 신 　(15) 빌 공

2
(1) 공생 　(2) 좌방 　(3) 성공 　(4) 우족 　(5) 목석 　(6) 사용 　(7) 애족
(8) 신입 　(9) 영어 　(10) 중간 　(11) 주소 　(12) 편안 　(13) 근대 　(14) 공간
(15) 강촌

3
(1) ③ 　(2) ① 　(3) ②

4
(1) 강의 남쪽. (서울의) 한강의 남쪽 지역. 　(2) 새로운 소식. 대중매체 중 하나. 　(3) 서로 같은 장소에서 생활함.

5
(1) 愛 　(2) 共 　(3) 左 　(4) 便 　(5) 右 　(6) 新 　(7) 功
(8) 近 　(9) 使 　(10) 空 　(11) 中 　(12) 石 　(13) 所 　(14) 英
(15) 江

6
(1) 空軍 　(2) 江南 　(3) 共同 　(4) 英語 　(5) 使用 　(6) 新聞

7
(1) 右 　(2) 愛 　(3) 中 　(4) 石

8
(1) 4 　(2) 2

9과

1
(1) 돌아올/돌이킬 반   (2) 때 시   (3) 있을 유   (4) 특별할 특   (5) 기다릴 대   (6) 급할 급
(7) 마디 촌   (8) 마을 촌   (9) 재주 재   (10) 일/섬길 사   (11) 그림 화/그을 획   (12) 있을 재
(13) 글 서   (14) 낮 주   (15) 등급 급

2
(1) 시대   (2) 유리   (3) 촌장   (4) 대인   (5) 반감   (6) 급소   (7) 특명
(8) 촌심   (9) 영재   (10) 화풍   (11) 주간   (12) 학급   (13) 문서   (14) 현재
(15) 사전

3
(1) ④   (2) ①   (3) ②

4
(1) 畵家(화가)   (2) 晝夜(주야)

5
(1) 寸   (2) 村   (3) 時   (4) 有   (5) 急   (6) 待   (7) 才
(8) 反   (9) 事   (10) 特   (11) 在   (12) 畫   (13) 級   (14) 書
(15) 晝

6
(1) 有名   (2) 現在   (3) 書堂   (4) 書畫   (5) 三寸   (6) 時間

7
(1) 書   (2) 事   (3) 事   (4) 畫

8
(1) 3   (2) 6

10과

1
(1) 믿을 신   (2) 무리 등   (3) 몸 신   (4) 다닐 행/항렬 항   (5) 차례 제   (6) 지을 작
(7) 들 입   (8) 고을 군   (9) 쉴 휴   (10) 강할 강   (11) 사람 인   (12) 아우 제   (13) 어제 작
(14) 안 내   (15) 약할 약

2
(1) 제자   (2) 입장   (3) 대등   (4) 행동   (5) 군민   (6) 서신   (7) 약소
(8) 작일   (9) 등제   (10) 인구   (11) 신분   (12) 휴학   (13) 강행   (14) 장내
(15) 작성

3
(1) ①   (2) ④   (3) ②

4
(1) 사람의 키.   (2) 강한 힘.   (3) 일을 하지 않고 쉬는 날.

5
(1) 人   (2) 弟   (3) 休   (4) 身   (5) 作   (6) 內   (7) 等
(8) 信   (9) 第   (10) 入   (11) 郡   (12) 行   (13) 強   (14) 弱
(15) 昨

6
(1) 弟子   (2) 行動   (3) 書信   (4) 休學   (5) 作成   (6) 入場

7
(1) 行   (2) 問   (3) 作   (4) 身

8
(1) 3   (2) 5

11과

①
(1) 아들 자 (2) 소리 음 (3) 온전 전 (4) 떼 부 (5) 이제 금 (6) 들 야 (7) 말씀 언
(8) 글자 자 (9) 대답 답 (10) 목숨 명 (11) 쇠 금/성 김 (12) 서울 경 (13) 합할 합 (14) 설 립
(15) 병 병

②
(1) 입신 (2) 정답 (3) 군부 (4) 전부 (5) 생명 (6) 장음 (7) 중병
(8) 명언 (9) 자녀 (10) 문자 (11) 상경 (12) 합동 (13) 야외 (14) 현금
(15) 금년

③
(1) ② (2) ②

④
(1) 安全(안전) (2) 人命(인명)

⑤
(1) 音 (2) 今 (3) 答 (4) 命 (5) 字 (6) 金 (7) 立
(8) 京 (9) 部 (10) 全 (11) 野 (12) 言 (13) 合 (14) 子
(15) 病

⑥
(1) 全國 (2) 正答 (3) 生命 (4) 文字 (5) 名言

⑦
(1) 今 (2) 答 (3) 言 (4) 答

⑧
(1) 5 (2) 6

12과

①
(1) 내 천 (2) 재주 술 (3) 뜻 의 (4) 다행 행 (5) 싸움 전 (6) 물 수 (7) 글 장
(8) 푸를 록 (9) 여름 하 (10) 길 영 (11) 옷 복 (12) 낯 면 (13) 가르칠 훈
(14) 길/말할 도 (15) 공/옥경 구

②
(1) 동의 (2) 학술 (3) 교훈 (4) 다행 (5) 수문 (6) 전사 (7) 지구
(8) 영주 (9) 산천 (10) 수도 (11) 문장 (12) 초록 (13) 서면 (14) 하우
(15) 교복

③
(1) ① (2) ③ (3) ② (4) ②

④
(1) 학교의 제복. (2) 영원히 삶. 영원한 생명. (3) 행복한 운수.

⑤
(1) 術 (2) 夏 (3) 幸 (4) 服 (5) 意 (6) 球 (7) 道
(8) 章 (9) 訓 (10) 川 (11) 戰 (12) 面 (13) 水 (14) 永
(15) 綠

⑥
(1) 文章 (2) 戰死 (3) 開川 (4) 敎訓 (5) 地球 (6) 洋服

⑦
(1) 水 (2) 戰 (3) 水 (4) 音

⑧
(1) 1 (2) 8

13과

1
(1) 공평할/공변될 공　(2) 늙을 로　(3) 즐길 락/ 노래 악/ 좋아할 요　(4) 과목 과
(5) 효도 효　(6) 쌀 미　(7) 약 약　(8) 화할 화　(9) 기운 기　(10) 이할 리　(11) 놈/사람 자
(12) 가을 추　(13) 손자 손　(14) 차례 번　(15) 가르칠 교

2
(1) 노인　(2) 기운　(3) 백미　(4) 약초　(5) 화답　(6) 교회　(7) 과학
(8) 승리　(9) 공평　(10) 독자　(11) 왕손　(12) 추석　(13) 군번　(14) 음악
(15) 효자

3
(1) ④　(2) ③

4
(1) 老人(노인)　(2) 孫子(손자)

5
(1) 氣　(2) 孫　(3) 秋　(4) 公　(5) 和　(6) 孝　(7) 樂
(8) 米　(9) 老　(10) 科　(11) 藥　(12) 番　(13) 利　(14) 者
(15) 教

6
(1) 和合　(2) 秋夕　(3) 老人　(4) 孝道　(5) 教育　(6) 記者

7
(1) 樂　(2) 公　(3) 樂　(4) 秋

8
(1) 4　(2) 4

14과

1
(1) 멀 원　(2) 살 주　(3) 긴/어른 장　(4) 동산 원　(5) 창문 창　(6) 임금 왕　(7) 나눌 반
(8) 모을 집　(9) 옷 의　(10) 그럴 연　(11) 주인 주　(12) 한수/한나라 한　(13) 겉 표
(14) 누를 황　(15) 부을/물댈 주

2
(1) 전집　(2) 장남　(3) 분반　(4) 왕조　(5) 주동　(6) 안주　(7) 주목
(8) 황색　(9) 한양　(10) 의식　(11) 도표　(12) 화원　(13) 원양　(14) 창문
(15) 본연

3
(1) ④　(2) ①　(3) ②　(4) ③

4
(1) 길고 짧음. 좋고 나쁨.　(2) (자동차 따위에) 기름을 넣음.　(3) 꽃을 심은 동산.

5
(1) 集　(2) 然　(3) 漢　(4) 衣　(5) 班　(6) 窓　(7) 長
(8) 園　(9) 黃　(10) 表　(11) 遠　(12) 住　(13) 王　(14) 主
(15) 注

6
(1) 土國　(2) 校長　(3) 黃色　(4) 衣服　(5) 車人

7
(1) 表　(2) 衣　(3) 長　(4) 長

8
(1) ㉮　(2) 一 二 干 王 王 珇 玵 玨 班 班

15과

1
(1) 고을 읍 (2) 눈 설 (3) 매양 매 (4) 어미/어머니 모 (5) 번개 전
(6) 아비/아버지 부 (7) 바다 해 (8) 빛 색 (9) 학교 교 (10) 따/땅 지 (11) 기록할 기
(12) 계집 녀 (13) 편안 안 (14) 글월 문 (15) 사귈 교

2
(1) 부모 (2) 전차 (3) 해양 (4) 여군 (5) 설산 (6) 교복 (7) 교감
(8) 문학 (9) 지구 (10) 모국 (11) 매사 (12) 일기 (13) 안전 (14) 읍장
(15) 기색

3
(1) ③ (2) ④

4
(1) 校門(교문) (2) 海水(해수)

5
(1) 文 (2) 女 (3) 每 (4) 父 (5) 海 (6) 交 (7) 邑
(8) 校 (9) 色 (10) 雪 (11) 地 (12) 電 (13) 安 (14) 母
(15) 記

6
(1) 西海 (2) 母女 (3) 邑內 (4) 日記 (5) 文明 (6) 校門

7
(1) 母 (2) 海 (3) 衣 (4) 父

8
(1) 3 (2) 3

16과

1
(1) 쓸 용 (2) 모 방 (3) 손 수 (4) 저자 시 (5) 성/소박할 박 (6) 겨레 족
(7) 통할 통 (8) 큰바다 양 (9) 뿔 각 (10) 봄 춘 (11) 바깥 외 (12) 놓을 방
(13) 아름다울 미 (14) 날랠 용 (15) 밥/먹을 식

2
(1) 미인 (2) 시민 (3) 방식 (4) 박야 (5) 각목 (6) 통풍 (7) 수족
(8) 방학 (9) 춘분 (10) 식수 (11) 용지 (12) 민족 (13) 외출 (14) 원양
(15) 용기

3
(1) ② (2) ①

4
(1) 바람을 잘 통하게 함. (2) 나들이함. 잠시 밖으로 나감. (3) 용모가 아름다운 여자.

5
(1) 市 (2) 手 (3) 勇 (4) 族 (5) 春 (6) 通 (7) 方
(8) 朴 (9) 洋 (10) 放 (11) 外 (12) 美 (13) 食 (14) 角
(15) 用

6
(1) 方式 (2) 放心 (3) 家族 (4) 市內 (5) 通信 (6) 外國

7
(1) 美 (2) 美 (3) 方 (4) 春

8
(1) 4 (2) 5

17과

1
(1) 이길 승 (2) 의원 의 (3) 나눌 분 (4) 한 일 (5) 두 이 (6) 석 삼 (7) 녁 사
(8) 다섯 오 (9) 여섯 륙 (10) 일곱 칠 (11) 여덟 팔 (12) 아홉 구 (13) 열 십 (14) 말씀 어
(15) 서녁 서

2
(1) 서방 (2) 분가 (3) 승리 (4) 명의 (5) 국어 (6) 일생 (7) 이세
(8) 십리 (9) 육서 (10) 구중 (11) 삼월 (12) 오색 (13) 사서 (14) 칠석
(15) 팔도

3
(1) ② (2) ①

4
(1) 광복절 (2) 제헌절

5
(1) 西 (2) 勝 (3) 醫 (4) 語 (5) 分 (6) 一 (7) 二
(8) 三 (9) 四 (10) 五 (11) 六 (12) 七 (13) 八 (14) 九
(15) 十

6
(1) 二世 (2) 四方 (3) 言語 (4) 七夕 (5) 十里

7
(1) 語 (2) 五 (3) 九 (4) 四

8
(1) 4 (2) ㉮

18과

1
(1) 작을 소 (2) 적을 소 (3) 셀 계 (4) 윗 상 (5) 아래 하 (6) 남녁 남 (7) 날 생
(8) 성 성 (9) 살필 성/ 덜 생 (10) 일천 천 (11) 백성 민 (12) 마실 음 (13) 종이 지
(14) 사라질 소 (15) 아닐 불/ 아닐 부

2
(1) 음식 (2) 천대 (3) 성명 (4) 상공 (5) 정남 (6) 소심 (7) 하산
(8) 반성 (9) 대계 (10) 부동 (11) 민간 (12) 지물 (13) 생기 (14) 소실
(15) 다소

3
(1) ② (2) ③

4
(1) 성과 이름. (2) 아직 성숙하지 않은 여자 아이. (3) 불을 끔.

5
(1) 消 (2) 生 (3) 計 (4) 紙 (5) 省 (6) 上 (7) 姓
(8) 南 (9) 小 (10) 飮 (11) 民 (12) 下 (13) 少 (14) 不
(15) 千

6
(1) 南方 (2) 反省 (3) 生命 (4) 天下 (5) 姓名 (6) 少女

7
(1) 少 (2) 千 (3) 下 (4) 生

8
(1) 1 (2) 3

19과

1
(1) 앞 전　(2) 바를 정　(3) 뒤 후　(4) 할아비 조　(5) 발 족　(6) 집/방 실
(7) 스스로 자　(8) 곧을 직　(9) 정할 정　(10) 심을 식　(11) 먼저 선　(12) 겨울 동　(13) 오를 등
(14) 필 발　(15) 제목 제

2
(1) 동복　(2) 수족　(3) 전면　(4) 공정　(5) 후손　(6) 자연　(7) 직행
(8) 등산　(9) 문제　(10) 화실　(11) 정식　(12) 발생　(13) 조국　(14) 식물
(15) 선두

3
(1) ②　(2) ④

4
(1) 手足(수족)　(2) 正答(정답)

5
(1) 登　(2) 祖　(3) 前　(4) 正　(5) 冬　(6) 發　(7) 定
(8) 自　(9) 室　(10) 直　(11) 足　(12) 後　(13) 植　(14) 先
(15) 題

6
(1) 正直　(2) 題目　(3) 先生　(4) 登山　(5) 出發　(6) 敎室

7
(1) 定　(2) 登　(3) 發　(4) 正

8
(1) 3　(2) 6

20과

1
(1) 셈 수/ 자주 삭/ 촘촘할 촉　(2) 불 화　(3) 자리 석　(4) 푸를 청　(5) 마음 심
(6) 법도 도/ 헤아릴 탁　(7) 업 업　(8) 맑을 청　(9) 이름 호　(10) 메 산
(11) 읽을 독/ 구설 두　(12) 바람 풍　(13) 셈 산　(14) 일만 만　(15) 대할 대

2
(1) 계산　(2) 등산　(3) 심신　(4) 청춘　(5) 국호　(6) 대화　(7) 독서
(8) 풍향　(9) 만민　(10) 화력　(11) 본업　(12) 수학　(13) 출석　(14) 각도
(15) 청음

3
(1) ④　(2) ④　(3) ②

4
(1) 젊은 사람.　(2) 책을 읽음.　(3) 효성스런 마음.

5
(1) 數　(2) 萬　(3) 度　(4) 讀　(5) 淸　(6) 算　(7) 號
(8) 對　(9) 業　(10) 心　(11) 風　(12) 靑　(13) 火　(14) 山
(15) 席

6
(1) 角度　(2) 出席　(3) 對面　(4) 孝心　(5) 萬物　(6) 山川

7
(1) 萬　(2) 山　(3) 淸　(4) 火

8
(1) 7　(2) 2

❶ (1) 가문　(2) 직각　(3) 향상　(4) 명화　(5) 지도　(6) 발표　(7) 백지
(8) 제목　(9) 하급　(10) 본사　(11) 사명　(12) 훈방　(13) 통로　(14) 계수
(15) 체육　(16) 석유　(17) 후년　(18) 속도　(19) 운용　(20) 정식　(21) 장소
(22) 부분　(23) 활기　(24) 영재　(25) 약초　(26) 자성　(27) 임업　(28) 수목
(29) 의복　(30) 형편　(31) 은행　(32) 신동

❷ (33) 화할 화　(34) 지경 계　(35) 기/깃발 기　(36) 성/소박할 박　(37) 글 장　(38) 밤 야
(39) 일/섬길 사　(40) 비로소 시　(41) 재주 술　(42) 서울 경　(43) 길 영　(44) 푸를 록　(45) 기다릴 대
(46) 누를 황　(47) 마을 촌　(48) 사랑 애　(49) 실과 과　(50) 쉴 휴　(51) 살 주　(52) 무리 등
(53) 병 병　(54) 급할 급　(55) 반 반　(56) 차례 제　(57) 약할 약　(58) 큰바다 양　(59) 뜻 의
(60) 어제 작　(61) 모을 집

❸ (62) 學生　(63) 四寸　(64) 外國　(65) 敎室　(66) 父母　(67) 兄　(68) 萬一
(69) 女王　(70) 軍人　(71) 北

❹ (72) ②　(73) ④

❺ (74) ④　(75) ③

❻ (76) 빈 자리.　(77) 불을 끔.

❼ (78) 4　(79) 3　(80) 一 十 土

❶ (1) 정원　(2) 등산　(3) 면전　(4) 해운　(5) 화초　(6) 미음　(7) 동화
(8) 반각　(9) 서체　(10) 한족　(11) 풍속　(12) 황토　(13) 감동　(14) 전신
(15) 중유　(16) 개발　(17) 고전　(18) 작가　(19) 의과　(20) 교통　(21) 급수
(22) 온도　(23) 실례　(24) 남편　(25) 내세　(26) 선로　(27) 승리　(28) 농약
(29) 대등　(30) 복용　(31) 번지　(32) 본형

❷ (33) 六年　(34) 萬一　(35) 學校　(36) 靑軍　(37) 大門　(38) 母女　(39) 東
(40) 兄　(41) 五月　(42) 三寸

❸ (43) 은은　(44) 날 출　(45) 곧을 직　(46) 제목 제　(47) 말미암을 유　(48) 심을 식　(49) 서녘 서
(50) 클/처음 태　(51) 법 식　(52) 죽을 사　(53) 들 야　(54) 익힐 습　(55) 눈 설　(56) 모 방
(57) 겨울 동　(58) 고을 군　(59) 공/옥경 구　(60) 기운 기　(61) 발 족　(62) 각각 각　(63) 사이 간
(64) 목숨 명　(65) 손자 손　(66) 놓을 방　(67) 떼 부　(68) 병 병　(69) 고을 읍　(70) 사랑 애
(71) 푸를 록

❹ (72) ②　(73) ①

❺ (74) ②　(75) ⑤

❻ (76) 먹는 물.　(77) 말과 행동.

❼ (78) 3　(79) 3　(80) 2

6급 실전예상모의고사 · · · 제 1 회

①
(1) 친정	(2) 석유	(3) 고지	(4) 농업	(5) 손자	(6) 실수	(7) 약소
(8) 운동	(9) 미술	(10) 본색	(11) 애중	(12) 도리	(13) 유래	(14) 영특
(15) 육성	(16) 석양	(17) 공석	(18) 녹림	(19) 공원	(20) 시속	(21) 병실
(22) 청명	(23) 야간	(24) 등식	(25) 반성	(26) 회동	(27) 체온	(28) 발전
(29) 교신	(30) 신상	(31) 고대	(32) 소문	(33) 용도		

②
(34) 靑年	(35) 正午	(36) 人心	(37) 草木	(38) 活力	(39) 左右	(40) 生物
(41) 兄弟	(42) 春秋	(43) 工夫	(44) 登校	(45) 有名	(46) 日出	(47) 天然
(48) 市內	(49) 食事	(50) 入場	(51) 算數	(52) 不便	(53) 三面	

③
(54) 이길 승	(55) 통할 통	(56) 다행 행	(57) 겨울 동	(58) 정할 정	(59) 서울 경	(60) 머리 두
(61) 이제 금	(62) 죽을 사	(63) 오얏 리	(64) 날랠 용	(65) 싸움 전	(66) 그림 화/ 그을 획	(67) 꽃 화
(68) 공/옥경 구	(69) 들 야	(70) 줄 선	(71) 과목 과	(72) 반 반	(73) 겉 표	
(74) 골 동/ 밝을 통	(75) 여름 하					

④ (76) ② (77) ③ (78) ①

⑤ (79) ④ (80) ①

⑥ (81) ④ (82) ②

⑦ (83) ⑤ (84) ⑥ (85) ②

⑧ (86) 長短(장단) (87) 孝行(효행)

⑨ (88) 6 (89) 4 (90) 3

6급 실전예상모의고사 · · · 제 2 회

①
(1) 집회	(2) 상석	(3) 전선	(4) 선두	(5) 이과	(6) 고대	(7) 풍속
(8) 과수	(9) 농촌	(10) 행운	(11) 역도	(12) 공동	(13) 화제	(14) 교기
(15) 작별	(16) 반장	(17) 육성	(18) 표현	(19) 부분	(20) 양식	(21) 특명
(22) 등외	(23) 도화	(24) 명당	(25) 기호	(26) 반성	(27) 시조	(28) 한약
(29) 통로	(30) 야구	(31) 주의	(32) 삭자	(33) 교감		

②
(34) 맑을 청	(35) 쓸 고	(36) 사라질 소	(37) 아이 동	(38) 등급 급	(39) 합할 합	(40) 마실 음
(41) 볕 양	(42) 클/처음 태	(43) 창문 창	(44) 새 신	(45) 공 공	(46) 성 성	(47) 뜰 정
(48) 살 활	(49) 낮 주	(50) 옷 복	(51) 친할 친	(52) 이할 리	(53) 재주 재	(54) 과목 과
(55) 아침 조						

③
(56) 靑春	(57) 重大	(58) 軍歌	(59) 萬物	(60) 草食	(61) 午前	(62) 水面
(63) 正直	(64) 木手	(65) 敎室	(66) 山林	(67) 市內	(68) 安心	(69) 出場
(70) 入口	(71) 天然	(72) 便紙	(73) 住民	(74) 休日	(75) 東海	

④ (76) ③ (77) ① (78) ①

⑤ (79) ③ (80) ② (81) ④

⑥ (82) ④ (83) ②

⑦ (84) ② (85) ①

⑧ (86) 短文(단문) (87) 愛國(애국)

⑨ (88) 3 (89) 1 (90) 5

MEMO

한자능력검정시험 6급 [6급II 포함]

펴 낸 곳 어시스트하모니(주)

펴 낸 이 이정균

등록번호 제2019-000078호

주   소 서울시 영등포구 선유로 170, 동양빌딩
          301호

구입문의 02)2088-4242

팩   스 02)6442-8714

I S B N 979-11-969104-8-8   63710

● 4500여 한자(漢字)를 같은 모양끼리 모아, 이해 하기 쉽고 지도하기 쉽게 엮은 한 권의 책

● 2000여 한자(漢字)를 공무원 시험이나 각종 고 시에 출제되는 한자를 포함하여 같은 모양끼리 모아 이해하기 쉽게 엮은 책

국가공인
한자능력검정시험
완벽 대비 수험서!

모양별 분류
짧은 시간 내에 많은 한자를 학습할 수 있습니다.

한자의 유래 및 고문 그림
한자의 생성 원리와 시각적 이미지를 통해 확실하게 한자를 머릿속에 기억할 수 있습니다.

쓰기노트
한자를 직접 쓰면서 익힐 수 있습니다.

한자능력검정시험 대비 한자 급수박사 시리즈